城市轨道交通工程测量技术与应用

王玉福　李鹏　梁爽　李波　著

电子工業出版社
Publishing House of Electronics Industry
北京 · BEIJING

内 容 简 介

为使测量技术更好地为城市轨道交通工程建设服务，本书系统、理论地总结了轨道交通工程测量技术，以东莞轨道交通工程建设的实际测量作业为背景，通过分析、研究与总结，从轨道交通工程建设过程中测量工作的关键节点和重难点入手，归纳了现阶段各城市轨道交通工程建设中对于测量节点的要求，介绍了轨道交通工程建设过程中所涉及的各种测量方法及原理，并且对轨道交通工程中各种繁杂的数据处理进行了系统的介绍。这些测量技术及方法是经典轨道交通工程测量及理论知识的创新应用，对今后我国城市轨道交通工程建设的测量工作具有参考和指导作用。

本书可供轨道交通工程建设单位、施工单位、监理单位和勘测单位的广大测量管理及工作者，高校轨道交通及工程测量专业的广大师生及部分工程科研院所的科研人员参考使用。

图书在版编目 (CIP) 数据

城市轨道交通工程测量技术与应用 / 王玉福等著．—北京：电子工业出版社，2017.6

ISBN 978-7-121-31700-2

Ⅰ．①城…　Ⅱ．①王…　Ⅲ．①城市铁路－铁路工程－施工测量－研究　Ⅳ．①U239.5

中国版本图书馆 CIP 数据核字（2017）第 120561 号

责任编辑：徐蔷薇　　　文字编辑：米俊萍

印　　刷：北京虎彩文化传播有限公司

装　　订：北京虎彩文化传播有限公司

出版发行：电子工业出版社

　　　　　北京市海淀区万寿路 173 信箱　　邮编：100036

开　　本：787×1092　1/16　印张：17.5　字数：343 千字

版　　次：2017 年 6 月第 1 版

印　　次：2022 年 4 月第 4 次印刷

定　　价：70.00 元

凡所购买电子工业出版社图书有缺损问题，请向购买书店调换。若书店售缺，请与本社发行部联系，联系及邮购电话：(010) 88254888，88258888。

质量投诉请发邮件至 zlts@phei.com.cn，盗版侵权举报请发邮件至 dbqq@phei.com.cn。

本书咨询联系方式：xuqw@phei.com.cn。

前　言

近年来，我国城市轨道交通工程建设发展迅速。截至目前，中国已有 40 多座城市轨道交通规划获批，总规划里程约 8600 千米，如此大体量的建设规模，带来的就是专业技术和管理力量的不足。轨道交通工程测量涉及的作业形式多、地上地下环境复杂，对于技术人员要求高。为了提高轨道交通工程测量技术及管理水平，本书作者编写了适用于轨道交通工程测量专业技术和管理人员的基础性、普及性教材。

本书旨在满足轨道交通工程测量从业人员了解基础测量知识，掌握轨道交通工程测量技术的重点和难点，提高测量技术及管理水平的要求。一方面，有助于工程测量人员掌握必要的知识和方法，巩固专业知识；另一方面，有助于具有一定测量经验的人员进一步提高业务技能，综合提升测量管理能力。本书适用于初始介入轨道交通工程相关参建企业技术人员以及轨道交通工程建设单位测量管理人员学习培训。

本书参加编写的作者，既有长期在一线从事轨道交通工程测量的技术骨干，也有着力于轨道交通工程建设的业主管理人员，编者都具有丰富的实操经验和管理水平以及比较广泛的代表性。编写人员在确定本书框架、收集素材、章节编排、内容丰富以及书稿审定等方面做了大量工作，数易其稿，力求完善。本书既包含了所有编写人员的集体智慧，也代表着城市轨道交通工程测量行业的共同财富，希望本书可以为当前我国快速发展的轨道交通工程建设事业提供力所能及的技术支持。

本书既介绍了城市轨道交通工程测量的地面控制测量、地下控制测量以及施工测量等关键测量技术理论，又对目前全国轨道交通工程建设普遍存在的第三方测量、第三方监测的管理流程进行了阐述；既有专业知识的论述，又有典型案例的分析；既有对传统技术的叙述，又有对前沿科学的普及。本书注重理论与实践、经验与知识相结合，力求切实帮助从事轨道交通工程测量的技术及管理人员解决实际问题。

本书共三篇：第一篇，城市轨道交通控制测量；第二篇，轨道交通施工测量；第三篇，管理制度及技术文件。书中重点介绍了轨道交通工程测量常用的测量技术方法、关键节点的测量技术要求以及数据处理系统的功能开发；加以对大量工程测量实际案例的分析，并对目前普遍实施的第三方测量及监测管理程序进行了梳理介绍，内容贴近实际，容易上手。

由于时间仓促，编者水平有限，书中难免存在不完善、不准确的地方，真诚希望广大读者提出宝贵意见。

目　录

第一篇　城市轨道交通控制测量

第1章 绪 论

1.1 城市轨道交通工程测量的内容及任务

城市轨道交通（urban rail transit）工程测量贯穿整个轨道交通工程的全过程，在线网规划阶段需要前期控制测量，以提供线型带状图，便于对轨道交通工程线网的规划和选线；勘察和设计阶段需要对所选勘察孔位定位测量及对轨道交通工程线型周边的建（构）筑物及地下管线进行定位测量，并绘制相关平面图形；施工阶段主要把相关设计图纸上的相关建（构）筑物在实地进行标定，根据标定的相关标识进行施工；轨道交通工程完成后，需要进行竣工测量及对运营后的轨道交通工程进行变形监测（deformation monitoring），以保证运营安全。

本书对轨道交通前期、土建施工阶段及轨道铺设阶段所需要的测量工作和内容进行着重介绍，包含了以下几个方面（本书未包含轨道交通工程监测工作，将在以后的书籍中予以介绍）：

（1）平面和高程控制测量，即土建工程施工前需要对全线甚至整个轨道交通工程线网控制区域进行整体控制测量工作，以保证整个轨道交通线网或单个线路之间的各施工区间、车站在平面和高程方面平顺对接。

（2）轨道交通工程土建施工阶段主要包含了施工阶段的放样测量、预埋构件的安装定位、盾构始发测量、洞门环安装测量、联系测量、盾构机姿态测量、管片姿态测量等工作。

（3）轨道交通土建工程完工后、竣工验收前需要完成贯通测量（holing through survey）、车站及区间限界测量（gauge survey）、断面测量及中线测量等工作。

（4）交通轨道铺设前，应在各区间联测后的控制点的基础上埋设轨道铺设的控制基标（track laying benchmark），在控制基标基础上进行加密基标，或在轨道铺设之前测设任意设站精密导线网（precise track control network），利用铺轨基标（含控制基标及加密基标）或任意设站精密导线网进行轨道安装、精调等轨道铺设的测量工作。

（5）轨道铺设完成后，利用铺轨基标或任意设站精密导线网对铺设成型的轨

道及安装后的设备进行竣工验收测量工作。

（6）轨道交通试运营阶段是在充分利用铺轨控制基标或任意设站精密导线网的基础上适当增加一些监测点，对试运营期间的线路进行监测。

轨道交通施工测量的每个阶段均需要采用不同方法、不同人员、不同仪器和不同时段进行全方位、多方面的检核工作（包含内业数据的对算等），以确保每个阶段的施工测量准确无误。这里的测量工作不同于轨道交通的监测工作，监测工作需要五同测量，即同仪器、同人员、同方法、同线路和每次监测同时间段来进行监测，而施工测量需要五不同，即不同人员、不同仪器、不同测量方法、不同线路和每次测量的不同时间段进行校核测量，这样可以有效地避免人为因素、环境因素、仪器因素和技术方法造成的各种粗差。因此，要求轨道交通工程测量人员不仅要具有丰富的测量理论知识，同时需要根据不同的施工作业环境、不同的精度要求等采取有效、可靠的测量技术手段，保证轨道交通工程施工精度满足规范及技术文件要求。

1.2　城市轨道交通工程测量特点

轨道交通工程一般位于大中城市的繁华地区，地面建（构）筑物众多、地下管网烦琐多样，且大部分线路位于地面以下，因而具有以下特点：

（1）环境复杂多变、施测条件差：轨道交通工程一般在人口众多、建筑物密集的大中城市中建设，且大多数线路位于地下十多米的地方。因此地面选点困难，难以满足通视条件；地下空间狭长，潮湿阴暗无自然光，洞内、洞外湿度、光照、温度等条件差异巨大，空气密度不均，大气折光、旁折光等外界环境对测量工作影响较大。

（2）贯通误差要求严格：根据《城市轨道交通工程测量规范（GB 50308—2008）》的要求，横向贯通中误差为±50mm，竖向贯通中误差为±25mm。轨道交通工程测量误差环节多，主要包括了地面控制测量误差、地下导线测量误差、联系测量误差、盾构机定位误差，加之环境条件的影响，隧道按要求贯通难度极大。

（3）网形难以保证：城市建设多样，发展速度较快，控制网形因外界条件的变化而变化；地下环境条件差，受人员和施工机械等影响，很难布设较为合理的控制测量网形。

（4）线路长度不一、线形变化多样：城市扩大和城际线的发展造成轨道交通

线路变化多样、区间长度不一、断面形式多样等，应根据具体的外界环境和现有测量仪器精度制定可靠的施测方案。

（5）测量检核工作量大，重复测量工作多：在轨道交通施工阶段，因地质条件、地下水位情况及周边环境条件的变化，造成点位稳定性较差，需要定期检核和根据外界环境的变化进行加密设置。

（6）测量仅为轨道交通工程的辅助行业，因工程进度压力，或为节省投资，或节省施工成本，工程施工不能重点、全面地提供优质的测量作业环境。

（7）测量人员整体素质不高：目前全国四十多个城市在进行轨道交通工程的建设，轨道交通工程项目众多，加之目前工程测量人员工资待遇普遍较低，造成相当一部分工程测量人员转行或改行，以至于从事工程测量人员的数量和质量都有大幅度下降。

目前，全国出现了多起严重的不同类型的轨道交通工程测量事故：有的将预设线路中心线（或隧道中心线）计算错误导致开挖隧道产生严重偏差；有的过于依赖盾构导向系统，在导向系统因硬件或软件发生故障时不能及时发现，亦没有有效的针对导向系统的检核手段，导致开挖隧道产生竖直或水平方向上的严重偏差；有的施工放样错误，导致已施工的连续墙严重侵入结构限界，而不得不将原错误连续墙废除，重新施作新的连续墙；有的在进行两个坐标系转换时，采用了不合适的坐标转换模型，产生了较大的转换误差，导致换乘车站间不能正常衔接等问题，不一而足。

综上所述，轨道交通工程测量技术复杂、涉及范围广、受施工环境和外界环境影响巨大，因此需要轨道交通工程测量人员不仅仅掌握大量的轨道交通工程测量知识及具备丰富的轨道交通工程测量经验，同时还需要对轨道交通工程的各种施工工法和施工环境有一定的了解，根据现场施工条件调整测量方案，采取合适的测量技术方案来保证轨道交通工程满足规范和设计要求，高质量地完成轨道交通工程测量任务。

1.3 国内现状及展望

随着我国城镇化进程的提速，城市聚集效应明显，越来越多的城市加入到拥有城市轨道交通城市的行列，徐州、南通、芜湖、绍兴、洛阳等这些传统意义上的三线城市也已经入列。截至目前，国家发改委已经批复 44 个城市的轨道交通建设规划（不含有轨电车），随着城市经济的发展、城市中心极化效应的进一步发挥，人口要素向城市流动，同时城区由于人口、经济要素聚集，进一步膨胀向外围拓展，据不完全统计，截至 2020 年，中国超过 100 万人口的城市将达到 200 个。在经济水平已经不是制约城市发展轨道交通的条件下，大量城市将进行轨道交通规划及建设。另外，随着中央十八届六中全会的召开，国家大力发展绿色产业，减少尾气排放，净化环境，保护环境。绿色出行是保护环境、净化环境的一部分，大力发展公共交通，有利于环境保护和环境改善，因此以后一段时间内，国内轨道交通将进入又一新的建设高潮阶段。目前，全国四十多个城市正在进行城市轨道交通建设，作为轨道交通工程的辅助行业，轨道交通工程测量亦不可或缺，轨道交通工程测量的专业化，数据处理的数字化、智能化已提上日程，如何大力推进轨道交通工程测量工作，对其效率、准确度和精确度有了新的要求。

目前整个轨道交通工程测量行业从业人员少、技术力量薄弱已成为工程测量发展的瓶颈。多数工程测量人员未完全掌握轨道交通工程测量的关键节点，未能有效地对现场动态问题进行及时解决，不能采用多种有效的方法进行复核，也没有配备足够的人员对一些重要数据进行对算，这些为以后轨道交通工程测量埋下重大隐患。原来的管理办法、管理思路及一成不变的测量技术势必会造成重大测量事故的发生，造成不可估量的时间和经济损失。

总之，轨道交通工程测量在整个轨道交通工程建设中发挥越来越重要的作用。摆在轨道交通工程测量技术人员面前的是如何有效、快捷、准确地计算数据，如何合理安排时间为轨道交通工程建设节省时间，如何掌握关键节点，如何对关键节点进行多层级、多方法的复核，如何规范化轨道交通工程测量管理等问题。

第2章 地面平面控制测量

2.1 概述

轨道交通平面控制测量一般分为三级：首级平面控制网一般是指针对整个轨道交通线网布设的平面控制网，是整个城市轨道交通线网平面控制骨架，同时也是后续测量工作的基础，为后续测量加密提供了起算依据，一般采用 GNSS 网；次级平面控制网是在整个平面控制网的基础上，针对某条轨道交通线路布设的线状平面控制网，是整条轨道交通线路平面控制测量骨架，同时也是整条轨道交通线路后续测量工作的基础，为后续测量工作提供了测量依据及起算依据，一般也采用 GNSS 网；三级平面控制网又称为精密导线网，是在首级或次级平面控制网的基础上进行的加密控制网，主要采用附合导线、闭合导线或节点网的形式，附合点、闭合点及起算依据均为首级或次级控制网点，点位设置主要根据轨道交通工程的主体结构位置及既有或待建线路换乘位置等原因进行布设，是为土建施工方便同时考虑各线路换乘情况而布设的，同时又是地下施工导线的起算依据。

刚开始建设轨道交通工程的城市很多采用两级控制，即次级平面控制网和精密导线网，主要因为刚开始建设城市轨道交通工程的城市一般首先建设一条线路，招标的过程只针对要建设的轨道交通线路，因此首先布设针对某一条线路的轨道交通平面控制，然后在此基础上进行加密布设，形成精密导线网供设计、施工使用。一般根据整个城市轨道交通线网的基本情况，建议采用三级平面控制网，即先布设整个轨道交通线网的控制骨架网，再在骨架网的基础上布设针对某条线路的次级控制网，在次级网的基础上进行加密形成三级的精密导线网。这样更有利于整个轨道交通线网间各线路的衔接，更能有效地保证各换乘站和交叉线路的平顺对接，避免因出现较大的系统误差和转换误差而造成线路间出现竖向或水平方向上的对接错台，导致不必要的建设浪费，同时又能保证某一条轨道交通线路的相对精度满足要求，为隧道的贯通打下了良好的控制测量基础。

整个轨道交通平面控制网应基于城市平面控制网进行布设，如若采用独立坐标系，还应和国家（或城市）坐标系进行联系，并取得两坐标系相应的转换参数，

利用这些转换参数可以任意地在两坐标系下进行坐标转换。

轨道交通工程平面控制测量和普通的工程测量设置基本一致，首先是收集资料、根据当地的测量条件和环境条件对控制网型进行设计，在充分考虑轨道交通工程所在区域的地形、水源、居民地、道路、周边建筑的分布情况等条件下进行设计。控制网设计应充分考虑目前城市的线网规划等实际情况。

综上所述，平面控制测量的基本任务就是根据轨道交通工程的特点和需要，在地面布设一定形状的控制网，并精密测定其地面位置。其目的是为地面的大比例尺寸图、施工放样、变形监测和地下控制测量传递地面坐标，建立整体的控制基础。控制网的作用在于控制全局，限制测量误差的传递和积累，保障测量工作的相对精度。地面控制测量，首先应针对不同的轨道交通工程研究控制网的布设形式、图形与观测方案的优化设计以及实施过程中的有关问题，这样才能建立一个坚强可靠的控制网。

2.2　GNSS 控制测量

一般城市轨道交通平面控制的首级及次级平面控制网采用 GNSS 测量的方式进行。GNSS 测量主要运用的是现有的导航系统，主要包括美国的 GPS 导航系统、俄罗斯的格洛纳斯导航系统及中国的北斗导航系统，利用这些导航系统进行平面精密定位。目前，最为广泛的是采用美国的 GPS 导航系统进行定位。本节主要针对于美国的 GPS 导航系统及《城市轨道交通工程测量规范（GB 50308—2008）》中的相关要求进行叙述。

2.2.1　GNSS 网布设的基本原则

轨道交通网一般在大中城市中成网状布设，每条轨道交通线路呈线形布设，同时，轨道交通工程建设时间长、投资大、规模广、技术要求复杂、贯通精度高等特点，导致轨道交通网和轨道交通线路的控制网具有以下原则。

（1）控制网的大小、形状、控制点位置分布及精度要求与城市轨道交通网的形状、分布、车站位置、风井位置、隧道走向、地面建（构）筑物分布及原有城市控制点等密不可分。一般应满足车站、风井及其他大型建（构）筑物（含车辆段等）附近及隧道两端附近均有控制点分布的要求，控制网精度应满足建（构）筑物建设精度及隧道贯通精度等要求，因而要对网形进行详细分析后布设。

（2）整个轨道交通网的控制网精度与一般工程控制网精度基本一致，即保证点位精度（面状精度）一致，而针对某条轨道交通线路的精度应特别考虑横向精度，也就是说对于某条轨道交通线路的控制网，为保证隧道的正确贯通，要求控制网精度具有方向性和精度相对性。为保证隧道横向贯通精度，控制网的横向精度可设置较高，纵向精度可以适当放宽。

（3）针对于轨道交通网的 GNSS 网应满足《城市轨道交通工程测量规范（GB 50308—2008）》中"高程投影面应与城市平面直角坐标系统的高程投影面一致"的相关要求。但针对于城市中某条轨道交通线路的 GNSS 控制网应满足"当线路轨道面平均高程的边长高程投影和高斯投影变形的综合变形值大于 20mm/km 时，应采用抵偿高程面作为投影面的城市平面直角坐标系统，或高程投影面不变，采用高斯-克吕格任意带平面直角坐标系统"的相关要求。

（4）GNSS 坐标系的选择应与城市坐标系一致，不宜重新设置针对于轨道交通控制网的独立坐标系，一个城市的每条轨道交通控制网也不应采用不同的坐标系而导致坐标系混乱。但为了保证城市轨道交通工程控制网的相对精度，可以针对整个轨道交通控制网或某条轨道交通控制网进行内部的相对精度加强，但必须在城市平面直角坐标系或整个轨道交通控制网的基础上进行内部加强。

因此，轨道交通控制网的点位密度必须满足工程建设需要，应根据轨道交通工程的大小、形状、范围、精度进行网形设计和点位密度分布，点位间不需要均匀，边长不必绝对相等；控制网的点密度和网形必须满足工程精度要求，且需充分考虑后续工程的需要；控制网的精度指标必须满足《城市轨道交通工程测量规范（GB 50308—2008）》及相关国家规范中等级标准的精度要求。

城市轨道交通控制网主要为城市轨道交通勘测设计阶段、工程建设阶段及运营阶段服务，但每个阶段控制网精度要求不一样，如果在三个阶段分别布设不同精度的控制网，就会造成不必要的浪费和重复工作，因此，建议在有条件的基础上只需布设一种能满足三个阶段控制测量工作的控制网（三网合一）。勘测阶段主要包括带状地形图，勘察孔位放样，线路初测、定测、补定测等相关内容；施工阶段主要包括施工放样、施工监测、竣工测量等相关内容；运营阶段主要进行运营监测等相关内容，因此，需要对三个阶段进行认真、细致分析后建立符合实际的轨道交通控制网，避免出现重复建设的不必要浪费。

2.2.2　网形设计

城市轨道交通 GNSS 控制网一般分为两种，一种是针对某个城市整个轨道交通网而布设的整体 GNSS 控制网，此级网的网形一般为面状形式，点位密度、精度在各个方向上基本均匀，控制点之间可以不必通视；另一种是针对某条轨道交通线路而布设的 GNSS 控制网，此级网的网形一般为带状形式，点位密度、精度有明显的方向性且要求控制点通视方向不应少于 2 个，以保证本条线路上各建（构）筑物、隧道等满足施工的精度需求，因此，为保证隧道在横向上的正确贯通，要求控制网在线路横向上的精度要较高，在纵向精度可适当放宽；点的密度一般依据线路上的车站、风井、隧道等的分布，不必一致。

整个轨道交通网的 GNSS 控制网点位不需要太多，但应能控制整个轨道交通线网（含规划和待规划的轨道交通线路），因此需要满足全市城市轨道交通建设和运营的长期需求，同时控制网测量平差约束点应采用城市高等级控制点，且不应少于 3 个。其主要作用是：①使各条轨道交通线路控制网误差均匀，在线路交叉处或换乘处平顺衔接，避免因误差不均匀导致换乘处出现错台或线路相互影响；②为每条轨道交通线路控制网提供起算或控制点检核的依据。

针对某条轨道交通线路的控制网主要呈带状分布，点位根据轨道交通建（构）筑物、地上线路和隧道特点进行分布，主要满足某条线路的设计、施工、营运等需要，应采用城市高等级控制点或整体控制网点作为约束条件，且不应少于 3 个，并应沿线路基本均匀分布。其主要作用是：①有效保证线路上各建（构）筑物的位置准确；②精度具有方向性和相对精度较高，有利于隧道的贯通精度和线路的平顺性；③为施工放样和施工控制网提供起算依据；④为运营期间机电设备安装维护、线路维护、运营监测及轨道交通线路保护提供测量依据。

2.2.3 轨道交通 GNSS 网的精度要求

1. GNSS 控制网主要技术要求

无论是整体轨道交通控制网的 GNSS 网还是单条轨道交通线的 GNSS 网，均应采用静态测量方法，且应符合表 2.1 的技术要求。

表 2.1 GNSS 控制网主要技术要求

控制网等级	平均边长（km）	固定误差 a（mm）	比例误差 b（mm/km）	相邻点的相对点位中误差（mm）	最弱边相对中误差
一等	10	≤5	≤2	±20	1/20 000
二等	2	≤5	≤5	±10	1/10 000

注：一等控制网是只针对整个城市轨道交通网而布设的 GNSS 控制网，二等控制网是只针对城市中某条轨道交通线路而建立的 GNSS 控制网。

GNSS 控制网基线长度的精度可按下式进行计算

$$\delta = \sqrt{a^2 + (bd)^2} \tag{2.1}$$

式中，δ——基线长度中误差（mm）；

　　　a——固定误差（mm）；

　　　b——比例误差系数（1×10^{-6}）；

　　　d——相邻点间的距离（km）。

2．GNSS 控制网的造标、选点的相关要求

（1）控制点应选在施工变形影响范围以外，利于长久保存、施测方便的地方；

（2）利用已有城市控制点时，其标石应稳定、完好；

（3）二等 GNSS 控制网各控制点通视方向不少于 2 个；

（4）建筑物上的控制点应选在便于联测的楼顶承重结构上；

（5）控制点附近不应有大面积的水域或对电磁波反射（或吸收）强烈的物体，以避开多路径效应的影响；

（6）控制点应远离无线电发射装置和高压输电线，其间距应分别不小于 200m 和 50m；

（7）控制点周围应视野开阔，便于扩展，视场内障碍物的高度角不宜超过 15°；

（8）为减小气象元素的代表性误差，选点时应尽可能使测站附近的局部地形、地貌、植被等环境与周围的大环境保持一致；

（9）各等级的 GNSS 控制点应埋设永久标石。标石分为基本标石、岩石标石和建筑物楼顶标石三种，各标石宜按照《城市轨道交通工程测量规范（GB 50308—2008）》中的相关要求和规格埋设。埋设完毕后，应绘制点之记并办理测量标志委托书；

（10）为保证车站放样精度，提高联系测量及隧道贯通精度，应尽量减小仪器的对中误差，因此在车站、洞口和竖井等附近建筑物楼顶上的 GNSS 控制点上宜建造强制对中照准标志。

3．GNSS 网作业基本技术要求

GNSS 控制网测量作业的基本技术要求应符合表 2.2 的各项规定。

表 2.2　GNSS 控制网测量作业基本技术要求

项目	一等	二等
接收机类型	双频	双频或单频
仪器标称精度	$\pm(5mm + 2 \times 10^{-6} \times d)$	$\pm(5mm + 2 \times 10^{-6} \times d)$
观测量	载波相位	载波相位
卫星高度角（°）	≥15	≥15

续表

项目	一等	二等
同步观测接收机台数（台）	≥3	≥3
有效观测卫星数（颗）	≥4	≥4
每站独立设站数（次）	≥2	≥2
观测时段长度（min）	≥120	≥60
数据采样间隔（s）	10~30	10~30
点位几何图形强度因子（PDOP）	≤6	≤6

作业前应对卫星定位接收机和天线等设备进行常规检查，控制网测量宜选用同类型的天线，电池容量、光学对中器对中精度和接收机内存容量等应满足作业要求。

观测前应根据接收机数量、控制网设计图形以及交通情况编制作业计划，观测中可根据实际情况进行必要的调整。

观测时，应满足下列要求：

（1）天线定向标志应指向正北，整平、对中后的对中误差应小于 2mm；

（2）每时段观测前、观测后量取天线高各一次，两次互差应小于 3mm，并应取其两次的平均值作为最后的天线高；

（3）雷电天气时，应停止观测。天气出现重要或不正常变化，应做观测记录；

（4）应严格按规定的时间开机作业，保证同步观测同一组卫星。观测开始后，应及时记录或输入有关数据，并随时注意卫星信号和信息存储情况。外业观测手簿应按照《城市轨道交通工程测量规范》中附录 A 中表 A.2.1 的内容逐项填写；

（5）每日观测结束后，应及时将存储介质上的数据进行拷贝，并应及时将外业观测记录结果录入计算机进行数据处理。

4. GNSS 控制网基线解算

一等网基线解算宜采用精密星历，使用精密基线计算软件，采用多基线解算模式进行解算；二等网基线解算可使用商用软件，利用广播星历进行解算。

基线解算中每个同步图形应选定一个起算点，其点位精度应不低于 10mm。起算点应按连续跟踪站、已知点、单点定位结果的先后顺序选择。观测值均应进行对流层延迟修正，对流层延迟修正模型中的气象元素可采用标准气象元素。

基线解算时，长度小于 15km 的基线应采用双差固定解，15km 以上基线可在双差固定解和双差浮点解中选择最优结果。

基线解算后，应对外业数据的质量进行检验，只有外业数据质量满足要求后，整个 GNSS 控制网的外业和内业才算完成，否则，对于不满足要求的外业数据进行重测或补测。

外业数据的质量需满足下面规定：

（1）同一时段观测值的数据剔除率宜小于 10%；

（2）采用同一数学模型解算多个基线，其同步环各坐标分量即全长闭合差应满足下列各式要求：

$$W_x \leqslant \frac{\sqrt{N}}{5}\delta \tag{2.2}$$

$$W_y \leqslant \frac{\sqrt{N}}{5}\delta \tag{2.3}$$

$$W_z \leqslant \frac{\sqrt{N}}{5}\delta \tag{2.4}$$

$$W = \sqrt{W_x^2 + W_y^2 + W_z^2} \tag{2.5}$$

$$W \leqslant \frac{\sqrt{3N}}{5}\delta \tag{2.6}$$

式中，N——同步环中基线边的个数；

　　　W——环闭合差。

（3）独立环各坐标分量及全长闭合差应满足下列各式要求：

$$W_x \leqslant 2\sqrt{n}\delta \tag{2.7}$$

$$W_y \leqslant 2\sqrt{n}\delta \tag{2.8}$$

$$W_z \leqslant 2\sqrt{n}\delta \tag{2.9}$$

$$W \leqslant 2\sqrt{3n}\delta \tag{2.10}$$

式中，n——独立环中基线边的个数。

（4）复测基线长度较差应满足下式的要求：

$$d_s \leqslant 2\sqrt{n}\delta \tag{2.11}$$

式中，n——同一边复测的次数，通常等于 2。

但当外业观测未按照施测方案要求执行，存在缺测、漏测时应补测；在复测基线边长较差、同步环闭合差、独立环或附合路线闭合差检验中超限的基线可舍弃，但当舍弃基线后的独立环所含基线数不符合"每个控制点应分别通过独立基线与至少两个相邻点连接。控制网由一个或多个独立基线闭合环构成时，闭合环之间应采用边连接。每个闭合环独立基线数不应超过 6 条"的相关要求时应重测或补测该基线，或者重测有关图形。对于不能满足同步环各坐标分量及全长闭合差检验规定的基线，应进行重测或补测。

5. GNSS 控制网平差

GNSS 控制网平差应符合下面的各项规定：

（1）进行无约束平差时，应根据控制网技术设计方案，将全部独立基线构成由闭合图形组成的控制网，以三维基线向量及其相应方差协方差阵作为观测信息，以一个点的地心三维坐标作为起算数据，进行三维无约束平差，并提供各点在地心坐标系的三维坐标、各基线向量、改正数和精度信息。基线向量改正数的绝对值应满足下列式子的要求：

$$V_{\Delta x} \leqslant 3\delta \tag{2.12}$$

$$V_{\Delta y} \leqslant 3\delta \tag{2.13}$$

$$V_{\Delta z} \leqslant 3\delta \tag{2.14}$$

（2）进行约束平差时，平差前应对约束点进行稳定性和可靠性检验。约束平差应在所使用的城市轨道交通坐标系或国家坐标系中进行三维或二维约束平差。平差中，可对已知点坐标、已知距离和已知方位角进行强制约束或加权约束。平差结束后，应输出相应坐标系中各点的三维或二维坐标、基线向量、改正数、基线边长、方位角、转换参数及其精度等信息。

基线向量的改正数与同名基线无约束平差相应改正数的较差应满足下列式子的要求：

$$dV_{\Delta x} \leqslant 2\delta \tag{2.15}$$

$$dV_{\Delta y} \leqslant 2\delta \tag{2.16}$$

$$dV_{\Delta z} \leqslant 2\delta \tag{2.17}$$

约束平差后，控制点与未作为约束点的现有城市控制点的重合点的坐标较差大于 50mm 时，应检查已知点是否可靠，并对约束控制点和控制方位角进行筛选后，重新进行不同约束控制点或不同约束方位角的不同组合的约束平差。

2.2.4　GNSS 控制网测量作业程序

在获得 GNSS 控制网测量任务后，首先收集相关测绘资料，根据任务的具体要求、相关技术规范及技术文件要求进行控制网点位的设计，编制切实可行、精度满足要求的技术方案，根据技术方案实施具体的选点、埋点、外业观测、内业处理及后续的补测、修测等工作。具体程序如下：

1. 测绘资料的收集整理

在测绘项目开始之前，现有测绘资料的收集与整理也是一项极其重要的工作，收集到的测绘资料越完善，越能有效提高踏勘、选点、埋石的工作效率。需要收集整理的资料主要包括：测区及周边地区可利用的已知点的相关资料（点之记、网图、成果表、技术总结等）、测区的地形图、地质资料、测区总体建设规划和近期发展方面的资料等。

2. 踏勘、选点、埋石

在完成技术设计和测绘资料的收集与整理后，需要根据技术设计的要求对测区进行踏勘，并进行选点埋石工作。控制点应选在利于长久保存、交通方便、便于施测的地方，离开线路中线或工程主体结构外边缘距离不宜小于 2 倍的结构埋深。控制点上方应视野开阔，避开多路径效应的影响，周边 50m 范围内不宜有无线电发射装置等。

3. 星历预报

根据测区的地理位置以及最新的卫星星历，对卫星状况进行预报，作为选择合适的观测时间段的依据。所需预报的卫星状况有：卫星的可见性、可供观测的卫星星座、随时间变化的 PDOP 值、随时间变化的 RDOP 值等。对于个别有较多或较大障碍物的测站，需要评估障碍物对卫星定位观测可能产生的不良影响。

4. 制订作业计划

根据卫星状况、测量作业的进展情况以及测区的实际情况，确定出具体的作业方案，以作业指令的形式下达给各个作业小组，根据情况，作业指令可逐天下达，也可一次下达多天的指令。作业方案的内容包括作业小组的分组情况、卫星定位观测的时间段以及测站等。

5. 外业观测

外业人员应严格按照作业指令的要求开始外业观测。在进行外业观测时，外业观测人员除了严格按照作业规范、作业指令进行操作外，还要根据一些特殊情况，灵活地采取应对措施。作业指挥员可根据外业观测的具体情况调

整原来的作业计划，各卫星定位观测小组应及时按照指挥员作业指令调整外业观测。

6. 数据传输、转存、备份

每天外业观测结束后，应及时地将观测数据传输到计算机中，并根据要求进行备份，在数据传输时需要对照外业观测手簿，检查所输入的记录是否正确。特殊情况下，数据传输与转存应根据条件及时进行。

7. 基线解算与质量评估

对所获得的外业数据及时地进行处理，解算出基线向量，并对基线结果进行质量评估。作业指挥员需要根据计算解算情况做下一步卫星定位观测作业的安排。

8. 技术总结

根据整个 GNSS 网的布设及数据处理情况，进行全面的技术总结、整理成果报告。

9. 成果项目验收与归档资料提交

报送最终成果资料，邀请项目建设单位、监理单位及其他相关单位、人员进行成果验收，验收完成后，将下列资料进行归档：

（1）技术设计书；

（2）控制网布置图；

（3）测量仪器、气象等检校资料；

（4）外业观测手簿及其他记录；

（5）控制网平差及精度评定资料；

（6）控制点成果表；

（7）技术总结或技术报告；

（8）控制点点之记及测量标志委托保管书；

（9）质量检查验收报告。

2.2.5 工程实例

1. 测区概况及基础资料情况

1）测区概况

东莞市城市快速轨道交通 2 号线（东莞火车站—东莞虎门站段）起点位于规划改造的广深铁路东莞火车站（新石龙站），线路从东莞北部茶山镇的东莞火车站西侧引出，沿方中路地下向西南于方中路与茶山环城路交叉口处设茶山站。出站后线路向西跨过寒溪河，沿规划建设的莞排路南侧于榴花公园东北侧转入莞龙路，再沿莞龙路高架继续向西南进入莞城区，后转入地下沿东城中路至东莞大道，在鸿福路站与 1 号线形成"十"字换乘，而后沿东莞大道继续以地下线敷设形式在广深高速公路转向西南进入厚街镇，沿老 107 国道（现为 S256）地下穿过厚街镇进入虎门镇，之后线路由地下线转为高架，在广深港客运专线虎门站西侧设东莞虎门站，在该站点形成由广深港客运专线、穗莞深城际线和东莞轨道交通 2 号线组成的综合换乘枢纽。东莞虎门站为 2 号线首建线路终点，在站后预留远期或远景向长安方向延伸的条件。

东莞城市快速轨道交通 2 号线首建线路（东莞火车站—东莞虎门站段）总长 37.768km，其中地下线长 26.68km，占线路总长的 70.6%，高架线长 9.808km，占线路总长的 26%，过渡段及地面线长 1.28km，占线路总长的 3.4%，全线共设车站 13 座，在东城区（茶山站西侧）设车辆段 1 座，控制中心设于新城中心站西北侧，全线共设置主变电所 2 座。

2）测区基础资料情况

（1）沿线 1:1 000 和 1:10 000 数字地形图。

（2）东莞市三个 C 级 GPS 点的基础平面控制测量成果：GPS 点的点号分别为 CFS、JXC 和 DGS，坐标系为珠区坐标系。

（3）与广深新线交叉处平面和高程联测点的成果资料由广深新线设计单位提供（电子文件），平面坐标为导线成果，采用珠区坐标系，高程成果采用 1985 国家高程基准；与莞惠线交叉处平面和高程联测点的成果资料由莞惠线设计单位提供，平面坐标为 B 级成果，采用北京 54 椭球参数，中央子午线经度为 113°45′，投影高程面为 10m，高程为国家二等成果，采用 1985 国家高程基准；与穗莞深线交叉处平面和高程联测点的成果资料由穗莞深设计单位提供（电子文件）、采用北京 54 椭球参数，中央子午线经度为 113°40′，投影高程面为 50m，高程为国家二等成果，采用 1985 国家高程基准；与广深港线交叉处平面和高程联测点的成果资料采用广深港设计单位提供的广深港线成果，采用北京 54 椭球参数，中央子午线经度为 113°40′，投影高程面为 75m，高程为国家二等成果，采用 1985 国家高程基准。

（4）本工程可行性研究线路平、剖面图。

2．作业技术依据及坐标高程系统

1）技术依据

（1）《城市轨道交通工程测量规范（GB 50308—2008）》；

（2）《全球定位系统（GPS）测量规范（GB/T 18314—2009）》；

（3）《工程测量规范（GB 50026—2007）》；

（4）《城市测量规范（CJJ 8—2007）》；

（5）《测绘成果质量检查验收规定（GB/T 24356—2009）》；

（6）《东莞市快速轨道交通 2 号线工程可行性研究平纵断面图》；

（7）《东莞市轨道交通 2 号线测量技术要求》；

（8）《东莞市轨道交通 2 号线测量技术设计书》。

2）坐标高程系统

（1）平面坐标系统采用与东莞市城市坐标系统一致的珠区平面坐标系。

（2）高程系统采用与东莞市城市高程系统一致的 1985 国家高程基准。

3．GNSS 控制测量

由于东莞市首先建设城市轨道交通 2 号线，因此本 GNSS 控制网是只针对于市内 2 号线而建立的控制网，应满足《城市轨道交通工程测量规范（GB 50308—2008）》中的一等 GNSS 控制网的精度要求和相关技术要求。

1）GNSS 控制点布设

（1）GNSS 控制点沿东莞城市快速轨道交通 2 号线呈带状布设，整个首级 GNSS 控制网由 43 个 GNSS 点构成，并联测了 3 个东莞市 C 级 GPS 控制点 CFS、JXC、DGS 作为 GNSS 控制网的起算点，3 个 C 级 GPS 控制点分布于线路起点、中部和线路终点。全网采用边连接形式构网，由多个重叠大地四边形和中点多边形组成（见图 2.1）。

（2）点位布设兼顾施工控制的需要，埋设在车站或重点工程施工地段附近，其中在车辆段附近布设 3 个控制点。边长为 800～1500m，线路附近的控制点一般都有两个以上的方向通视。

2）选点埋石

（1）由于线路位于繁华市区和建筑物密集区，为了使 GPS 控制点便于长久保存、不受施工变形的影响和具有良好的卫星信号接收条件，点位一般埋设于线路附近的山顶或者楼房顶。点位均远离大面积的水域或对电磁波反射（或吸引）强烈的物体，与无线电发射装置的间距大于 200m，与高压输电线的间距大于 50m。

（2）GNSS 点编号以"R2"为冠号，分别编号为 GPS01、GPS02、…、GPS33。

（3）GNSS 点有房顶标和地面标两种标石：房顶标石均为水泥现浇固桩，现浇桩顶部为 20cm×20cm，底部为 30cm×30cm，高为 20cm，顶部中央为 Φ20mm 不锈钢筋，并刻"+"为点位中心，桩面印有"R2"和"GPS××"字样。埋设时对楼板进行了打凿，并在四周用混凝土进行了加固，加固规格为 40cm×40cm，高为 10cm，保证了混凝土与房顶的牢固连接。房顶 GPS 控制点埋设如图 2.2 所示。

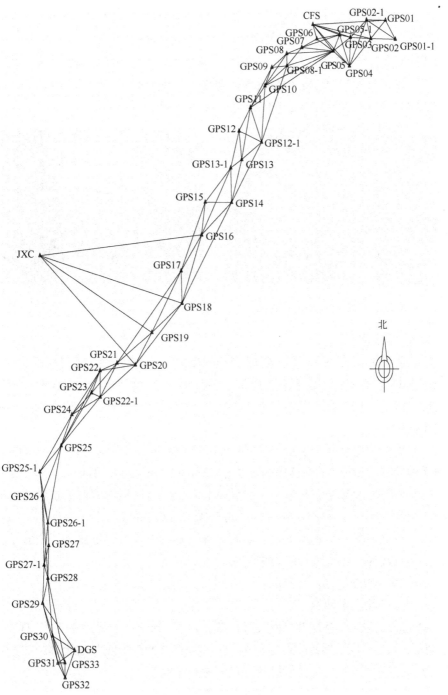

图 2.1 东莞市城市快速轨道交通 2 号线 GPS 控制网

地面标石埋设混凝土现浇桩，现浇桩尺寸顶部为 20cm×20cm，底部为 40cm×40cm，长为 75cm，顶部中央为 Φ20mm 不锈钢筋，并刻"+"为点位中心，桩面压印有"R2"和"GPS××"字样。现浇桩埋设后加有预制保护井，顶部设有盖板，盖板尺寸为 45cm×45cm，高为 7cm，盖板面预制有"东莞地铁严禁破坏 2009.09"字样。地面 GPS 控制点埋设如图 2.3 所示。

图 2.2　房顶 GPS 控制点埋设　　　　图 2.3　地面 GPS 控制点埋设

3）GPS 观测

（1）采用 8 台 GPS 双频接收机（Trimble 5 700、R7、R8，标称精度±5mm+1ppm）按相对静态定位模式进行测量，所有仪器都经过国家计量授权的计量仪器检定机构检定，且均在仪器检定有效期内；在使用前都进行了作业检校，满足要求后才使用。

（2）外业观测时，每条边观测时段不小于 2 时段、每个时段不少于 60min，数据采样间隔为 10s，卫星高度角不小于 15°，PDOP 值不大于 6。

（3）观测时，天线整平对中误差不大于 1mm，每时段观测前后各量取天线高一次，两次互差小于 2mm，并取其平均值作为最后结果。

（4）观测过程中按规定填写了观测手簿。对观测点名、仪器高、仪器号、时间、日期以及观测者均进行了详细记录。

4）GPS 首级控制网后处理

➤ GPS 基线向量解算

基线处理按静态相对定位模式进行解算，以 Trimble 随机商用软件 TGO1.63 进行基线解算。基线向量解算过程中，对 GPS 控制网外业观测的全部数据、同步环、异步环闭合差以及重复基线观测较差进行了检查。

（1）GPS 控制网计算同一时段观测值的数据剔除率小于 9%。

（2）同步环闭合差检验：同步环各坐标分量及全长闭合差满足式（2.2）～

式（2.6）的要求。

同步环各坐标分量及全长闭合差详见 GPS 平差计算表。经统计：同步环全长闭合差最大的是 GPS16～GPS17～GPS19～GPS16，环闭合差为 3mm，相对闭合差为 1/3 282 721。

（3）异步环闭合差检验：异步环各坐标分量及全长闭合差满足式（2.7）～式（2.10）的要求。

异步环各坐标分量及全长闭合差详见 GPS 平差计算表。本项目异步环全长闭合差分布情况如表 2.3 所示。

表 2.3　异步环全长闭合差分布情况

闭合环个数	三维向量闭合差 W（mm）				
	$0 \leqslant W < 10$	$10 \leqslant W < 20$	$20 \leqslant W < 30$	$30 \leqslant W < 40$	$40 \leqslant W < 60$
316	210	86	15	5	0
闭合差相对中误差 W/S					
$W/S \geqslant 1/100\,000$	$1/300\,000 \leqslant$ $W/S < 1/100\,000$		$1/400\,000 \leqslant$ $W/S < 1/300\,000$	$1/800\,000 \leqslant W/S <$ $1/400\,000$	$W/S < 1/800\,000$
0	18		18	75	205

异步环相对闭合差最大为 1/121 422，如表 2.4 所示。

表 2.4　闭合差最大的异步环闭合差统计

闭合环	Δx（m）	Δy（m）	Δz（m）	闭合差（m）	闭合差限差（m）	闭合环长（m）	相对闭合差
GPS31～GPS32 ～GPS33	−0.002	−0.006	−0.013	0.014	0.030	1 755	1/121 422

（4）重复基线长度较差检验：同一边不同观测时段基线较差应满足 $d_s \leqslant 2\sqrt{2}\delta$ mm。本项目 GPS 平面控制网重复观测基线较差分别情况如表 2.5 所示；每一条边不同观测时段基线较差详见 GPS 平差计算表。

表 2.5　重复观测基线较差分布情况

重复观测基线数	重复观测基线较差 d_s（mm）				
	$0 \leqslant d_s < 3$	$3 \leqslant d_s < 5$	$5 \leqslant d_s < 7$	$7 \leqslant d_s < 10$	$10 \leqslant d_s < 15$	$15 \leqslant d_s$
310	162	74	34	18	22	0

重复观测基线观测值较差最大为 GPS15～GPS12，边长为 3 494.664 4m，较差为 14mm，限差为±17.25mm，满足限差要求。

以上 GPS 控制网同步环、异步环闭合差以及重复基线较差统计结果表明：东莞城市快速轨道交通 2 号线 GNSS 控制网所有同步环、异步环闭合差以及重复基线长度较差均满足规范限差要求，GPS 基线向量网自身的内符合精度高，基线向量没有系统误差和粗差，GPS 基线观测质量可靠。

➢ GPS 控制网平差及坐标转换处理

东莞城市快速轨道交通 2 号线 GPS 控制网采用双差固定解进行网平差，网平差及坐标转换主要采用 ESGPS software 软件包进行计算，并采用武汉大学 CosaGPS 软件进行了检算。

在进行网平差前，对联测的 3 个东莞市 C 级 GPS 点的可靠性进行了检验。

（1）以控制网线路起点的东莞市 C 级 GPS 点长峰山为起算点，仅做三维无约束平差，计算得到其他 2 个点（JXC 和 DGS）的坐标，从而得到 3 个点之间的计算边长和计算方位角，与理论边长和理论方位角进行比较。联测东莞市 C 级点相对精度和可靠性检验分析如表 2.6 所示。

表 2.6　联测东莞市 C 级点相对精度和可靠性检验分析

点　　号		理论坐标		计算坐标		边长相对精度 1/K	方位角差 (″)
起始点号	终点点号	坐标反算边长（m）	理论方位角	坐标反算边长（m）	实测方位角		
CFS	JXC	18 755.118	242°06′11.58″	18 755.126	242°06′12.001 5″	2 327 392	0.02
CFS	DGS	28 597.052	210°52′42.91″	28 597.083	210°52′43.397 2″	919 156	0.49
JXC	DGS	15 882.406	173°07′58.19″	15 882.421	173°07′58.85″	1 059 492	0.66

（2）以任意两个东莞市 C 级 GPS 点西安 80 坐标为起算数据，以西安 80 椭球参数（中央子午线 114°，投影高程面 0m）为基准进行约束平差，从而得到第三个 C 级 GPS 点的西安 80 坐标，然后将计算的坐标与东莞市提供的坐标进行比较，如表 2.7 所示。

表 2.7　约束两个东莞市 C 级 GPS 点计算得第三个点坐标的比较

点　　号		理论坐标		计算坐标		坐标较差		
计算点点号	约束点点号	X（m）	Y（m）	X（m）	Y（m）	ΔX (mm)	ΔY (mm)	ΔD (mm)
CFS	JXC	*****.976	*****.829	*****.960	*****.847	16.2	−18.1	24.3
	DGS							

续表

点号		理论坐标		计算坐标		坐标较差		
计算点 点号	约束点 点号	X（m）	Y（m）	X（m）	Y（m）	ΔX （mm）	ΔY （mm）	ΔD （mm）
JXC	CFS	*****.811	*****.239	*****.812	*****.226	-0.9	13.4	13.4
	DGS							
DGS	CFS	*****.336	***06.235	*****.346	*****.253	-9.4	-18.3	20.6
	JXC							

从表 2.7 可看出：本项目联测的东莞市 C 级 GPS 点（CFS、JXC 和 DGS）间边长相对精度最差为 1/919 156，方位角差最大为 0.66″；约束两个东莞市 C 级 GPS 点计算第三个点的坐标较差均在 2.5cm 以内。因此，东莞城市快速轨道交通 2 号线所联测的东莞市的三个 C 级 GPS 点间的相对精度和可靠性较高，可作为东莞城市快速轨道交通 2 号线平面控制网的约束点。

➢ GPS 控制网平差精度评定

（1）GPS 平面控制网三维无约束平差精度统计：GPS 控制网三维无约束平差是以东莞市 C 级 GPS 点 CFS 在 WGS—84 坐标系的三维坐标作为起算数据，在 WGS—84 坐标系中进行三维无约束平差，得到各点 WGS—84 坐标系的三维坐标、三维向量改正数、GPS 基线向量网基线向量边长相对中误差、坐标方位角中误差、点位坐标中误差等指标。经统计，GPS 三维基线向量改正数的绝对值均满足式（2.15）～式（2.17）的要求。

GPS 三维无约束平差精度统计如表 2.8 所示。

表 2.8　GPS 三维无约束平差精度统计

基线向量边长相对中误差		基线向量坐标方位角中误差（″）		点位坐标平面中误差（cm）	
最弱	最优	最弱	最优	最弱	最优
CPⅡ064—1 ～DGS 1/ 225 653	GPS24～ GPS30 1/ 10 059 009	CPⅡ064—1～ DGS 0.93	GPS24～GPS30 0.02	DGS 0.35	GPS01 0.18

由表 2.8 可知：GPS 控制网的基线向量网自身的内符合精度高，基线向量没有系统误差和粗差，基线向量网的质量可靠，在此基础上可以进行二维约束平差。

（2）GPS 平面控制网二维约束平差精度分析：GPS 控制网二维约束平差以 CFS、JXC 和 DGS 三个东莞市 C 级 GPS 点在西安 80 坐标系的二维坐标作为起算数据，投影面中央子午线为 114°，投影高程面为 0m，在西安 80 坐标系中进行二维约束平差，得到各点西安 80 坐标系的二维坐标、基线边长、方位角、GPS 基线向量网基线向量边长相对中误差、坐标方位角中误差、点位坐标中误差等指标，GPS 二维约束平差精度统计如表 2.9 所示。

表 2.9　GPS 二维约束平差精度统计

投影带中央子午线经度，投影面高程	基线向量边长相对中误差		基线向量坐标方位角中误差（″）		点位坐标平面中误差（cm）	
	最弱	最优	最弱	最优	最弱	最优
L=114° H=0m	CPⅡ064—1 ～DGS 1/1 083 162	GPS24～GPS30 1/ 43 437 564	GSG002 ～DGS 0.18	GPS24～ GPS30 0	GPS26—1 0.08	GPS10 0.03

经西南交通大学 ESGPS software 软件和武汉大学科傻 GPS 软件二维约束网平差坐标比较，坐标差最大为 GPS11 点，差值为 1.9mm；坐标差最小为 GPS25、GPS28、GPS30、GPS31 和 GPS32 点，差值均为 0.1mm。利用不同软件平差计算的坐标差值较小，说明平差成果可靠。

由表 2.9 可知：东莞城市快速轨道交通 2 号线 GPS 平面控制网满足《城市轨道交通工程测量规范（GB 50308—2008）》中 GPS 精度指标要求，成果质量优良。

➢ 控制网检测

为了检查本次所做东莞市轨道交通工程 2 号线控制网项目外业观测数据的质量，在 GNSS 控制网观测完成后，又分别对部分 GNSS 控制点间观测的基线长进行了检查测量，测量时所使用的仪器设备与原测时相同，观测方法及精度等级与原测相同。

GPS 观测基线长度检测统计如表 2.10 所示。

表 2.10　GPS 观测基线长度检测统计

起点	终点	原测基线长均值（m）	检测基线长均值（m）	基线长较差（mm）	检测限差 $\pm2\sqrt{2}\delta$（mm）
GSP01	GPS02	1 130.380 5	1 130.374 5	−6.0	±14.5
GSP01	GSP03	2 285.341 9	2 285.333 8	−8.2	±15.5
GPS02	GPS03	1 238.651 8	1 238.651 1	−0.7	±14.6
GPS14	GPS15	1 324.925 5	1 324.911 1	−14.3	±14.6
GPS26	GPS28	3 286.426 1	3 286.424 5	−1.6	±16.9
GPS27	GPS28	1 298.945 2	1 298.934 0	−11.2	±14.6
GPS28	GPS29	1 046.459 5	1 046.455 9	−3.6	±14.4

起点	终点	原测基线长均值（m）	检测基线长均值（m）	基线长较差（mm）	检测限差 $\pm 2\sqrt{2}\delta$（mm）
GPS28	GPS30	2 304.065 8	2 304.060 7	−5.1	±15.6
GPS29	GPS30	1 427.545 0	1 427.542 8	−2.1	±14.7
GPS31	GPS32	725.853 8	725.844 7	−9.1	±14.3
GPS31	GPS33	403.339 2	403.339 1	−0.1	±14.2
GPS32	GPS33	626.178 5	626.178 9	0.4	±14.3
GPS16	CPI3 011	3 887.525 0	3 887.511 0	−14.0	±17.9
GPS18	CPI3 011	4 221.397 5	4 221.395 3	−2.1	±18.5
GCPI114	CP II 141	780.037 0	780.035 8	−1.2	±14.3
GCPI114	GCPI115	616.004 3	616.009 4	5.1	±14.2

由表 2.10 可知，东莞城市快速轨道交通 2 号线控制网外业观测的精度较高，所计算的控制网成果可靠。

➤ 提交的成果资料

（1）东莞城市快速轨道交通 2 号线平面控制网技术设计书；

（2）东莞城市快速轨道交通 2 号线平面控制网布置图；

（3）测量仪器、气象等检验资料；

（4）控制网平差及精度评定资料；

（5）GPS 控制点成果表、平差计算表、点之记；

（6）质量检查验收报告；

（7）外业观测手簿及其他相关记录；

（8）东莞城市快速轨道交通 2 号线平面高程控制网技术总结。

2.3　精密导线

在城市轨道交通工程一等、二等平面控制网建立后，为方便施工而在一等、二等平面控制网基础上建立的平面加密控制网，称为精密导线（网）。精密导线（网）是沿某条轨道交通线路两侧进行布设，以一等、二等控制点为测量依据，采用附合导线、闭合导线或节点导线网等形式进行布设和施测。

2.3.1　精密导线（网）的精度指标

精密导线是在 GNSS 控制网的基础上进行加密的平面控制网，为保证车站、风井等建（构）筑物的放样误差及隧道贯通误差在合理的范围之内，应严格按照表 2.11 规定的技术要求执行。

表 2.11　精密导线主要技术要求

控制网等级	闭合环或附合导线平均长度（km）	平均边长（m）	每边测距中误差（mm）	测角中误差（″）	方位角闭合差（″）	全长相对闭合差	相邻点的相对点位中误差（mm）
三等	3	350	±3	±2.5	$\pm5\sqrt{n}$	1/35 000	±8

注：①n 为导线的角度个数，一般不超过 12 个；②附合导线路线较长时，宜布设节点导线网，节点间角度个数不超过 8 个。

因城市地面建筑物和轨道交通的车站、风井及竖井众多，地形复杂等原因的影响，故地面上导线的平均边长宜在 350m，但如若在高架线路上可适当放宽，导线平均边长宜在 400m 左右。精密导线相邻边的短边和长边的比例不宜过小，不宜小于 1:2，且个别短边不应小于 100m。

2.3.2　精密导线（网）的布设形式

根据轨道交通工程特点及轨道交通精密导线（网）的精度要求，精密导线（网）是在二等平面控制网的基础上进行的加密三等平面控制网，故精密导线网为线状（或带状）图形，一般采用附合导线、闭合导线或节点导线网形式，极个别情况可采用三角网形式。在车站、风井、车辆段等重要建（构）筑物的地方要布设足够的精密导线点，供施工时使用。

2.3.3　选点及埋设要求

精密导线（网）在选点之前应收集轨道交通线路周边的带状地形图、地质纵面图、城市规划情况等资料，认真分析收集到的相关资料，轨道交通线路布设在地质稳定、将来施工变形影响范围之外，且应避开已规划的建（构）筑物、既有管线（将埋设新管线）影响范围，同时应兼顾到便于进行外业观测。

精密导线在进行网形设计时应考虑便于与高等级的控制点进行联测，且应方便土建施工。

相邻导线点间的垂直角应不大于 30°，相邻导线的边长应大致相等，短边和

长边的边长比不应小于 1:2；为减少旁折光的影响，导线的观测视线离障碍物距离不能小于 1.5m。

在不同的轨道交通线路交叉处，或一条线路分不同时期建设时，应在连接处布设共用的导线点，以提供给后期轨道交通线路建设使用或用于检核。

导线点的埋设一般分两种情况：一种是在地面上直接埋设；另一种是在建筑物顶上埋设。两种标石的埋设规格不一样。导线点地面标石宜按照图 2.4 规格进行埋设；建筑物顶部的标石宜按照图 2.5 的规格进行埋设。

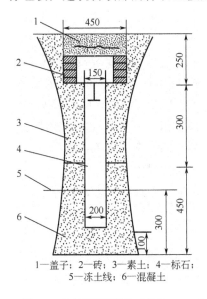

1—盖子；2—砖；3—素土；4—标石；
5—冻土线；6—混凝土

图 2.4　地面标石埋设（单位：mm）

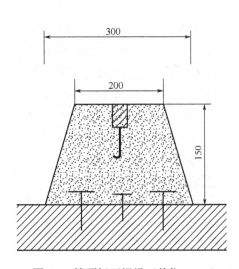

图 2.5　楼顶标石埋设（单位：mm）

2.3.4　精密导线外业观测

在精密导线点埋设完成后，需进行外业观测。在外业观测之前必须对所使用仪器进行检验和校正，并记录检验和校正的结果，作为归档资料，待仪器的检验结果和校正结果满足相关要求后，方可进行下一步的观测工作。

精密导线外业观测主要使用全站仪及其配套棱镜、脚架等进行观测，利用全站仪的测角和测距两大功能观测各导线点间的水平夹角和各导线点间的水平距离。因此，导线观测主要分为两个内容：一为水平角观测；二为距离测量。

1.　水平角观测

常用的水平角观测法有测回法、方向观测法、正倒镜观测法和左右角观测法

四种。

1）测回法

适用于观测两个方向的单角，主要是利用全站仪的盘左和盘右两个位置进行观测。盘左是指当观测者位于全站仪目镜一侧时，全站仪竖盘位于观测者的左侧；当全站仪竖盘位于观测者右侧时，则是盘右。

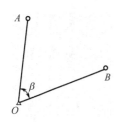

图 2.6　测回法

当采用测回法观测时，将全站仪在 O 点上架设，如图 2.6 所示，待全站仪整平、对中后，将全站仪置于盘左处，首先瞄准 A 点，配置水平度盘角度，比 0 稍大一点，此时应重新对准 A 点并记录此时的水平度盘数，接着将全站仪沿顺时针拨动物镜，瞄准 B 点，读取水平度盘的读数，这样就完成了上半测回水平角测量工作；再将全站仪置于盘右处，瞄准 B 点，读取水平度盘读数，接着沿顺时针方向瞄准 A 点，读取水平度盘读数，这样便完成了下半测回的水平角测量工作，上半测回和下半测回的整个测量工作称为一个测回。这样我们就采用测回法完成了一个测回的水平角测量工作。

在测量时，上半测回和下半测回均宜按照顺时针方向拨动物镜，这样可以有效减弱度盘的带动误差。

2）方向观测法

适用于一个测站上有多个观测方向的情况，方向观测法又分为方向法和分组法。当观测方向较多时，可以根据观测方向的位置分布和距离长度进行分组，每组分别采用方向观测法进行观测。

如图 2.7 所示，首先在 O 点安置全站仪，整平、对中后，以 A 点为起始方向，将盘左的全站仪物镜瞄准 A 点，并将水平度盘配置比 0 稍大的读数，然后精确瞄准 A 点，读取水平度盘读数；接着按照顺时针方向分别瞄准 B、C、D 和 E 点，并分别记录瞄准 B、C、D 和 E 点时的水平度盘读数，最后再沿顺时针方向重新瞄准 A 点，记录水平度盘读数，这样就完成了方向观测法的上半测回的测量工作。然后再用全站仪的盘右瞄准 A

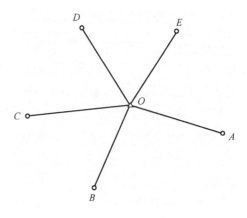

图 2.7　方向观测法

点，读取此时的水平度盘读数，接着再按照逆时针方向分别瞄准 E、D、C、B 和 A 点，并分别记录瞄准时的水平度盘读数，这样就完成了下半测回的测量工作。

完成一个测回测量工作后，要检查上、下半测回的归零差及一测回内的 2C 互差是否满足要求，当满足要求后，进行下一个测回的测量工作，否则需重测或补测这一测回，直至满足要求为止。完成所有测回测量之后，尚需要检查同一方向值各测回互差。

3）正倒镜观测法

当安置全站仪的前后边长相差较大，需要调焦方能观测前后方向时，宜采用此方法。具体操作是观测同一方向分别读取盘左和盘右的水平度盘读数，也即在同一方向上用正、倒镜观测，然后另一方向也采用正、倒镜观测。采用此方法时，一个测回的不同方向可不考虑 2C 的影响。

4）左右角观测法

在精密导线测量时，每个导线点上只有两个观测方向，且观测多个测回时，可采用左右角观测法，这样有利于消除测角中的系统误差。具体做法是在总测回数中以奇数测回和偶数测回分别观测导线前进方向的左角和右角。左右角的观测测回数各为总测回数的一半。

无论采用哪种方法进行水平角观测，初始方向的度盘均需按照测回顺序和测回数进行配置。如 3 个测回，则 180°/3=60°，故第一测回的初始方向的度盘配置比 0 稍大，第二测回的初始方向的水平度盘为 60°左右，第三个测回的初始方向配置为 120°。依次类推，通过多个测回的初始方向的水平度盘配置来减小度盘分划的不均匀差造成水平角的测量误差。

无论采用上述方法中的哪种方法进行水平角观测，在进行精密导线的水平角观测时，应满足表 2.12 和表 2.13 中的相关规定。

2．距离测量

全站仪距离测量外业相对简单，进行外业观测时，必须选择气象条件好的情况下进行，一般在水平角一测回完成后进行距离测量，特别注意，距离测量的一测回是照准目标一次，距离测量 4 次。全站仪进行精密导线的距离测量时应遵循表 2.12～表 2.14 中的相关要求。

表 2.12　精密导线测量主要技术要求

控制网等级	水平角测回数		边长测回数	测距相对中误差
	Ⅰ级全站仪	Ⅱ级全站仪	Ⅰ级、Ⅱ级全站仪	1/80 000
三等精密导线	4	6	往返各 2 个测回	

表 2.13　精密导线水平角观测技术要求

单位："

全站仪的等级	半测回归零差	一测回内 2C 较差	同一方向值各测回较差
I 级	6	9	6
II 级	8	12	9

表 2.14　精密导线距离测量限差

单位：mm

全站仪等级	一测回中读数间较差	单程各测回间较差	往返测或不同时段结果较差
I 级	3	4	2(a+bd)
II 级	4	6	

注：①a+bd 为仪器标称精度，a 为固定误差（mm），b 为比例误差系数（1×10⁻⁶），d 为距离的测量值（km）；②距离测量一测回指照准目标一次，读取距离 4 次；③测距时应读取温度和气压，在测前、测后各读取一次，取平均值作为气象数据。温度精度不小于 0.2℃，气压精度不低于 50Pa。

2.3.5　精密导线数据处理

精密导线外业观测结束后，应及时对外业数据进行检查，包括限差的检验、粗差的检查、导线点坐标的计算等。首先要对外业数据进行检查，判断外业数据是否有超限、漏测等地方，待数据检查无误后，进行内业数据的处理。

导线测量数据的处理方法包括用严密的平差方法进行计算和用近似的方法进行计算。严密方法是根据最小二乘法原则，根据观测值之间的严密几何条件或导线点坐标与观测值之间的严密几何关系，通过平差消除观测值之间的矛盾，以求得观测值或导线点坐标的最或是值的方法。三角网、导线网等精度要求比较高的控制网一般采用严密平差的方法处理。对于图根导线，其精度要求相对比较低，为了简化计算同时又不影响成果精度，可采用近似处理。近似方法简化了观测值之间的相关关系，是对产生几何矛盾进行分别合理处理，求得观测值的最或是值，并推算控制点坐标的方法。

近似处理一般步骤是角度闭合差的计算与分配、推导各导线边的方位角、坐标增量的计算及其对应闭合差的调整、计算各导线点的坐标。而严密平差的方法因其计算过程繁杂，手工计算极其复杂，随着电子技术的发展，现在基本不采用手工计算，而采用具有严密平差功能的计算程序计算。轨道交通三等控制网即精密导线（网）都采用具有严密平差的计算程序进行计算。

2.3.6　工程实例

1. 工程概况及基础资料情况

与 GNSS 控制网工程概况一样，此处略。

2．作业技术依据及坐标高程系统

与 GNSS 控制作业技术依据及坐标高程系统一致，此处略。

3．精密导线控制测量

东莞市城市快速轨道交通 2 号线平面控制网分两级布设，首级为 GNSS 控制网，二级为精密导线网，即 GNSS 控制网为《城市轨道交通工程测量规范（GB 50308—2008）》中二等 GNSS 控制网，精密导线网为《城市轨道交通工程测量规范（GB 50308—2008）》中的三等平面控制网。

1）精密导线网布设

精密导线沿东莞市城市快速轨道交通 2 号线布设，根据沿线地形敷设成附合导线、多边形闭合导线和多个节点的导线网，附合于 GPS 控制网上。全线共布设精密导线点 112 个，其中在车辆段布设精密导线点 10 个。为保证东莞市城市快速轨道交通 2 号线各区间与车站线路相连的统一性和连贯性，精密导线增加了与 GPS 控制点的联测条件，所有精密导线点及联测的 GPS 点构成一个整网（见图 2.8），按导线网严密平差的方法进行整体平差计算。

2）选点和埋石

精密导线点选点是在收集和了解有关资料的基础上，以野外踏勘和图上设计相结合的方法反复进行方案比选，制定出合理可行的方案后，再在现场实施选点埋桩。

（1）精密导线点位间距一般为 300～500m。最短边长为 149.852m（D046～D047），最长边长为 691.497 3m（D031～D032），平均边长为 367.087m。

（2）因通视条件限制，大多数导线点都埋设在线路附近的楼房顶上，便于在施工过程中保持点位稳定、长期保存和便于控制线路和车站。有些地方导线点布设在山坡、田埂或绿化带中，通视条件都较好。

（3）楼顶上的导线点选在靠近并能俯视线路、车站、车辆段一侧稳固的建筑上，并能控制东莞城市快速轨道交通 2 号线和车站位置。

（4）与 GPS 控制点相邻的精密导线点间的垂直角均小于 30°。

（5）精密导线点编号以 D 开头，从 D001 开始编号，分别编号为 D002、D003、…、D103。

（6）精密导线点有房顶标和地面标两种标石：房顶标石均为混凝土现浇桩，现浇桩顶部为 20cm×20cm，底部为 30cm×30cm，高为 20cm，顶部中央为 Φ20mm 不锈钢筋，并刻"+"为点位中心，桩面压印有"R2"和"D××"字样。埋设时对楼板进行了打凿，并在四周用混凝土进行了加固，加固规格为 40cm×40cm，高为 10cm，保证了混凝土与房顶的连接。精密导线点房顶标石埋设如图 2.9 所示。

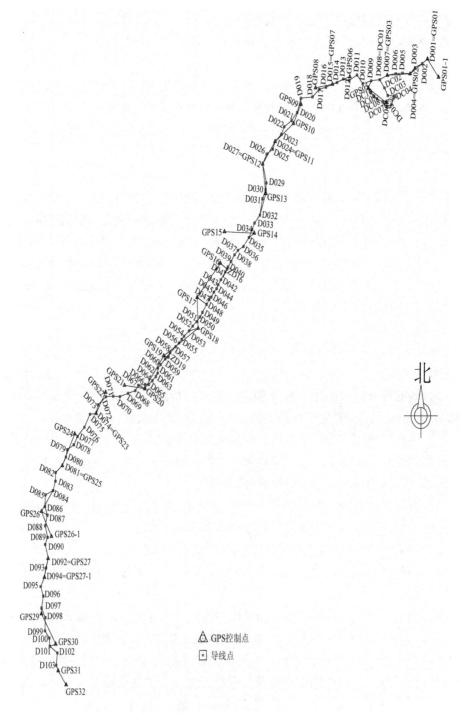

北

△ GPS控制点

▣ 导线点

图2.8 东莞市城市快速轨道交通2号线精密导线网联测

地面标石埋设为混凝土现浇桩，现浇桩尺寸顶部为 20cm×20cm，底部为 30cm×30cm，长为 75cm，顶部中央为 Φ20mm 不锈钢筋，并刻"+"为点位中心，桩面压印有"R2"和"D××"字样。现浇桩埋设后加有预制保护井，顶部设有盖板，盖板尺寸为 45cm×45cm，高为 7cm，盖板面预制有"东莞地铁严禁破坏 2009.09"字样。精密导线点地面标石埋设如图 2.10 所示。

图 2.9　精密导线点房顶标石埋设　　　　图 2.10　精密导线点地面标石埋设

（7）埋设的精密导线点在保证足够的稳定时间后实施观测。

3）精密导线观测

（1）精密导线测量采用 Leica TCA2003 全站仪（测角精度为 ±0.5″，测距精度为 ±（1mm+1×10⁻⁶×d）进行，配合 Trimble TSC2 手簿进行观测，仪器设备均在鉴定有效期内。按表 2.15 和表 2.16 中外业测量的要求进行数据采集，距离和角度均观测 4 个测回。

表 2.15　精密导线方向观测法水平角观测技术要求

单位：″

全站仪的等级	半测回归零差	一测回内 2C 互差	同一方向值各测回互差
Ⅰ级	≤6	≤9	≤6

表 2.16　精密导线距离测量限差技术要求

单位：mm

全站仪等级	一测回中读数间较差	单程各测回间较差	往返测或不同时段结果较差
Ⅰ级	≤3	≤4	≤2(a+bd)

注：(a+bd) 为仪器标称精度，a 为固定误差（mm），b 为比例误差系数（1×10⁻⁶），d 为距离测量值（km）。

（2）测量数据自动记录在 Trimble TSC2 手簿的存储卡上，数据采集软件对外业数据进行预处理，外业测量控制人员严格做到以下要求，保证外业采集的数据全部合格：

①整个观测过程严把质量关，严格按仪器操作规程作业。②根据全站仪的功能特点，外业观测时准确测量当时的气象条件，并直接对仪器的温度和气压进行改正。③点位对中全部采用经检校后的光学基座光学对点，精心整平、对中，每隔一段时间检查对中和整平。

4）精密导线测量观测数据处理、平差计算及精度评定

（1）在每天外业结束后，立即对当天观测数据进行复核和验算，检查各项指标是否符合规范要求，对超限部分都及时进行外业补测。

（2）精密导线网整体严密平差采用武汉大学科傻（COSAWIN）软件进行，平差计算前将观测边进行了高程归化和投影改化，把实测边长转换为珠区坐标系统边长，并分段进行单导线平差验算，每一段均达到要求后，进行导线网整体严密平差。

（3）精密导线网精度评定：精密导线网测量的主要技术要求如表 2.17 所示。

表 2.17　精密导线网测量的主要技术要求

平均边长（m）	导线总长度（km）	每边测距中误差（mm）	测距相对中误差	测角中误差（s）	测回数		方位角闭合差（s）	全长相对闭合差	相邻点的相对中误差（mm）
					Ⅰ级全站仪	Ⅱ级全站仪			
350	3～4	±4	1/60 000	±2.5	4	6	$5\sqrt{N}$	1/35 000	±8

精密导线观测的各段导线方位角闭合差和全长相对闭合差如表 2.18 所示：从表中可看出各段导线方位角闭合差和全长相对闭合差均满足表 2.17 的技术要求。根据精密导线网方位角闭合差计算的测角中误差为±1.70s，满足精密导线测角中误差小于±2.5s 的要求。

表 2.18　精密导线方位角闭合差和全长相对闭合差统计

测段号	方位角闭合差（″）	测站数（个）	方位角闭合限差（″）	附合导线长度（km）	全长相对闭合差
GPS01—1，GPS01～GPS02，GPS03	0.8	4	±10.00	1.15	1/122 528
GPS03，GPS02～GPS03，GPS02	−8.1	4	±10.00	1.24	1/723 881
GPS02，GPS03～GPS05，GPS04	3.5	4	±10.00	1.24	1/93 571
GPS02，GPS03～GPS05，GPS04	−2.4	12	±17.32	3.41	1/128 998
GPS04，GPS05～GPS07，GPS06	−0.3	8	±14.14	2.66	1/143 348

续表

测段号	方位角闭合差（″）	测站数（个）	方位角闭合限差（″）	附合导线长度（km）	全长相对闭合差
GPS06，GPS07～GPS09，GPS10	−0.4	6	±12.25	2.14	1/166 328
GPS10，GPS09～GPS11，GPS12	0.4	7	±13.23	2.61	1/113 993
GPS09，GPS10～GPS11，GPS10	0.0	6	±12.25	2.22	1/169 740
GPS10，GPS11～GPS12，GPS11	−1.1	4	±10.00	1.19	1/126 685
GPS12，GPS13～GPS12，GPS11	−3.4	7	±13.23	3.23	1/194 915
GPS12，GPS13～GPS14，GPS15	−0.1	6	±12.25	2.50	1/514 598
GPS15，GPS14～GPS16，GPS17	−3.9	9	±15.00	2.57	1/99 098
GPS17，GPS16～GPS17，GPS18	10.9	12	±17.32	3.08	1/138 202
GPS18，GPS17～GPS18，GPS17	−2.2	8	±14.14	2.57	1/438 571
GPS17，GPS18～GPS19，GPS18	−3.3	10	±15.81	2.57	1/154 284
GPS18，GPS19～GPS20，GPS21	9.7	12	±17.32	2.75	1/523 249
GPS21，GPS20～GPS23，GPS22	3.9	9	±15.00	3.19	1/142 388
GPS22，GPS23～GPS25，GPS24	−8.7	8	±14.14	2.95	1/144 233
GPS24，GPS25～GPS26，GPS26—1	−1.4	5	±11.18	2.34	1/143 513
GPS26，GPS26—1～GPS26，GPS26—1	2.4	6	±12.25	2.68	1/298 002
GPS26—1，GPS26～GPS27，GPS27—1	2.6	7	±13.23	2.19	1/132 757
GPS27—1，GPS27～GPS27—1，GPS27	−0.2	3	±8.66	0.82	1/216 603
GPS27，GPS27—1～GPS29，GPS30	−6.0	5	±11.18	1.55	1/518 188
GPS30，GPS29～GPS30，GPS29	−7.6	7	±13.23	2.04	1/341 859
GPS29，GPS30～GPS31，GPS32	−1.1	5	±11.18	1.29	1/80 624

测角中误差计算如下：

$$M_\mathrm{o} = \pm\sqrt{\frac{1}{N}\left[\frac{ff}{n}\right]} = \pm\sqrt{\frac{72.420}{25}} = \pm1.70''\qquad(2.18)$$

（4）精密导线网整体严密平差后，边长中误差最大为 1.10mm（GPS01～D002），最弱边相对精度为 1/163 000（D040～ZD16），相邻点的相对点位中误差最大为 1.70mm（D032～GPS13），最弱点的点位中误差为 3.01mm（DC05）。通过精密导线网精度分析，可以得出以下结论：本项目精密导线网各项精度指标达到表 2.17 所规定的精度要求，能够满足东莞城市快速轨道交通 2 号线设计和施工测量精度要求。

（5）控制网检测：为了检查本次所做东莞市轨道交通工程 2 号线精密导线网项目外业观测数据的质量，在精密导线网观测完成后，又分别对导线点间观测的连接角及边长进行了检查测量（见表 2.19 和表 2.20），测量时所使用的仪器设备与原测时相同，观测方法及精度等级与原测相同。

表 2.19　导线观测连接角检测对比

后视点号	设站点号	前视点号	检测连接角（°）	原测连接角（°）	角度差（″）
D001	D002	D003	192.145 2	192.145	1.93
D007	D008	D009	195.183 4	195.183 5	−0.60
D010	D011	D012	115.190 8	115.190 7	0.55
D011	D012	D013	193.541 9	193.541 8	0.82
D012	D013	D014	158.070 6	158.070 6	−0.64
D013	D014	D015	196.264 6	196.264 7	−0.72

表 2.20　导线观测边长两化改正后检测对比

设站点	观测点	检测边长（m）	原测边长（m）	距离差（mm）
D002	D001	351.187 6	351.185 2	2.3
D002	D003	423.208 5	423.210 2	−1.7
D008	D007	454.219 7	454.223 9	−4.2
D008	D009	449.130 8	449.131 4	−0.7
D011	D010	430.813 8	430.816 8	−3.0
D011	D012	468.286 2	468.285 8	0.5
D012	D011	468.287 5	468.284 5	3.0

续表

设站点	观测点	检测边长（m）	原测边长（m）	距离差（mm）
D012	D013	330.759 2	330.758 9	0.3
D013	D012	330.760 6	330.759 1	1.5
D013	D014	382.706 8	382.706 0	0.8
D014	D013	382.706 2	382.706 6	−0.3
D014	D015	225.088 4	225.088 4	0.0

由表 2.19 和表 2.20 可知，东莞市城市快速轨道交通 2 号线精密导线网外业观测的精度较高，所计算的控制网成果可靠。

第3章 地面高程控制测量

3.1 概述

高程控制测量就是俗称的水准测量。轨道交通工程高程控制测量一般分为两个等级布设，即一等高程控制测量和二等高程控制测量。一等高程控制测量是针对于某个城市轨道交通网的高程控制网，二等高程控制测量是针对于城市轨道交通网中某条线路的高程控制网。一等控制网应一次全面布设，它是二等高程控制网和施工水准网的基础和起算依据；二等高程控制网是在一等高程控制网的基础上进行的加密布设，可根据需要进行分期布设。两个等级的高程控制网均是轨道交通工程高程控制的基础和依据。

一般新建轨道交通工程的城市只建立针对于某条新建轨道交通线路的高程控制，即只有二等高程控制网。作者认为宜先建立控制全网的轨道交通高程控制网，即一等高程控制网，然后在一等高程控制网的基础上建立二等高程控制网和供施工直接利用的施工水准网。

无论一等、二等还是供施工直接利用的施工水准线路均应采用统一的高程基准，且应与现有城市的高程系统一致。个别城市因城市发展的原因，在整个轨道交通线网中存在不同的高程系统（或高程成果），在不同高程系统的连接处，公共的高程点需要两套不同的高程成果，这两套高程成果之间需能进行任意高程互换，成果资料必须明确采用高程基准，并将结果进行明确的书面交底。

3.2 地面高程控制测量技术

3.2.1 高程控制网的网形设计及点位埋设标准

一等高程控制网应根据城市轨道交通控制网的整体形状（含近期待建或远期规划的线路）进行高程控制网形设计，一般采用附合线路、闭合线路或节点网形式，水准点平均间距应小于4km。二等高程控制网沿即将建设的轨道交通线路两侧进行高程控制网的网形设计，一般采用附合线路、闭合线路或节点网形式进行设计，水准点平均间距应小于2km。

　　水准点应选在施工变形区域以外的稳定，且便于寻找、保存和易于引测的地方。根据地质情况宜每5km埋设一个基岩水准点或深桩水准点。对于基岩面较浅的地区应埋设基岩点，对于岩面较深的地区可埋设深桩水准点。深桩水准点的深度应根据地区的岩石、地下水位和施工降水深度确定。在车站、竖井及车辆段附近埋设水准点不少于2个。

　　轨道交通高程控制网的水准标石可分为混凝土水准标石、墙角水准标石、基岩水准标石和深桩水准标石四种形式。具体规格如图3.1～图3.4所示。对于基岩面较深的城市或地区，基岩水准点埋设困难，应根据岩土条件埋设适宜的水准标石，墙上水准点应选在稳固的永久性建（构）筑物上，特别适宜选在建（构）筑物的桩基上，但应确认建（构）筑物桩基已经稳定。

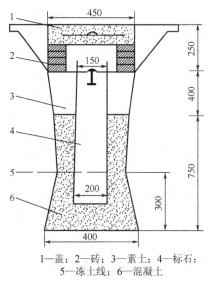

1—盖；2—砖；3—素土；4—标石；
5—冻土线；6—混凝土

图3.1　混凝土水准标石埋设
（单位：mm）

　　一等水准标石埋设结束后，应绘制点之记，并办理水准点委托保管书。对于已建成的水准网复测时，复测精度应不低于原测精度，高程较差应不大于$\sqrt{2}$倍原测高程中误差，当水准标石被破坏时，应重新埋设，复测时统一观测。

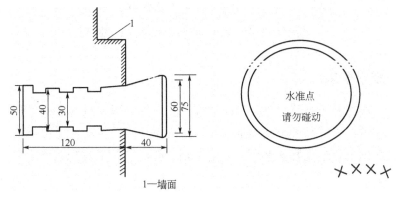

1—墙面

图3.2　墙角水准标石埋设图（单位：mm）

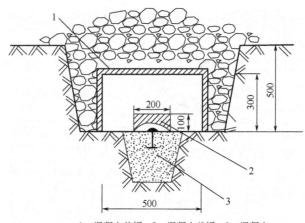

1—混凝土盖板；2—混凝土盖板；3—混凝土

图 3.3 基岩水准标石埋设（单位：mm）

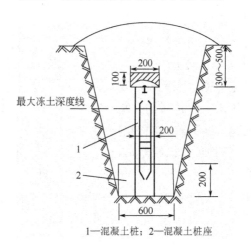

1—混凝土桩；2—混凝土桩座

图 3.4 深桩水准标石埋设（单位：mm）

3.2.2 技术要求

　　轨道交通高程控制网主要分为两个等级，一等高程控制网只针对于整个轨道交通线网布设；二等高程控制网是在一等高程控制网的基础上建立，沿一条轨道交通线路两侧布设的高程控制网。轨道交通一等、二等高程控制网应符合表 3.1 的技术要求。

表 3.1　水准测量的主要技术要求

水准测量等级	每千米高差中数中误差（mm）		环线或附合水准路线最大长度（km）	水准仪等级	水准尺	观测次数		往返较差、附合或环线闭合差（mm）
	偶尔中误差 M_Δ	全中误差 M_w				与已知点联测	附合或环线	
一等	±1	±2	400	DS1	钢瓦尺或条码尺	往返各测一次	往返各测一次	$\pm 4\sqrt{L}$
二等	±2	±4	40	DS1	钢瓦尺或条码尺	往返各测一次	往返各测一次	$\pm 8\sqrt{L}$

注：①L 为往返测段、附合或环线的路线长度（以 km 计）；②采用数字水准仪测量的技术要求与同等级的光学水准仪测量技术要求相同。

3.2.3　水准测量

在进行高程控制测量作业之前，应对使用的水准仪和标尺进行常规检查和校正。水准仪的检验与校正由于水准仪种类的不同、精度的不同要求也不尽相同。普通微倾式水准要进行圆水准器、十字丝和管水准器（i 角）的检验与校正等；精密水准仪要增加交叉误差的检验、符合水准器的检验、光学测微器的检验等；对于自动安平水准仪还要进行补偿器性能、自动安平精度的测定和视准轴正确性的检验；对于数字水准仪除了上述必要的检验外，还要进行电子视准轴 i 角的检验等。

水准仪 i 角的检查，在作业第一周内应每天检查 1 次；稳定后可每 15 天检查 1 次。一等水准测量仪器 i 角应不大于 15″；二等水准测量仪器 i 角应不大于 20″。

1．水准仪的轴系及其关系

水准仪的轴系有：视准轴、水准管轴、圆水准轴和仪器竖轴。物镜光心至十字丝中心的连线就是视准轴；水准管轴是指沿水准管方向与水准管气泡相切的直线；穿过圆气泡中心且垂直于圆气泡切面的直线为圆水准轴。仪器轴系之间应满足以下几何条件：

（1）圆水准轴平行于仪器竖轴；

（2）十字丝横丝垂直于仪器竖轴；

（3）水准管轴平行于视准轴。

2．水准仪及标尺的仪器检验与校正

1）微倾式水准仪的检验与校正

微倾式水准仪在出厂时已经进行过轴系几何关系的检验和校正，但由于仪器长期使用以及在搬运过程中可能出现的震动或碰撞等原因，使各轴系之间的关系发生变化，若不及时检验校正，将会影响测量成果的质量。因此，在使用前要对仪器进行严格的检验和校正。

（1）圆水准器的检验与校正如下：

检验：首先调整脚螺旋，使圆水准器气泡居中，此时圆水准器轴处在竖直位置。这时将仪器绕仪器竖轴旋转180°，若圆水准器气泡居中，则证明圆水准器轴与仪器竖轴平行，不需要对仪器的圆水准器进行调整；否则说明圆水准轴与仪器竖轴不平行，存在一定的交角，若此交角超过规定的要求时，则需要对圆水准器进行校正。

校正：首先稍松位于圆水准器下面中间部位的固紧螺丝，然后调整其周围的三个校正螺丝，使气泡向居中的位置移动偏离值的一半。然后再用脚螺旋整平，此时圆水准器气泡居中。再用检验的方法将仪器绕竖轴旋转180°，若气泡不居中，则调整三个校正螺丝，使气泡向居中的方向移动偏离值的一半，如此反复调整，直至仪器旋转到任何位置时，圆水准器气泡均居中为止，最后应注意旋紧固紧螺丝。这时圆水准器轴就平行于仪器竖轴。

（2）十字丝的检验与校正如下：

检验：首先安置仪器，并精确调平仪器后，用十字丝横丝对准一个明显较小的点状目标。然后固定制动螺旋，转动水平微动螺旋。若目标点始终沿着十字丝的横丝位置，则十字丝不需要校正，否则就要对十字丝进行调整。

校正：十字丝的校正方法因仪器的不同，校正方法也存在差异，但基本是反复调整分划板座，使目标点在横丝上移动时，始终沿着横丝位置移动即可。

（3）水准管轴的检验与校正（i 角的检验与校正）如下：

检验：如图3.5所示，在 S_1 点处安置水准仪，从仪器向两侧各量约40m，定出等距离的 A、B 两点，打木桩或放置尺垫标记。

在 A、B 两点的中间位置 S_1 处精确测定 A、B 两点的高差 h_{AB}，并进行测站检核，若两次测出的高差之差不超过3mm，取其平均值作为最后结果。由于距离相等，两轴不平行的误差 Δh 可在高差计算中消除，故所得高差值不受视准轴误差的影响。

然后安置水准仪在 B 点附近的 S_2 处，离 B 点约3m，精平后读得 B 点水准尺上的读数为 b_2，因仪器距 B 点很近，两轴不平行引起的读数误差可忽略不计。故根据 b_2 和 A、B 两点的正确高差 h_{AB} 算出 A 点水准尺上的读数为

$$a_2 = b_2 + h_{AB} \tag{3.1}$$

然后瞄准 A 点水准尺，水平视线读数为 a_2'，a_2' 和 a_2 相等，则说明望远镜的视准轴平行于水准管轴。否则两轴不平行，存在 i 角，其值为

$$i = \frac{\Delta h}{D_{AB}} \rho \qquad (3.2)$$

式中，$\Delta h = a_2' - a_2$，$\rho = 206\,265''$。

若计算 i 角值符合一等水准测量仪器 i 角应不大于 $15''$、二等水准测量仪器 i 角应不大于 $20''$ 的要求，则不需要校正，否则应该对水准仪的 i 角进行校正。

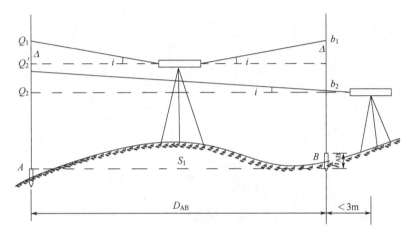

图 3.5　水准仪 i 角的检验方法

校正：转动微倾螺旋使中丝对准 A 点标尺上的正确读数 a_2，此时视准轴处于水平位置但管水准气泡必然偏离其中心。为了使水准管轴也处于水平位置，达到视准轴平行于水准管轴的目的，可用拨针稍松水准管一端的左右两颗校正螺丝，再拨动上、下两个校正螺丝，使气泡两个半像符合。校正完毕再旋紧四颗螺丝。按上述步骤反复进行，直至 i 角误差符合相关要求后为止。

2）自动安平水准仪的检验和校正

自动安平水准仪除进行圆水准器、十字丝的检验校正外，还需要进行视准轴位置正确性的检验、补偿性能、自动安平精度的测定等。

（1）视准轴位置正确性的检验：此项检验的目的是检验视准轴与水平面的交角（i 角）是否小于限值。自动安平水准仪的 i 角是通过物镜光心的水平光线与经过补偿后的准水平视线间的交角。它的大小不但与十字丝的位置有关，还与补偿器的位置有关，其检验方法如下。

如图 3.6 所示，在地面上任选一直线段 1、2，分成长 20.6m 的三段，定出 A、

B，在 A、B 两点固定尺台和放置水准尺。先在 1 点安置仪器，仔细整平仪器，然后分别在 A、B 两点的标尺上照准黑面中丝读数 4 次，取中数分别为 a_1、b_1，则 A、B 间高差为

$$h = a_1 - b_1 \tag{3.3}$$

然后将仪器移至 2 点，经仔细整平，然后分别照准 A、B 两点的标尺黑面中丝读数 4 次，取中数分别为 a_2、b_2。又测得 A、B 间的高差为

$$h' = a_2 - b_2 \tag{3.4}$$

从图 3.6 可以看出，由两次高差可算出 Δ：

$$h' - h = (a_2 - b_2) - (a_1 - b_1) = 2\Delta \tag{3.5}$$

$$\Delta = \frac{1}{2} \left[(a_2 - b_2) - (a_1 - b_1) \right] \tag{3.6}$$

而 $\Delta = \dfrac{id}{\rho}$，$d = 20.6\mathrm{m}$；则

$$i = \frac{\Delta \cdot \rho}{d} = \frac{\Delta \cdot 206\,000''}{20\,600} = 10 \cdot \Delta\,(\Delta\text{以mm计}) \tag{3.7}$$

如果 i 角超限，则送修理部门进行校正。

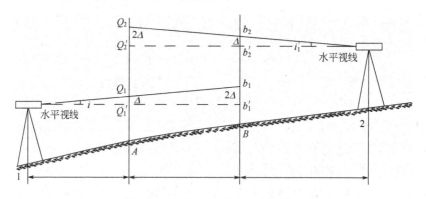

图 3.6 自动安平水准仪 i 角的测定

（2）自动安平水准仪补偿性能的测定：在平坦的地面上量取一段长 41.2m 的距离，两端 A、B 以桩钉之，并立标尺。在中点安置仪器，使其两脚螺旋与 AB 方向线垂直。

交替在 A、B 尺上各读数 10 次，取其中数计算高差，得

$$h = a - b \tag{3.8}$$

用 AB 方向上的角螺旋使仪器向 A 点尺倾斜一个 $+\alpha$ 角（一般为 $8'$）。仍然交替在 A、B 点尺上各读数 10 次，取其中数计算高差，得

$$h_{+\alpha} = a_{+\alpha} - b_{+\alpha} \tag{3.9}$$

同理，用 AB 方向上的角螺旋使仪器向 B 点尺倾斜一个 $-\alpha$ 角（一般为 $8'$）。仍然交替在 A、B 点尺上各读数 10 次，取其中数计算高差，得

$$h_{-\alpha} = a_{-\alpha} - b_{-\alpha} \tag{3.10}$$

重新整平仪器后，用另外两个角螺旋各向两侧倾斜 $\pm\beta$ （一般为 $8'$）各 10 次，由平均数得高差：

$$h_{+\beta} = a_{+\beta} - b_{+\beta} \tag{3.11}$$

$$h_{-\beta} = a_{-\beta} - b_{-\beta} \tag{3.12}$$

所得倾斜的四个高差与仪器整平时的高差求差，即得：

$$\Delta h_{+\alpha} = h_{+\alpha} - h \tag{3.13}$$

$$\Delta h_{-\alpha} = h_{-\alpha} - h \tag{3.14}$$

$$\Delta h_{+\beta} = h_{+\beta} - h \tag{3.15}$$

$$\Delta h_{-\beta} = h_{-\beta} - h \tag{3.16}$$

计算补偿误差 $\Delta\alpha$：

$$\begin{aligned}
\Delta\alpha_1 &= \frac{\Delta h_{+\alpha} \cdot \rho}{41.2\alpha'} \\
\Delta\alpha_2 &= \frac{\Delta h_{-\alpha} \cdot \rho}{41.2\alpha'} \\
\Delta\alpha_3 &= \frac{\Delta h_{+\beta} \cdot \rho}{41.2\alpha'} \\
\Delta\alpha_4 &= \frac{\Delta h_{-\beta} \cdot \rho}{41.2\alpha'}
\end{aligned} \tag{3.17}$$

式中，α、β 一般为 $8'$，41.2m 是 A、B 之间的距离，$\Delta\alpha$ 不应大于 $0.2''$，$\rho = 206\,265''$。

（3）自动安平精度的测定：在平坦地面上量出 30m 的直线，A、B 两端桩定之，一端安置仪器，一端立尺，安置仪器时使两个交螺旋垂直于 AB 方向。在三种不同的气温下进行观测，每一种气温观测两个测回，每个测回读数 15 次。

对准误差的测定：在同一种温度下，仪器严格整平并稳定后，精确照准标尺转动测微器读数；每次都要旋进、旋出测微器读数，一测回读数 15 次。由一测回

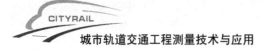

15 次读数的中数求最或是误差 $v_{对}$（每次读数与 15 次读数的中数的差值），六个测回的结果求得对准误差 m_D 为

$$m_{\mathrm{D}} = \pm\sqrt{\frac{\sum\left(v_{对}v_{对}\right)}{6\times(15-1)}} = \pm\sqrt{\frac{\sum\left(v_{对}v_{对}\right)}{84}} \tag{3.18}$$

测微器观测误差的测定：每一测回对照准误差的测定后，立即进行此项测定。先采用圆气泡将水准仪仔细整平，然后转动测微螺旋，使望远镜楔形丝对准水准尺上分划线，并读取测微器读数。再转动测微螺旋重新使望远镜楔形丝对准水准尺上分划线，第二次读数。如此读数 15 次。每次读数时，测微螺旋均为"旋进"方向。由一测回 15 次读数的中数求最或是误差 $v_{测}$（每次读数与 15 次读数的中数的差值），六个测回的结果求得对准误差 m_C 为

$$m_{\mathrm{C}} = \pm\sqrt{\frac{\sum\left(v_{测}v_{测}\right)}{84}} \tag{3.19}$$

自动安平精度可用下式计算：

$$m_z = \pm\sqrt{m_{\mathrm{C}}^2 - m_{\mathrm{D}}^2} \tag{3.20}$$

也可以秒为单位：

$$m_z'' = \pm\frac{m_z\rho}{D} \tag{3.21}$$

式中，D=30m。

3）数字水准仪的检定

数字水准仪是在自动安平水准仪的基础上发展起来的，其光学、机械部分与自动安平水准仪基本相同。因此，自动安平水准仪的一些检验内容在数字水准仪上同样也要检验。如圆水准器、十字丝的检验以及补偿性能，自动安平精度的测定和光学视准轴的检验等都需要进行，且与自动安平水准仪的检验方法相同。但是，由于采用了 CCD 传感器和电子读数方法，其使用的是电子视准轴，故还要进行电子视准轴（i 角）的检验。

在数字水准仪上，当用肉眼观测水准标尺时，不经过电子光路，此时视准轴是自动安平水准仪的视准轴，其 i 角是自动安平水准仪的 i 角。当用电子视准轴观测，条码尺的影响经过 CCD 传感器获得测量信号而得到电子读数时所产生的 i 角，称为数字水准仪电子 i 角。这两个 i 角基本无关联，光学视准轴的检验校正

已于前述，在此不再重复。

数字水准仪电子 i 角的检验与校正是由内置软件完成的。虽然各仪器生产厂家使用的程序不同，但用的野外检验方法基本相同。

（1）Foerstner 法：如图 3.7 所示，在地面上量出一直线，分三等份，每份 15m，分别在端点钉桩定之，按图安置仪器进行观测。可用观测成果进行 i 角的计算。

$$i = \arctan \frac{(a_1 - b_1) - (a_2 - b_2)}{(d_{1A} - d_{1B}) - (d_{2A} - d_{2B})} \approx \frac{(a_2 - b_2) - (a_1 - b_1)}{30} \rho \tag{3.22}$$

式中，a_1，a_2，b_1，b_2，d_{iA}，d_{iB}（$i=1$，2）是仪器站分别对 A、B 处尺观测的视线高和视距，以下公式相同。

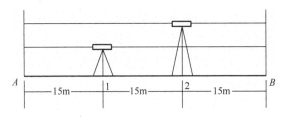

图 3.7　Foerstner 法

（2）Naebauer 法：如图 3.8 所示，在地面上量取一直线，分三等份，每份 15m，分别在端点钉桩标示之，仪器安置在两端点，A、B 处立尺，观测后进行计算。

$$i = \arctan \frac{(a_1 - b_1) - (a_2 - b_2)}{(d_{1A} - d_{1B}) - (d_{2A} - d_{2B})} \approx \frac{(a_2 - b_2) - (a_1 - b_1)}{20} \rho \tag{3.23}$$

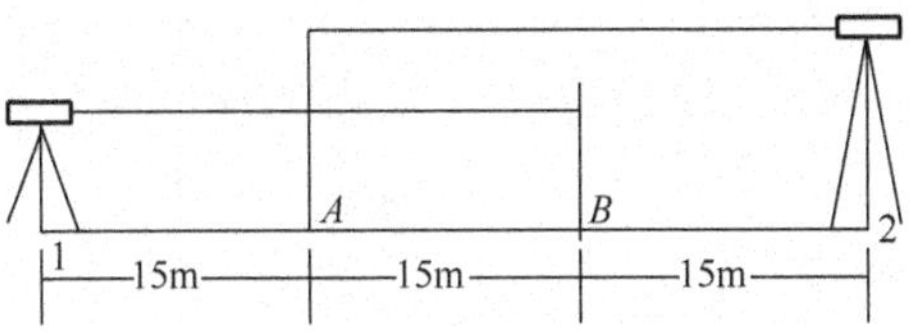

图 3.8　Naebauer 法

（3）Kukkamaek 法：如图 3.9 所示，该法是在地面上量出一直线，分两等份（20m），仪器分别安置在 1、2 处进行观测，然后进行计算。

$$i = \arctan \frac{(a_1 - b_1) - (a_2 - b_2)}{(d_{1A} - d_{1B}) - (d_{2A} - d_{2B})} \approx \frac{(a_2 - b_2) - (a_1 - b_1)}{20} \rho \tag{3.24}$$

（4）Japan 法：该法与 Kukkamaek 法基本相同，只是两标尺之间的距离为 30m，且测站 2 距 A 处标尺只有 3m，如图 3.10 所示。

$$i = \arctan \frac{(a_1 - b_1) - (a_2 - b_2)}{(d_{1A} - d_{1B}) - (d_{2A} - d_{2B})} \approx \frac{(a_2 - b_2) - (a_1 - b_1)}{30} \rho \qquad (3.25)$$

当对数字水准仪电子 i 角进行鉴定时，先按照要求做好准备工作，将仪器安置在测站上，选定鉴定方法（以上四种方法之一），启动校正程序，设置重复测量模式，进行鉴定工作。当重复测量工作完成后，自动计算 i 角，并进行检核；否则提示不符合要求。

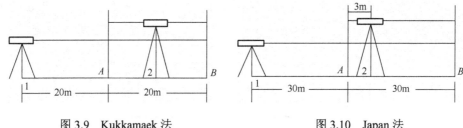

图 3.9　Kukkamaek 法　　　　　　　　图 3.10　Japan 法

4）水准标尺的检验与校正

水准标尺的检查主要为垂直度检查，即检查水准尺圆水准器气泡居中时水准尺是否处于垂直状态。

其检查与校正方法有两种：一种是用一锤球挂在水准尺上，使尺的边缘与锤球线一致，用圆水准器的校正螺丝使气泡居中，这种方法须在室内或无风的室外进行；另一种是安置一台经检校合格的全站仪，全站仪严格整平后在相距约 50m 处的尺垫上竖立水准尺，检查时观测者指挥司尺人员将水准尺的边缘与望远镜中十字丝的竖丝重合，用圆水准器的校正螺丝调整气泡居中，然后将水准尺转动 90°，重复如上操作，直至望远镜中的十字丝的竖丝与水准尺的边缘重合时，圆水准器的气泡正好居中，即完成了水准标尺的校正工作。

3．水准测量外业观测

一等、二等水准测量在每一测段均需进行往返测，在往返测时，宜分别在上午、下午进行，也可以在夜间观测，当由往测转向返测时，两根水准标尺必须互换位置，并应重新整置仪器，往返测按下列程序操作：

往测　奇数站上：　后—前—前—后

　　　　偶数站上：　前—后—后—前

返测　奇数站上：　前—后—后—前

　　　　偶数站上：　后—前—前—后

如果采用电子水准仪进行观测时，应避开强电磁场的干扰。

在每一测站上观测时，上、下丝读数的平均值与中丝读数的差值，基、辅分划读数的差值及基、辅分划所测高差的差值等限差应满足表 3.2 中的限差要求。倘若观测过程中有间歇点的，则间歇前和间歇后的间歇点高差之差也应满足表 3.2 中的要求。

表 3.2　水准测量的测站观测限差

单位：m

等级	上、下丝读数平均值与中丝读数之差	基、辅分划读数之差	基、辅分划所测高差之差	检测间歇点高差之差
一等	3.0	0.4	0.6	1.0
二等	3.0	0.5	0.7	2.0

注：使用数字水准仪观测时，同一测站两次测量高差较差应满足基、辅分划所测高差较差的要求。

在进行水准观测过程中，针对不同仪器等级，视线长度、前后视距差、前后视距累计差及视线高度等应满足表 3.3 中的相关要求。

表 3.3　水准测量观测的视线长度、视距差、视线高度的要求

单位：m

等级	视线长度		前后视距差	前后视距累计差	视线高度	
	仪器等级	视距			视线长度 20m 以上	视线长度 20m 以下
一等	DS1	≤50	≤1.0	≤3.0	≥0.5	≥0.3
二等	DS1	≤60	≤2.0	≤4.0	≥0.4	≥0.3

若在测站上，未能满足上述表 3.2 和表 3.3 中的要求时，应重测本测站；若往返两次测量高差超限时，也应重测本测段。重测后选用两次异向观测的合格成果。

4. 数据处理

轨道交通一等、二等高程控制网的内业数据处理必须采用严密平差，也即采用经过鉴定的软件进行处理。在处理过程中应注意每千米高差中数偶然中误差、每千米高差中数全中误差、最弱点高程中误差和相邻点的相对高差中误差等质量评定数据。

水准测量每千米高差中数偶然中误差按下式进行计算：

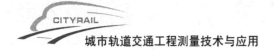
$$M_{\Delta} = \pm\sqrt{\frac{1}{4n}\left[\frac{\Delta\Delta}{L}\right]} \tag{3.26}$$

式中，M_{Δ}——每千米高差中数偶然中误差（mm）；

      L——水准测量的测段长度（km）；

      Δ——水准路线测段往返高差不符值（mm）；

      n——往返测水准路线的测段数。

当附合路线和水准环多于 20 个时，每千米水准测量高差中数全中误差应按下式计算：

$$M_{W} = \pm\sqrt{\frac{1}{N}\left[\frac{WW}{L}\right]} \tag{3.27}$$

式中，M_{W}——每千米高差中数全中误差（mm）；

      W——附合路线或环线闭合差（mm）；

      L——计算附合线路或环线闭合差时的相应路线长度（km）；

      N——附合线路和闭合线路的条数。

当水准线路跨越江、河、湖塘且视线长度小于 100m 时，可采用一等、二等水准的测量方法进行直接测定高程；但当长度大于 100m 时，必须采用跨河水准测量进行高程测定，具体可采用光学测微法、倾斜螺旋法、经纬仪倾角法、光电测距三角高程法和 GPS 直接测量高程法。具体的测量方法和数据处理方法将在下一节跨河水准测量中给予详细介绍。

5．工程实例

1）测区概况及基础资料情况

略。

2）作业技术依据及坐标高程系统

略。

3）高程控制测量

高程控制测量在东莞市二等高程控制网的基础上，沿东莞城市快速轨道交通 2 号线建立了城市轨道交通工程二等高程控制网。按照城市轨道交通工程二等水准要求进行施测。全线共联测了 3 个城市二等水准点：Ⅱ城区 01 基（Ⅱ00301J）、Ⅱ厚街 01（Ⅱ12201）和Ⅱ虎门 01（ⅡHM01）。

（1）二等水准测量主要技术要求：城市轨道交通工程二等水准控制网测量的具体技术指标如表 3.4～表 3.6 所示。

表 3.4　水准测量精度要求

单位：mm

水准测量等级	每千米水准测量偶然中误差 M_Δ	每千米水准测量全中误差 M_W	限　　　差			
			检测已测段高差之差	往返测高差不符值	附合路线闭合差	左右路线高差不符值
一等	≤1.0	≤2.0	$\pm 6\sqrt{L}$	$\pm 4\sqrt{L}$	$\pm 4\sqrt{L}$	—

注：表中 L 为往返测段、附合或环线的水准路线长度，单位为 km。

表 3.5　外业水准观测主要技术要求

单位：m

等级	水准尺类型	水准仪等级	视距	前后视距差	测段的前后视距累积差	视线高度	
						视线长度 20m 以上	视线长度 20m 以下
一等	铟瓦	DS$_1$	≤50	≤1.0	≤3.0	≥0.5	≥0.3

表 3.6　水准测量计算取位

往（返）测距离总和（km）	往（返）测距离中数（km）	各测站高差（mm）	往（返）测高差总和（mm）	往（返）测高差中数（mm）	高程（mm）
0.01	0.1	0.01	0.01	0.1	0.1

（2）水准点选点和埋石：二等水准点沿东莞城市快速轨道交通 2 号线线路布设，每隔 800m 左右布设一个水准点，二等水准点点位选在施工场地变形区外稳固的地方。共埋设 32 个二等水准点。水准点分别编号为 BM01、BM02、…、BM35。另外，本次还专门在东城车辆段与综合基地选埋 3 个二等水准点，水准点分别编号为：BMC01、BMC02、BMC03。

除此之外，本次水准点选点埋石，还根据工程需求，在线路每个车站、东城车辆段与综合基地以及地质条件不好的地段埋设了基岩水准点，全线共埋设基岩水准点 15 个，编号分别为：JBM01、JBM02、…、JBM15。

二等水准点埋设混凝土现浇桩，桩顶部为 20cm×20cm，底部为 30cm×30cm，高为 115cm，顶部中央为 Φ20mm 不锈钢筋，不锈钢筋顶部成光滑半球体，桩面刻有"R2"和"BM××"字样。水准桩顶面以上砌有保护井，上部为盖板，盖板尺寸为 45cm×45cm，高为 7cm，盖板面预制有"东莞地铁严禁破环 2009.09"字样。二等水准点标石埋设如图 3.11 所示。

图 3.11　城市轨道交通工程二等水准点标石埋设

基岩水准点均采用 ϕ200mm 钻头钻进成孔，孔深约 20m，基岩水准桩进入中风化岩层 1～2m，经现场验孔，孔深误差＜1/1 000，孔斜＜1°。基岩水准点护管采用外径为 ϕ140mm、内径为 ϕ130mm 的钢管，全线共布设基岩水准点 15 个。基岩水准点标石埋设如图 3.12 所示。

图 3.12　城市轨道交通工程基岩水准点标石埋设

（3）水准观测：采用 Leica DNA03（标称精度为 0.3mm/km）和 Trimble DiNi03（标称精度为 0.3mm/km）数字水准仪及其配套的铟瓦条码水准尺、标准尺垫（3kg）、扶尺架等。作业前，对水准仪和标尺进行了常规检查和校正。作业第一周每天均对仪器的 i 角进行检校，稳定后半月检校一次。水准测量按照《城市轨道交通工程测量规范（GB 50308—2008）》二等水准测量要求作业，仪器自动记录观测数据和进行测站数据检核。

观测方法为往返观测，观测时，每一测段均为偶数测站。测站观测顺序是 A 往测：奇数站为后—前—前—后，偶数站为前—后—后—前；B 返测：奇数站为前一后一后一前，偶数站为后一前一前一后。

水准测量观测均满足表 3.5 的规定。

每一测段的往返测分别在上午、下午进行。由往测转向返测时，两根标尺互换位置。

（4）内业计算及精度评定：在每天外业结束后，将当天观测数据传入计算机，进行复核和验算，检查各项指标是否符合规范要求，对超限部分及时提出外业补测。

水准网的数据平差处理采用武汉大学科傻（COSAWIN）软件按严密平差方法进行水准网整体平差。

水准测量精度统计如表 3.7 和表 3.8 所示，从表 3.8 中数据可看出往返测较差、路线闭合差和每千米高差偶然中误差均满足规范要求。

表 3.7　二等水准测量往返测精度统计

测段起点	测段终点	测段长度 L（km）	往返测高差不符值 $\varDelta$（mm）	不符值限差 $\pm 4\sqrt{L}$（mm）
Ⅱ00301J	BM01	14.709	10.79	±15.34
BM01	JBM01	0.948	3.15	±3.89
JBM01	BM02	1.019	0.47	±4.04
BM02	JBM02	1.417	−0.24	±4.76
JBM02	JBM03	1.384	1.67	±4.71
JBM03	BM03	2.338	0.97	±6.12
BM03	JBM04	0.812	0.13	±3.60
JBM04	BM04	0.890	1.73	±3.77
BM04	BM05-1	1.032	0.21	±4.06
BM05-1	BM05	0.829	−3.14	±3.64
BM05	BM06	1.404	0.68	±4.74
BM06	BM07	1.283	0.44	±4.53
BM07	BM08	1.060	0.78	±4.12
BM08	JBM05	1.134	−1.72	±4.26
JBM05	JBM06	1.251	−0.09	±4.47
JBM06	BM09	1.004	0.07	±4.01
BM09	JBM07	1.028	0.52	±4.06
JBM07	BM10	0.814	1.01	±3.61

测段起点	测段终点	测段长度 L（km）	往返测高差不符值 Δ（mm）	不符值限差 $\pm4\sqrt{L}$（mm）
BM10	II 00301J	1.805	1.15	±5.37
BM10	BM11	1.631	-0.27	±5.11
BM11	JBM08	1.083	-0.26	±4.16
JBM08	BM16	1.437	1.08	±4.79
BM16	JBM09	0.629	0.14	±3.17
JBM09	BM17	1.216	2.90	±4.41
BM17	JBM10	1.342	-1.79	±4.63
JBM10	BM18	0.999	0.27	±4.00
BM18	BM19	1.338	0.34	±4.63
BM19	BM20	1.677	-1.65	±5.18
BM20	JBM11	1.005	1.28	±4.01
BM19	JBM11	1.038	0.11	±4.07
BM20	BM21	1.662	0.32	±5.16
BM21	BM22	1.757	0.69	±5.30
BM22	BM23	1.391	-0.72	±4.72
BM23	BM24	1.658	-1.12	±5.15
BM24	JBM12	1.281	0.17	±4.53
JBM12	BM25	1.450	0.64	±4.82
BM25	BM26	1.556	-2.88	±4.99
BM26	BM27	0.782	2.24	±3.54
BM27	BM28	1.115	1.69	±4.22
BM28	JBM13	1.052	-0.06	±4.10
JBM13	BM29	0.623	-0.90	±3.16
BM29	BM30	1.532	1.28	±4.95
BM30	JBM14	1.396	1.47	±4.73
JBM14	BM31	1.451	2.00	±4.82
BM31	BM32	1.379	-2.02	±4.70
BM32	BM33	1.363	1.55	±4.67
BM33	BM34	1.476	-1.91	±4.86

续表

测段起点	测段终点	测段长度 L（km）	往返测高差不符值 Δ（mm）	不符值限差 $\pm 4\sqrt{L}$（mm）
BM34	BM35	1.008	0.60	±4.02
BM35	JBM15	1.361	0.73	±4.67
BM34	ⅡHM01	2.196	0.72	±5.93
Ⅱ12201	BM23	0.586	0.63	±3.06
ⅡHM01	JBM15	3.051	0.59	±6.99
JBM03	BMC03	1.400	0.63	±4.73
BMC03	BMC02	0.920	-2.64	±3.84
BMC02	BMC01	0.420	1.76	±2.59
BMC01	JBM03	1.393	-1.38	±4.72

二等水准测量附合水准路线每千米高差偶然中误差

$$M_\Delta = \pm \sqrt{\frac{1}{4n}\left[\frac{\Delta\Delta}{L}\right]} = \pm\sqrt{\frac{62.058}{4\times56}} = \pm0.526(\text{mm}) \qquad (3.28)$$

式中，Δ——测段往返高差不符值（mm）；

$\quad\quad\ L$——测段长（km）；

$\quad\quad\ n$——测段数。

表 3.8　二等水准测量附合和闭合水准路线闭合差统计

序号	等级	测段起点	测段终点	高差闭合差（mm）	测段长度（km）	高差闭合差限差 $\pm 4\sqrt{L}$（mm）
1	二等	Ⅱ00301J	Ⅱ12201	4.015	18.551 5	±17.23
2	二等	Ⅱ12201	ⅡHM01	2.560	20.896 0	±18.28
3	二等	Ⅱ00301J	Ⅱ00301J	-3.670	36.161 0	±24.05

整网严密平差后，每千米高差偶然中误差 M_Δ 为 0.682mm，最弱点的高程中误差为 2.53mm（BMC02）。通过水准测量精度分析，可以得出以下结论：本项目水准测量各项精度指标达到《城市轨道交通工程测量规范（GB 50308—2008）》所规定的二等水准测量精度要求，能够满足东莞城市快速轨道交通 2 号线设计和施工测量精度的需要。

4）交叉线高程控制网联测

因东莞市城市快速轨道交通 2 号线分别在起点与广深新线、在新城市中心站与莞惠线、在厚街展览中心站—虎门站区间与穗莞深线、在终点站虎门站与广深港线交叉，为了确定东莞城市快速轨道交通 2 号线首级 GPS 控制网和二等水准网与广深新线、莞惠线、穗莞深线及广深港线平面及高程的衔接关系，在线路各交叉处分别对上述 4 条交叉线路的平面高程控制网进行联测。联测情况如下。

与广深新线平面高程控制网联测：联测广深新线 2 个导线点Ⅱ028 和Ⅱ083，2 个水准点Ⅱ028 和Ⅱ083（平面高程共桩）。

与莞惠线平面高程控制网联测：联测莞惠线 3 个 GPS 点 CPI3009、CPI3010 和 CPI3011，2 个水准点 BM3009（与 CPI3009 共桩）和 BM3010。

与穗莞深线平面高程控制网联测：联测穗莞深线 3 个 GPS 点 GCPI114、GCPI115 和 CPⅡ141，2 个水准点 GCPI114 和 GCPI115（平面高程共桩）。

与广深港线平面高程控制网联测：联测广深港线 3 个 GPS 点 CPⅡ057—1、CPⅡ058—1 和 CPⅡ061，2 个水准点 BSⅡ019 和 CPI013。

（1）与广深新线高程控制网联测结果：交叉线路高程控制网联测均按照城市轨道交通工程二等水准的精度进行观测。各交叉线路高程网的观测方法、技术控制指标均与东莞城市快速轨道交通 2 号线高程控制网一致，高程网平差计算也采用与东莞城市快速轨道交通 2 号线高程控制网相同的软件及精度控制指标。各交叉线路与东莞城市快速轨道交通 2 号线高程系统均采用 1985 国家高程基准，计算各交叉线路处联测点的高程，以方便东莞城市快速轨道交通 2 号线设计和施工时使用。

水准基点联测往返测精度统计如表 3.9 所示。

表 3.9　广深新线水准基点联测往返测精度统计

测段起点	测段终点	测段长度 K（km）	往返测高差不符值 Δ（mm）	不符值限差 $\pm 4\sqrt{K}$（mm）
BM02	Ⅱ028	1.578	0.48	±5.02
Ⅱ028	Ⅱ083	0.938	−1.24	±3.87
Ⅱ083	BM01	0.621	0.03	±3.15

水准基点联测每千米高差偶然中误差

$$M_\Delta = \pm\sqrt{\frac{1}{4n}\left[\frac{\Delta\Delta}{L}\right]} = \pm\sqrt{\frac{1.800}{4\times 3}} = \pm 0.387(\mathrm{mm}) \tag{3.29}$$

水准基点联测附合水准路线闭合差统计如表 3.10 所示。

表 3.10　广深新线水准基点联测附合水准路线闭合差统计

序号	等级	测段起点	测段终点	高差闭合差 （mm）	测段长度 （km）	高差闭合差限差 $\pm 4\sqrt{K}$（mm）
1	二等	BM01	BM02	−0.52	3.136	±7.08

从以上统计可以看出，广深新线水准基点联测往返测较差、路线闭合差和每千米高差偶然中误差均满足规范要求。

（2）与莞惠线高程控制网联测结果：水准基点联测往返测精度统计如表 3.11 所示。

表 3.11　莞惠线水准基点联测往返测精度统计

测段起点	测段终点	测段长度 K （km）	往返测高差不符值 Δ （mm）	不符值限差 $\pm 4\sqrt{K}$（mm）
JBM10	BM3009	0.352	−0.33	±2.37
BM3009	BM3010	3.092	1.18	±7.03
BM3010	BM18	2.852	−1.93	±6.76

水准基点联测每千米高差偶然中误差

$$M_{\Delta} = \pm\sqrt{\frac{1}{4n}\left[\frac{\Delta\Delta}{L}\right]} = \pm\sqrt{\frac{2.060}{4\times 3}} = \pm 0.414\,(\text{mm}) \qquad (3.30)$$

水准基点联测附合水准路线闭合差统计如表 3.12 所示。

表 3.12　莞惠线水准基点联测附合水准路线闭合差统计

序号	等级	测段起点	测段终点	高差闭合差 （mm）	测段长度 （km）	高差闭合差限差 $\pm 4\sqrt{K}$（mm）
1	二等	JBM10	BM18	−1.05	6.296	±10.04

从表中数据可看出，往返测较差、路线闭合差和每千米高差偶然中误差均满足规范要求。

东莞城市快速轨道交通 2 号线在与莞惠线交叉线路水准基点联测时发现，联测的莞惠线 BM3009 和 BM3010 两点平差后的高程与东莞市轨道交通有限公司提供高程相差较大，于是又进行了第二次的联测，以检查联测准确性。两次联测高

差统计如表 3.13 所示，两次联测平差高程差值统计如表 3.14 所示。

表 3.13　东莞城市快速轨道交通 2 号线与莞惠线两次联测高差统计

起点	终点	检测高差	原测高差	高差较差 （mm）	测段长度 （km）	高差较差限差 $\pm 4\sqrt{K}$（mm）
JBM10	BM3009	−0.087 935	−0.087 242 5	−0.69	0.358	±2.39
BM3009	BM3010	16.221 04	16.220 802 5	0.24	3.082	±7.02
BM3010	BM18	−13.302 72	−13.303 81	1.09	2.993	±6.92

表 3.14　东莞城市快速轨道交通 2 号线与莞惠线两次联测平差高程差值统计

点号	第一次联测 高程（m）	第二次联测 高程（m）	两次联测平 均高程（m）	莞惠城际高 程成果（m）	两次联测高 程较差 Δh_1 （mm）	联测与莞 惠高程较 差 Δh_2 （mm）
BM3009	**.504 7	**.505 4	**.505 0	**.536 6	−0.7	−31.6
BM3010	**.724 9	**.725 7	**.725 3	**.755 1	−0.8	−29.8

从表 3.11～表 3.14 可知：东莞城市快速轨道交通 2 号线联测莞惠线的水准测量精度及两次联测各测点间的高差较差均满足城市轨道交通二等水准测量的要求，且两次联测分别平差后的高程较差也较小，最大为 0.8mm，说明东莞城市快速轨道交通 2 号线水准联测的成果可靠。

虽然东莞城市快速轨道交通 2 号线与莞惠线高程系统都为 1985 国家高程基准，但联测点平差计算高程值与东莞市轨道交通有限公司提供的莞惠线高程却相差较大，这是由于两条线路起闭于不同的水准基点。东莞城市快速轨道交通 2 号线城市轨道交通二等水准测量起闭于东莞市城市二等水准点，而莞惠线水准测量起闭于其他的国家水准点，从而导致两条线路出现高程断高。在设计和施工中应注意这一断高对 2 号线与莞惠线交叉衔接的影响。

（3）与穗莞深线交叉处水准联测项目精度统计：水准基点联测往返测精度统计如表 3.15 所示。

表 3.15　穗莞深线水准基点联测往返测精度统计

测段起点	测段终点	测段长度 K （km）	往返测高差 不符值 Δ（mm）	不符值限差 $\pm 4\sqrt{K}$（mm）
BM33	GCPI114	1.460	−2.26	±4.83

续表

测段起点	测段终点	测段长度 K （km）	往返测高差 不符值Δ（mm）	不符值限差 $\pm 4\sqrt{K}$ （mm）
GCPI114	GCPI115	0.635	−0.80	±3.19
GCPI115	BM34	2.342	−0.62	±6.12

水准基点联测每千米高差偶然中误差

$$M_{\Delta}=\pm\sqrt{\frac{1}{4n}\left[\frac{\Delta\Delta}{L}\right]}=\pm\sqrt{\frac{4.670}{4\times3}}=\pm0.624(\text{mm})\qquad(3.31)$$

水准基点联测附合水准路线闭合差统计如表 3.16 所示。

表 3.16　穗莞深线水准基点联测附合水准路线闭合差统计

序号	等级	测段起点	测段终点	高差闭合差 （mm）	测段长度 （km）	高差闭合差限差 $\pm4\sqrt{K}$ （mm）
1	二等	BM01	BM02	0.735	4.437	±8.42

从表中数据可看出，往返测较差、路线闭合差和每千米高差偶然中误差均满足规范要求。

（4）与广深港线交叉处水准联测项目精度统计：水准基点联测往返测精度统计如表 3.17 所示。

表 3.17　广深港线水准基点联测往返测精度统计

测段起点	测段终点	测段长度 K （km）	往返测高差不符值Δ （mm）	不符值限差 $\pm 4\sqrt{K}$ （mm）
BM34	BSⅡ019	1.246	−2.26	±4.47
BSⅡ019	JBM15	0.891	−0.80	±3.78
BSⅡ019	CPI013	1.978	0.56	±5.62

水准基点联测每千米高差偶然中误差

$$M_{\Delta}=\pm\sqrt{\frac{1}{4n}\left[\frac{\Delta\Delta}{L}\right]}=\pm\sqrt{\frac{4.976}{4\times3}}=\pm0.644(\text{mm})\qquad(3.32)$$

水准基点联测附合水准路线闭合差统计如表 3.18 所示。

表 3.18 广深港线水准基点联测附合水准路线闭合差统计

序号	等级	测段起点	测段终点	高差闭合差（mm）	测段长度（km）	高差闭合差限差 $\pm 4\sqrt{K}$（mm）
1	二等	BM34	BSⅡ019	−1.588	2.138	±5.85

从表中数据可看出，往返测较差、路线闭合差和每千米高差偶然中误差均满足规范要求。

（5）各交叉线联测水准高程与提供高程差值统计如表 3.19 和表 3.20 所示。

表 3.19 交叉线联测地方高程点与提供高程差值统计

联测线路	点名	联测高程 H_1（m）	提供高程 H_2（m）	高程差值 ΔH（mm）
广深新线	Ⅱ028	**.311 3	**.314 0	−2.7
	Ⅱ083	**.431 2	**.415 0	16.2

表 3.20 交叉线联测国家二等高程点与提供高程差值统计

联测线路	点名	联测高程 H_1（m）	提供高程 H_2（m）	高程差值 ΔH（mm）
莞惠线	BM3009	**.505 0	**.536 6	−31.6
	BM3010	**.725 3	**.755 1	−29.8
穗莞深线	GCPI114	**.448 6	**.463 1	−14.5
	GCPI115	**.640 3	**.651 4	−11.1
广深港线	BSⅡ019	**.116 8	**.121 0	−4.2
	CPI013	**.515 9	**.517 4	−1.5

（6）水准测量精度评定：交叉线路联测高程测量严密平差后，计算的各交叉线路每千米高差偶然中误差 M_Δ 均小于 ±1mm 的精度要求。联测广深新线Ⅱ028 和Ⅱ083 点计算高程与提供的地方高程比较，高程差均小于 20mm，说明东莞城市快速轨道交通 2 号线二等水准网的精度可靠，满足《城市轨道交通工程测量规范（GB 50308—2008）》中与现有城市控制网重合点的高程较差不应大于 20mm 的要求。

5）控制网检测

城市轨道交通工程二等水准网观测完成后，又分别对水准点间观测的高差进行了检查测量（见表 3.21），测量时所使用的仪器设备与原测时相同，观测方法及精度等级与原测相同。

表 3.21　水准观测高差检测统计

测段起点	测段终点	检测高差 （m）	原测高差 （m）	高差较差 （mm）	测段长度 （km）	高差较差 限差±6$\sqrt{K}$ （mm）
JBM08	BM16	−10.665 24	−10.665 39	0.15	1.340	±6.95
BM16	JBM09	−3.180 50	−3.180 28	−0.22	0.680	±4.95
JBM09	BM17	11.256 84	11.253 42	3.42	1.215	±6.61
BM17	BM18	−7.241 48	−7.244 90	3.42	2.502	±9.49
BM18	BM19	8.528 01	8.528 33	−0.32	1.338	±6.94

由表 3.21 中检测高差与原测高差的比较结果可知，东莞城市快速轨道交通 2 号线外业观测的精度较高，所计算的水准成果可靠。

3.3　跨河水准测量

对于城市中的轨道交通建设，特别是位于地面水系比较发达的南方城市的轨道交通工程建设，不可避免地会遇到水准跨越江河湖泊等大面积水域的障碍。此时，采用传统的水准测量方法已无法满足高程控制网的测设要求，因此要采用特殊的测量方法进行高程控制网的测设。对于视线长度不大于 100m 的跨越江河湖泊的水准测量，可采用一般的水准测量方法进行观测，但应在测站上变换仪器高观测两次高差，两次观测的高差之差不大于 1.5mm 时，取其平均值作为观测高差。但当水准的视线超过 100m 时，应根据视线的长度、仪器设备的精度情况，采取合理的场地布设和观测方法实施跨河水准测量。

跨河水准测量的作业方法主要有：光学测微法、倾斜螺旋法、经纬仪倾角法、测距三角高程法和 GPS 测量法，不同的方法有各自的使用范围，表 3.22 列出了各种方法的使用范围，但当跨河距离超过 3 500m 时，应根据要求和测区情况进行专项设计。

表 3.22　跨河水准方法及适用距离

序号	观测方法	方法概要	最长跨距 （m）
1	光学测微法	使用一台水准仪。用水平视线照准觇板标志，并读记测微器分划值，求出两岸高差	500

序号	观测方法	方法概要	最长跨距（m）
2	倾斜螺旋法	使用两台水准仪对向观测。用倾角螺旋或气泡移动来测定水平视线上、下两标志的倾角，计算水平视线位置，求出两岸高差	1 500
3	经纬仪倾角法	使用两台经纬仪对向观测。用垂直度盘测定水平视线上、下两标志的倾角，计算水平视线位置，求出两岸高差	3 500
4	测距三角高程法	使用两台经纬仪对向观测，测定偏离水平视线的标志倾角。用测距仪量测距离，计算两岸高差	3 500
5	GPS 测量法	使用 GPS 接收机和水准仪分别测定两岸点位的大地高差和同岸点位的水准高差，求出两岸的高程异常和两岸高差	3 500

跨河水准的位置应选在测线附近、利于布设水准点且较窄的河段处，两岸地形、地貌、植被等基本相同。两岸仪器的视线离水面的高度基本近似。当跨河视线长度小于 300m 时，视线离水面的高度不小于 2m；当跨河视线长度大于 300m 时，视线离水面的高度不小于 $4\sqrt{S}$ m（S 为跨河视线长度，单位为 km，当水位受潮汐影响时，按最高潮位计算）；当视线高度不能满足要求时，应埋设牢固的标尺桩，并建造稳固的观测台（墩）或标架。跨河视线不得通过草丛、干丘、沙滩的上方，以避免正对日照方向。

布设跨河水准时，两岸测站点及立尺点应对称布设，采用双线跨河时，可选择图 3.13 的双线跨河水准布设图形，两岸跨河视线长度宜相等，两岸岸上长度宜相等并应大于 10m。在图 3.13 和图 3.14 中，I、b 分别为两岸安置仪器和标尺的位置，A、B、C、D 是仪器、标尺交替两用点。不同的测量方法精度也不尽相同，在相同条件下，图 3.14 的精度最低，图 3.13 中（a）和（b）的精度次之，精度最高的为图 3.13 中的（c），因此当跨河视线长度较短（一般在500m 之内）时，可采用任意一种方法进行施测，当跨河视线较长，且精度要求高时，宜采用图 3.13（c）中的方法进行施测。

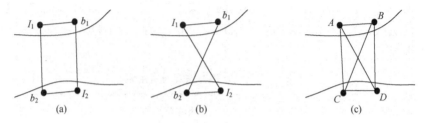

图 3.13　双线跨河水准布设图形

对双线跨河水准，通常要求采用两台仪器进行对向观测。对单线跨河水准，当只用一台水准仪进行测量时，一测回的观测步骤为：仪器安置在 I_1，先读近尺，再读远尺，完成上半测回的观测；仪器搬到对岸，安置在 I_2，不用调焦，先读远尺，再读近尺，完成下半测回观测。在上半测回和下半测回，测得两岸立尺点之间的高差分别为：

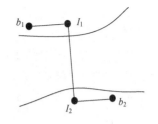

图 3.14　单线跨河水准布设图形

$$h_{b_1b_2} = h_{b_1I_2} + h_{I_2b_2} \tag{3.33}$$

$$h_{b_2b_1} = h_{b_2I_1} + h_{I_1b_1} \tag{3.34}$$

取上、下半测回高差观测值的平均值作为两岸立尺之间的跨河高差。从观测步骤和高差计算上看，水准仪 i 角误差的影响已经得到了消除，事实上，水准仪的 i 角并不是固定不变的，大气状况在观测过程中也是不断变化的，只有当跨河视线较短，渡河较为方便，可以在较短时间内完成观测的条件下，这种方法才是可行的。因此，为了减小 i 角误差的影响，采用两台同等精度仪器进行同时观测会更好地提高观测质量。为了同时减少大气垂直折光的影响，当跨河视线较长时，应采用双线跨河水准。

3.3.1　观测技术要求

采用 GPS 测量法测量时，应遵循 GPS 测量的有关规定和要求。采用光学测微法、倾斜螺旋法、经纬仪倾角法、测距三角高程法进行跨河水准测量时，应遵守下列几项要求：

（1）跨河水准测量宜在风力微和、气温变化较小的阴天进行，雨后初晴和大气折射变化较大时，均不宜观测。

（2）观测开始前 30 分钟，应先将仪器置于露天阴影下，使之与外界气温基本一致，观测时应遮阳。

（3）根据地区、季节、气候等选择观测时间，一般为上午日出后 1 小时至太阳中天前 2 小时、下午自太阳中天前 2 小时至日落前 1 小时、日落后 1 小时至日出前 1 小时，阴天全天可测。

（4）标尺随同仪器调岸，如果一对标尺的零点差不大，可以在全部测回观测一半后调岸。

（5）一测回观测中，应采取措施确保上、下两个半测回对远尺观测的视轴不变，一测回完成后，应间歇 15~20 分钟再观测下一个测回。

（6）两台仪器对向观测时，应采用通信工具，使两岸同一测回的观测尽量做到同时开始和结束。

（7）跨河水准测量的全部测回数，应分别在上午、下午各完成一半，或使白天、夜晚的测回数之比达到3:1。

（8）跨河观测开始时，应对两岸的固定点和立尺点之间的高差进行一次往返测量，检查立尺点有无变动，如有变动，则应加固立尺点重新观测。

3.3.2 跨河水准测量方法

跨河水准的测量方法主要有光学测微法、倾斜螺旋法、经纬仪倾角法、测距

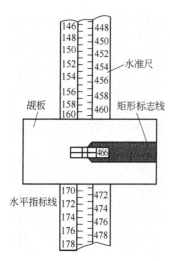

图 3.15 觇板及标志线

三角高程法和 GPS 测量法等，这些方法均适合轨道交通一等、二等水准测量的要求，但应根据具体的技术要求、环境条件、跨河的距离等因素综合选用合适的跨河测量方法，具体适用情况请参考表 3.22 所列的相关内容和要求。

1. 光学测微法

此方法一般适用于跨越长度不超过 500m 的情况，为能精确照准和准确读数，需要预制加粗标志线的特制觇板（见图 3.15）。觇板通常采用铝板制作，涂成黑色或白色，在其上画一个白色或黑色的矩形标志线。矩形标志线的宽度按所跨越障碍物的距离而定，一般取障碍物距离的 1/25 000，矩形标志线的长度约为宽度的 5 倍。觇板中央开一矩形窗口，在小窗口中央装有一条水平的指标线，指标线可用马尾丝或细铜丝制成。指标线应恰好平分矩形标志线的宽度，即与标志线的上、下边缘等距。觇板的背面装有夹具，可使觇板沿水准标尺尺面上下滑动，并能用螺旋将觇板固定在水准标尺上的任一位置。

作业开始前，应做好一些准备工作：制作特制觇板，使觇板指标线与标志中心线精确重合；检查校正水准仪，使其 i 角小于 6″；对立尺点和水准路线上的固定点进行联测。

（1）在测站上整平仪器后，先对本岸近标尺进行观测，连接照准标尺的基本分划两次，使用光学测微器进行读数；

（2）照准对岸水准标尺，使符合水准气泡精密符合，测微器读数置于分划全

程的中央位置，指挥对岸人员将觇板沿水准标尺上下移动，待矩形标志线到望远镜楔形丝中央时，通知对岸人员将觇板指标线精密对准标尺上最邻近的基本分划线后固定，记下基本分划读数，并转告测站上的记录员，转动测微器使望远镜楔形丝精确照准觇板标志线，读取测微器读数。

重复照准和读数5次，即完成一组观测。重新移动觇板，按上述过程完成其余各组的观测。每组内对觇板标志线的各次读数之差不应超过$0.01s$（单位为mm，s为跨河水准视线长度，单位为m）。全部完成后，即完成了上半测回的观测工作。

（3）将仪器搬到对岸进行下半测回观测，先观测远标尺，再观测近标尺，观测方法和过程与上半测回相同。

2. 倾斜螺旋法

此法适用于跨河水准视线长度较大，一般在500~1 500m的情况。倾斜螺旋法就是利用水准仪的倾斜螺旋，使视线倾斜地照准对岸的水准标尺上的特制觇板的标志线，利用视线的倾角和标志线之间的已知距离来间接求出水平视线在对岸水准标尺上的精确读数。视线的倾角用倾斜螺旋分划鼓的转动格数或用水准器气泡偏离中央位置的格数来计算。水平视线在近尺上的读数可采用一般的水准测量方法读取。

用于倾斜螺旋法的觇板一般有4条标志线或2条标志线，觇板中央有小窗口和觇板指标线，由觇板指标线可以读取水准标尺上的读数。觇板标志线的宽度 a（单位为mm）根据跨河的宽度 s（单位为m）确定，通常取$a=s/25$。觇板本身的宽度通常取 $s/5$。

觇板上、下相距最远的两条标志线之间的距离为 d（单位为mm），以倾斜螺旋转动一周的范围或不大于气泡由水准管一端移至另一端的范围为准，一般取 $80''$ 左右，则

$$d = \frac{80''}{\rho''}s \tag{3.35}$$

设对岸水准标尺上的读数为 b，对岸水准标尺上相当于水平视线的读数为 A，则两岸立尺点见的高差为 $b-A$。为了求得 A 值，在对岸水准标尺上安置便于照准的觇板，如图3.16所示。

图3.16中，l_1 为觇板标志线1、4间的距离；l_2 为觇板标志线2、3间的距离；a_1 为水准标尺零点至觇板标志线1的距离；a_2 为水准标尺零点至觇板标志线2的距离；x_1 为标志线1至仪器水平视线的距离；x_2 为标志线2至仪器水平视线的距离。l_1、l_2 在测前用一级线纹线米尺精确丈量，a_1、a_2 由觇板标志线在标尺上的

读数减去觇板标志线 1、2 的中线至觇板标志线的间距得到。

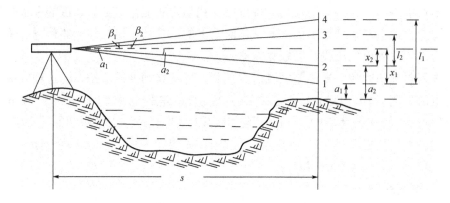

图 3.16　倾斜螺旋法观测原理

a_1、a_2、β_1、β_2 为仪器照准标志线 1、2、3、4 的方向线与水平视线的夹角。这些夹角由仪器照准标志线 1、2、3、4 时的倾斜螺旋读数与视线水平时的倾斜螺旋读数之差（格数），乘以倾斜螺旋分划鼓的分划值求得。设 s 为仪器至对岸水准标尺的距离，由于 a_1、a_2、β_1、β_2 都是小角，所以存在如下关系式

$$\begin{cases} s\dfrac{a_1}{p} = x_1 \\ s\dfrac{\beta_1}{p} = l_1 - x_1 \end{cases} \tag{3.36}$$

由以上两式可得

$$x_1 = \frac{l_1 a_1}{a_1 + \beta_1} \tag{3.37}$$

同理可得

$$x_2 = \frac{l_2 a_2}{a_2 + \beta_2} \tag{3.38}$$

由图 3.16 可知

$$\begin{cases} A_1 = a_1 + x_1 \\ A_2 = a_2 + x_2 \end{cases} \tag{3.39}$$

取 A_1、A_2 的平均数，就得到了仪器水平视线在对岸水准标尺上的读数 A。

作业开始前，应做好一些准备工作，如制作特制觇板，检查校正水准仪，使两台仪器的 i 角互差小于 $6''$ 等。

（1）观测近尺：仪器整平后，按光学测微法连续照准基本分划两次，读数和记录。

（2）观测远尺：转动测微器，使平行玻璃板居于垂直位置，在一测回观测中保持不变。照准远尺，旋转倾斜螺旋，使视线降到最低标志线以下，再从下到上依次用望远镜楔形丝照准觇板上的两标志线，然后再以相反的次序从上到下依次照准标志线，这称为一个往返测。每次照准标志线后，均对倾斜螺旋分划鼓两端进行读数。在每个往返测过程中，当视线接近水平时，按旋进倾斜螺旋方向使符合水准气泡严格居中两次，再对倾斜螺旋分划鼓进行读数，以上操作组成一组观测。以同样方法完成其余各组观测，按有关限差要求检查观测值。以上完成了上半测回观测，如果两台仪器同时对向观测半测回，就完成了一个测回观测。

（3）将仪器搬到对岸进行下半测回观测，先观测远尺，再观测近尺，观测方法和过程与上半测回相同。两台仪器同时对向观测的上、下各半测回，就组成了一个双测回观测。

每次安装觇板后，应仔细读取指标线在标尺上的读数，并求取各标志线在标尺上的相应读数。

3．经纬仪倾角法

若跨河水平视线长度在 500m 以上甚至达到 3 500m 时，跨河水准测量可采用经纬仪倾角法。经纬仪倾角法是通过测量上、下标志线的垂直角，间接求出两岸高差的方法。其测量原理如图 3.16 所示，图中，a' 为望远镜中丝照准近尺上基本分划线的注记读数，a' 为相应的垂直角；d 为近尺距仪器的水平距离；a 为远尺觇板的下标志线在标尺上的读数；l 为远尺觇板上、下两标志线间的距离，可用一级线纹米尺精确丈量；a、β 为远尺觇板上、下两标志线对应的垂直角。

设视线水平时，远标尺中丝读数为 A，近尺中丝读数为 b，则

$$b = a' - x' = a' - \frac{a'}{\rho}d \tag{3.40}$$

$$A = a + x = a + \frac{a}{a+\beta}l \tag{3.41}$$

单向一测回高差为

$$h = b - A = a' - \frac{a'}{\rho}d - a - \frac{a}{a+\beta}l \tag{3.42}$$

同步对向观测时，取对向观测高差绝对值的平均值作为一测回的高差值，

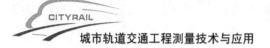

当对向观测的视线穿越相似的气象环境时，即可大大削弱或基本抵消大气折光的影响。

远、近标尺点间的高差精度与垂直角的观测精度上下标志间的距离量取精度、近尺与仪器之间的距离量取精度等有关，而后两者的量取精度一般较高，可以忽略不计，因此影响其精度的关键是垂直角观测的精度，在不计大气折光影响时，垂直角的测量精度主要受照准误差的影响，所以提高照准精度是提高跨河水准精度的关键之一。

对上式进行微分可得：

$$dh = da' - \frac{d}{\rho} da' \, dd - da - \frac{l}{\alpha + \beta} d\alpha + \frac{\alpha l}{(\alpha + \beta)^2} d\alpha + \frac{\alpha l}{\alpha + \beta^2} d\beta - \frac{\alpha}{\alpha + \beta} dl \quad (3.43)$$

由误差传播定律可得：

$$m_h^2 = m_{\alpha'}^2 + \left(\frac{d}{\rho}\right)^2 m_{\alpha'}^2 + \left(\frac{\alpha'}{\rho}\right)^2 m_d^2 + m_a^2 + \left(\frac{\alpha}{\alpha + \beta}\right)^2 m_l^2 + \frac{(\beta l)^2}{(\alpha + \beta)^4} m_\alpha^2 + \frac{(\alpha l)^2}{(\alpha + \beta)^4} m_\beta^2$$

$$(3.44)$$

上式中前五项的影响相对后两项要小得多，因此，只考虑后两项的影响，且认为 $\propto$、β 的观测精度相同，因此上式变为

$$m_h^2 = \frac{(\alpha^2 + \beta^2) \, l^2}{(\alpha + \beta)^4} m_\beta^2 \quad (3.45)$$

当 $\propto = \beta$ 时，m_h^2 取最小值。因此，在设置标志时，应尽量保证两垂直角的绝对值尽量相同。假设 $\propto = \beta = 30''$，跨河宽度为 6km 时，根据规范确定标志间的间隔 $l = 1\ 745$mm，则有 $m_h^2 = 423 m_\beta^2$，若取垂直角每测回测角中误差分别为 $1''$、$0.5''$，则高差精度分别为 20.5mm 和 10.3mm。

对向观测的主要作用是克服大气折光误差和地球曲率的影响，如果以一测回 $m_h = 20.5$mm 估计，为达到一等水准测量精度，需要观测的测回数至少为 70 个，考虑其他因素的影响，若观测 96 测回，以一测回高差中误差为 20.5mm 及 10.3mm 计，则 96 测回取平均后，所得高差中误差分别为 2.10mm 及 1.05mm，小于允许误差 2.45mm（以 $m_\Delta \sqrt{s}$ 计算），满足一等水准的精度要求。

作业开始前，应做好一些准备工作，如制作特制觇板，检查校正经纬仪或全站仪等。

（1）观测近尺：仪器整平后，使仪器处于盘左位置，望远镜处于水平，用中丝照准标尺上某一基本分划，并读取其注记读数，然后再用中丝分别照准基本分划线上、下边缘各两次，并读取垂直度盘读数，使仪器处于盘右的位置，用中丝分别照准基本分划线的上、下边缘各两次，并读取垂直度盘读数，完成一组观测（近尺只测一组）。

（2）观测远尺：盘左位置依次照准上、下标志线各 4 次读取垂直度盘读数，同一标志线 4 次照准和读数之差不大于 3″，纵转望远镜，按相反次序照准上、下标志线各 4 次，读取垂直度盘读数。以上操作组成一组观测，按同样方法完成其余各组观测。

以上操作完成了一岸仪器的半测回观测，两岸同时对测各半测回，就完成了一测回的观测。间歇 15 分钟后，可进行下一测回观测。

（3）将仪器和标尺调岸，按上述方法进行观测。仪器和标尺只能在上午、下午调岸一次，或白天、夜间调岸一次。

4．测距三角高程法

若跨越障碍的距离在 500m 以上甚至超过 3 500m 时，跨河水准测量可采用测距三角高程法。

1）准备工作

（1）以图 3.13（c）中的大地四边形形式进行场地布设，*A*、*B*、*C*、*D* 为埋设固定点或观测地，将 *AB*、*CD* 作为一个测站，按同等级水准测量要求进行高差的往返测。

（2）当跨河距离小于 2 000m 时，可在对岸标尺上安装一块觇板；否则，应安装上、下两块觇板。觇板在两岸标尺上的高度应相同，通视条件差时，可采用特制的标灯作为观测目标。

（3）将 *AB*、*CD* 中的一个点与附近稳定的控制点进行高差往返测，检查其稳定性。

2）距离观测

（1）本岸距离观测：直接采用全站仪观测 *AB*、*CD* 的距离。但应按照规范中规定的测距要求进行，即每照准一次目标，读取 4 次距离。

（2）对岸距离观测：采用全站仪对 *AC*、*AD*、*BC*、*BD* 的水平距离进行观测，每照准一次读 4 次数，为一测回，仪器高和目标高测量至 mm。当对向观测确有困难时，可采用单向观测，但总的时候段数保证不变。观测和计算时注意加入仪器常数改正、气象改正等，还应考虑距离归算改正。

3）垂直角观测

（1）如图 3.13 所示，在 A、C 设站，先观测同岸近尺的垂直角，再同步观测对岸远尺的垂直角 α_{AD} 和 α_{CB}。

（2）A 点仪器不动，将 C 点仪器搬至 D 点，同步观测对岸远尺的垂直角 α_{AC} 和 α_{DB}。

（3）D 点仪器不动，观测本岸近尺的垂直角，将 A 点仪器搬到 B 点，同步观测对岸远尺的垂直角 α_{BC} 和 α_{DA}。

（4）B 点仪器不动，观测本岸近尺的垂直角，将 D 点仪器重新搬至 C 点，同步观测对岸远尺的垂直角 α_{BD} 和 α_{CA}，C 点仪器再次观测本岸近尺的距离。至此，第一个仪器位置的观测结束，两台仪器共完成 4 个单测回。

以上完成了一组垂直角观测，按同样方法完成其余各组。观测过程中，本岸近尺的垂直角采用经纬仪倾角法进行观测。观测远尺时，盘左、盘右位置分别用望远镜中丝照准远尺上觇板标志或标灯 4 次，每次读数之差不大于 $3''$。当采用上、下两个觇板观测时，盘左依次照准上觇板标志，盘右按相反次序照准下觇板标志、上觇板标志，照准和观测方法与单觇板相同，按上、下觇板标志的垂直角分别计算高差。

（5）每一个仪器位置的观测完成后，观测员、仪器、标尺相互调岸，按上述程序进行第二个仪器位置的观测，也可以在一岸完成半数测回后再相互调岸，再在第二个仪器位置上完成其余测回的观测。两台仪器分别在两岸相同时段对向观测一条边的成果组成一个测回。

垂直角观测应满足垂直度盘指标差不大于 $8''$，同一标志垂直角互差不大于 $4''$，每条边各单测回高差间的互差应符合相关规定的限值，由大地四边形组成三个独立闭合环，由同一时段各跳边高差计算的闭合差应不大于下式计算的限值

$$W = 6M_W\sqrt{S} \qquad\qquad (3.46)$$

式中，M_W 为每千米水准测量全中误差的限值，单位为 mm；S 为跨河视线长度，单位为 km。

5. GPS 测量法

当跨越障碍的距离在 500m 以上甚至超过 3 500m 时，跨河水准测量可采用 GPS 测量法。

（1）GPS 测量法适用于平原、丘陵和河流两岸地貌基本一致的跨河水准测量，海拔超过 500m 的地区不宜采用，跨河两端的高差变化大于 70m/km 时，不宜采用一等 GPS 的跨河水准测量，跨河两端的高差变化不大于 130m/km 时，不宜采用二等 GPS 跨河水准测量。

GPS 水准点应选在跨河水准测线附近，应满足 GPS 测量对点位选择的要求，便于水准联测。如图 3.17 所示，非跨河点（A_1、A_2、D_1、D_2）宜布设在跨河点（B、C）的延长线上，各点之间的距离应大致相同，对于非跨河点偏离跨河水准轴线的垂距和垂距互差，一等跨河水准不大于 BC 距离的 1/50，二等跨河水准不大于 BC 距离的 1/25，当地形和点位环境受到限制时，同岸的非跨河点 A_1、A_2 和 D_1、D_2 可以在同一个位置附近布设，A_1、A_2 和 D_1、D_2 应与跨河水准轴线对称，偏离跨河水准轴线的垂距不大于 BC 距离的 1/4，对一等、二等跨河水准，垂距互差分别不大于 BC 距离的 1/50 和 1/25。

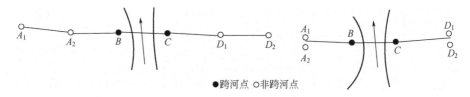

●跨河点 ○非跨河点

图 3.17　GPS 跨河水准的布设

一等、二等跨河水准应采用标称精度不低于 $5\text{mm}+1\text{mm}\times10^{-6}\times D$ 的双频 GPS 接收机进行观测，同步观测的接收机数不少于 4 台，观测应符合相关技术要求。一等、二等跨河水准的多余观测时段应分别在 72 小时、48 小时之内完成。

（2）GPS 跨河水准的高差计算：GPS 跨河水准网观测完成后，按照 GPS 网平差的流程进行基线解算和网平差，获得所有非跨河点和跨河点的大地高，结合水准联测所得到的正常高，可以计算跨河点之间的高差。

设 α_{AB} 和 α_{CD} 分别为 AB、CD 方向的高程异常变化率，单位为 m/km，则有

$$\begin{cases} \alpha_{AB} = (\Delta H_{GAB} - \Delta H_{rAB})/S_{AB} \\ \alpha_{CD} = (\Delta H_{GCD} - \Delta H_{rCD})/S_{CD} \end{cases} \tag{3.47}$$

式中，ΔH_{GAB}、ΔH_{GCD} 分别为 AB、CD 之间的大地高差，单位为 m；ΔH_{rAB}、ΔH_{rCD} 分别为 AB、CD 之间的正常高高差，单位为 m；S_{AB}、S_{CD} 分别为 AB、CD 之间的距离，单位为 m。由同岸的每一个非跨河点与跨河点都可以求出高程异常变化率，当河流高程异常变化率不超过表 3.23 的限差规定时，取河流两岸高程异常变化率的平均值作为跨河段的高程异常变化率 α_{BC}，则跨河段 B、C 两点的正常高之差为

$$\Delta H_{rBC} = \Delta H_{GBC} - \alpha_{BC}S_{BC} \tag{3.48}$$

式中右边的第二部分就是跨河段 BC 的高程异常之差，即

$$\Delta \xi_{BC} = \alpha_{BC} S_{BC}$$ （3.49）

表 3.23　高程异常变化率限差

限差	一等	二等
同岸 α 较差	0.007 0	0.013 0
不同岸 α 较差	0.010 0	0.018 0

第4章 井下控制测量

4.1 概述

轨道交通工程主要为地面线、高架线及地下线等形式,其中以地下线形式为主。施工控制测量主要包括施工过程中的施工平面控制网、水准网及土建施工结束后为轨道铺设服务的铺轨基标或类似高铁CPIII形式的任意设站精密导线网(含平面及高程控制网)等相关内容。而井下控制测量主要针对于地下段施工过程中的施工控制网测设过程。

因而,井下施工控制网主要为车站、隧道等结构施工和轨道铺设等方面服务,因此具有以下特点:

(1)井下施工控制网与原有的高等级的平面控制网和水准控制网具有统一坐标系和高程系:井下施工控制网是在地面控制网的基础上经过联系测量将地面的平面坐标和高程引至地下,并在地下建立的控制网,因而井下控制网和地面控制网的坐标系统和高程系统保持一致,并依附于地面坐标系统和高程系统。

(2)井下控制网根据井下隧道的走向及线路形式进行布设,因而地下施工导线(网)和水准线(网)的形式是线性的,点位的布设及点位间距与隧道的内径大小、施工精度高低及线路转弯半径大小等密不可分。

(3)井下控制网在施工过程中布设,在施工过程中无法与另外一端进行通视,因而只能布设成为支导线(网)形式,故井下平面控制网一般为支导线(网)、支三角网等形式,而无法布设成为附合导线(网)形式;井下高程控制网一般为支水准路线形式。但当隧道贯通后在轨道铺设前布设铺轨基标或任意设站精密导线网时,采用附合导线网或附合水准路线形式。

(4)地下段的隧道贯通精度要求高:在《城市轨道交通工程测量规范(GB 50308—2008)》中要求隧道平面贯通中误差为±50mm,高程贯通中误差为±25mm,即无论隧道多长、断面多大、线路转弯多少和曲线的半径多小,要求贯通中误差是不变的。为使大坡度、小转弯、多曲线等的长大区间的隧道满足相关贯通精度要求,应采取必要的控制测量措施。

（5）铺轨精度要求高：随着国内轨道交通工程技术的发展，轨道交通车辆运行速度逐渐提高及乘客乘坐舒适度、轨道轮轨更换频率降低等要求，需要轨道的铺设精度越来越高，这对铺轨控制测量网的精度提出更高的要求。

综上所述，井下控制测量的基本任务就是根据轨道交通工程地下工程的特点和需要，研究井下控制网的布网形式、图形与观测的优化设计方案及实施过程中的相关问题，这样才能建立一个坚强可靠、满足技术要求的施工控制网。

4.2　井下平面控制测量

井下平面控制测量在测量方法和内业计算上基本和地面导线一致，但因其位于地下，受地下环境及隧道施工顺序等方面影响，具有以下特点：

（1）由于受隧道的限制，井下平面控制网的形式通常采用延伸状，且井下控制网不能一次布设成型，而是随着隧道的开挖逐渐向前延伸，直至隧道贯通后方可形成附合导线形式。

（2）根据隧道的长度、隧道施工环境及贯通精度要求，井下控制点的形式也多种多样，一般为采用仪器对中形式，对于隧道区间较长或环境极其恶劣等情况，可布设成双导线、导线网或强制对中形式的导线网。

（3）随着隧道的开挖，可先布设精度较低的、边长较短的施工导线，但施工导线转站次数不宜过多，只能为近距离隧道开挖使用，之后再布设精度较高的施工控制导线对低精度的施工导线进行检查和校正。

（4）井下施工环境差，大气折光差，旁折光等影响巨大，因此在布设井下平面控制网时应特别注意，并加以考虑。

（5）井下控制网的布网形式只能为支导线（单导线或主副导线）、支三角网或支类 CPⅢ高精度施工导线网的任意设站精密导线网形式，不能布设附合导线形式，因而需要多次复核确保施工控制网正确。

（6）井下控制网点因随隧道施工而逐渐向前延伸，故前端控制点易发生位移，应对控制点进行多次复核。

因此，井下控制测量应根据隧道贯通精度、隧道长度及外部环境影响因素等布设合理的、满足精度要求的施工控制网形式。井下平面控制网一般采用支导线、主副导线、导线网和边角锁等形式。一般 1km 的隧道基本采用支导线形式即可满足贯通要求，1.5km 长度以下的隧道采用支导线强制对中形式或主副导线形式，更长的隧道需要进行专门的施工控制网设计，认真比对分析后采用合适的控制网图形。

4.2.1　井下平面控制网布设形式

1．单导线（支导线）

一般短距离的隧道施工，宜在井下布设单导线形式，如若是矿山法施工，还需要布设施工导线，施工导线主要为隧道开挖、中线放样、腰线放样等隧道施工使用，一般要求较低，但在施工现场使用方便；而盾构法隧道采用盾构机施工作业，无须布设施工导线，隧道断面一次成型，减少了中线放样、腰线放样、掌子面断面放样等测量工作。单导线如图 4.1 所示。单导线的每个控制点上的角度均采用左、右角观测法，即上半测回观测左角，下半测回观测右角，计算时再将所测角度统一归算为左角，然后取平均值。采用多个测回观测时，需进行起始方向上的配角。在左角和右角分别取平均值后，计算该点的圆周角闭合差

$$\Delta = \alpha_{左平} + \alpha_{右平} - 360° \tag{4.1}$$

Δ 应不大于规定的限差。对于单导线，在测设新点时，应对前面角度进行检查。

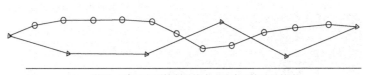

说明：▷ 表示主要控制导线点；○ 表示施工导线点。

图 4.1　单导线

2．主、副导线

在隧道两侧分别布设主导线点和副导线点，如图 4.2 所示。主、副导线每隔 2~3 个边组成一个闭合环。主导线既测角又测边，而副导线只测角，不测边。通过角度闭合差可以评定角度观测的质量，提高测角的精度，对提高导线端点的横向点位精度有利。但导线坐标只能沿主导线进行传算。

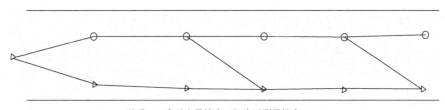

说明：▷ 表示主导线点；○ 表示副导线点。

图 4.2　主、副导线

3．导线网

导线网一般布设成若干个彼此相连的带状导线环，如图 4.3 所示。网中所有边、角全部观测。导线网除可对角度进行检核外，由于测量了全部边长，因此计算坐标有两条传算路线，对导线点坐标亦能进行检核。

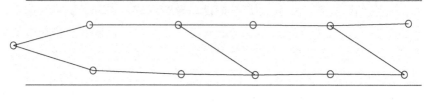

图 4.3　导线网

4.2.2　导线点埋设

井下导线点在矿山法和盾构法隧道中埋设方法不同，在矿山法隧道中一般采用地下挖坑，然后浇灌混凝土并埋入铜制标心的方法。这与一般导线点的埋设方法基本相同，但是由于洞内狭窄施工及运输繁忙，且照明差标志露出地面极易遭

图 4.4　强制对中导线点

到破坏，故标石定面应埋在坑道底面以下 10~20cm 处，上面盖上铁板或厚木板。为了便于寻找，应在边墙上用红油漆注明点号，并用箭头指示具体位置。

在盾构法隧道底部埋设点位时，具体方法与矿山法隧道中埋设方法相同。但采用强制对中的导线点时，在盾构法隧道的侧壁上要安装具有强制对中的钢制三角架，如图 4.4 所示，并固定稳固。

4.2.3　井下导线外业观测

井下导线外业观测的方法与地面导线基本相同，也采用方向观测法。当只有两个方向时，可采用左、右角观测法。但由于洞内环境的特殊性，需要采取一些特殊措施。

（1）对洞口内、外两个测站的测角，应给予充分的重视。由于洞口内外温差大，空气密度变化剧烈，目标成像极不稳定，严重影响照准精度，而且折光差影

响异常显著，给洞口内两测站的测角带来极大的困难。而这两个测站又距贯通面最远，其测角误差对贯通影响最为显著。因此，洞口内、外的导线点位置选择极其重要，同时应选在大气较为稳定的夜间或阴天进行施测。

（2）由于洞内的导线点之间距离在埋设时已经受限，之间距离比较短，导致仪器的对中和目标偏心对测角影响较大，因此，测角时在测回之间，仪器和目标均应重新对中，以减弱其影响。观测时应重复几次瞄准读数，以减少照准误差和读数误差的影响。因此在盾构法隧道中一般埋设如图4.4所示的强制对中导线点。

其他情况井下导线的内、外业与地面导线的内、外业相同，这里不再赘述。

4.3　井下水准测量

井下水准测量与井下导线一致，在隧道贯通之前只能采用支水准路线。首先利用高程联系测量，将地面高程引至井下作为井下水准测量的依据，使井下水准和地面水准在统一的高程基准下施测。

井下水准测量和地面水准测量的方法基本相同，但因井下的特殊环境，水准点间距不易过长，平均间距在200m左右。采用《城市轨道交通工程测量规范（GB 50308—2008）》中二等水准测量的方法进行往返测，并在使用隧道最前端水准点时，应对此点后面的几个水准点进行复测，当保证该点稳定可靠时方可使用。

第二篇　轨道交通施工测量

整个轨道交通土建工程施工具有测量工作量大、计算复杂、工法多样、涉及面广、测量精度要求高等特点，需要测量技术人员必须有较强的测量专业知识，有较丰富的施工管理经验和极为负责的工作态度，才能避免出现较大的测量事故。

轨道交通土建工程施工测量贯穿于轨道交通工程施工全过程，包括从开始进场的交接桩及对交接桩点的复测、加密测设，到施工期间的各车站、建（构）筑物的控制测量及各细部（角点、孔洞、预埋件等）放样测量，再到整个隧道或高架段的施工导线测设、导向系统的使用及维护、盾构机姿态的人工复核、管片姿态的人工测量、各节段梁生产及拼装、各桩基放样及模板复核，直至各成型产品[含各建（构）筑物、隧道、桥梁等]的竣工测量。

整个轨道交通土建工程施工测量占用比例最大的是各施工阶段的测量放样工作，放样工作烦琐、计算数据繁多，但施工放样工作技术较为简单，只需控制好各节点的内业及外业测量复核，如内业数据的来源必须是可靠、准确的施工图纸，内业数据的计算必须采用两人独立计算且相互核对准确无误后方可使用；外业放样测设工作应采用稳定可靠且具有多余检核条件的控制点作为测量依据，待放样结束后，亦应对各放样点进行实际测量，测量结果与设计坐标互差在限差要求范围内方算完成整个放样工作。但在施工过程中应随时注意放样的点位是否发生了变化或变动，一旦发生了变化或变动应重新放样，确保各点位准确无误，满足各相关要求。

轨道交通土建工程施工测量中的关键节点是根据隧道的长短、洞径大小、贯通精度要求等方面综合考虑采用施工导线（支导线）的布设形式，确定是否采用单导线、双导线、主副导线及强制对中导线等形式或几种导线的综合形式。在隧道工程中，盾构法隧道施工测量技术最为复杂，数据最难处理，主要关键节点是采用空间圆心拟合法的洞门环数据处理，盾构机姿态人工测量采用两个三维直角坐标系转换技术，其与大范围两个三维直接坐标系转换有较大区别。导向系统的使用和维护是盾构法隧道测量的关键，而导向系统软硬件质量的好坏、系统的稳定与否都关系到整个盾构隧道成型后的工程质量。同时，隧道的竣工测量数据采集量大，人工处理极为烦琐复杂。

第5章 轨道交通施工测量基础

5.1 概述

施工放样一般是将图纸上设计的车站、建（构）筑物、隧道等的平面位置和高程，按照设计要求，以一定的精度标定到实地上，以便据此施工。根据放样的具体对象不同，有时也叫测设或定位，如曲线测设和车站施工中的角点定位等。

施工放样必须做到内、外三级复核，也称为小三级和大三级复核制度。小三级复核是指施工单位内部的三级复核，即班组复核、项目部复核和公司复核；大三级复核是指施工单位复核、土建监理复核和业主单独委托的测量监理复核。施工测量阶段也可以分为三个层次的复核，即施工放样前测量基础数据来源复核、数据抄录及计算结果复核、放样过程中及结束后的测量复核。

在施工放样前，必须确保所使用图纸是最新版本或正在使用的版本，一般需要项目总工对所使用图纸进行确认，这就是确保测量数据的依据和来源准确。从图纸上抄录的数据或根据图纸上的数据进行扩展计算时，必须有两个测量人员独立完成计算，然后将两个独立计算结果进行比对，确认无误后方可带到现场进行外业放样工作。

在施工放样作业时，平面位置放样必须采用三个平面控制点，其中一个控制点作为检核条件来检核所使用的点号、点位、坐标准确无误，且三个平面控制点间的相对几何关系未发生变化（以便判断所使用的控制点是否发生沉降或平移等变化），方可进行放样工作。

放样结束后，需对所放样的点位重新实测，将实测的坐标与计算的设计值进行比较，限差必须满足要求，且应对检核点重新检核。

无论是大三级还是小三级复核，都需要各轨道交通工程参建单位积极认真落实，方可以避免测量放样事故的发生，才能够顺利、有序地推进轨道交通工程建设。

施工放样分为平面放样和高程放样，基本方法一般有直接法放样、点位放样、高程放样及坡度线放样。平面放样也可以细分为方向交会法、距离交

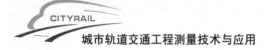
会法、坐标法、极坐标法、偏距法、偏角法、投点法等多种方法；高程放样分为正尺法、倒尺法和悬挂钢尺法等多种方法。本章就最常用的几种放样方法进行讨论。

5.2　放样的基本方法

5.2.1　距离放样

距离放样是在量距起点和量距方向确定的条件下，自量距起点沿量距方向丈量已知距离定出直线另一端点的过程。根据地形条件和精度要求的不同，距离放样可以采用不同的丈量工具和方法，通常精度要求不高时，可用钢尺或皮尺量距放样，精度要求高时可以采用全站仪（或测距仪）进行放样。

1. 尺量法距离放样

当距离值不超过一尺段时，由量距起点沿已知方向拉平尺子，按已知距离值在实地标定出放样点位。如果距离较长时，则按照钢尺量距的方法（增加相关改正），自量距起点沿已知方向定线，依次丈量各尺段长度并累加，至总长度等于已知距离时标定点位。为避免出错，通常需丈量两次，两次互差在限差范围内时，取中间位置作为放样结果。这种方法一般在精度要求不高的情况下实施，当精度要求高时，应使用全站仪（或测距仪）进行放样。

2. 全站仪（或测距仪）距离放样

根据两个已知点、放样点至某个已知点的水平距离及放样点位于两个已知点的连线上，用全站仪（或测距仪）现场标定出放样点的具体位置。具体的放样方法如下。

（1）在某个已知点上安置全站仪（或测距仪），照准另外一个已知点，然后沿着全站仪视线方向在放样点的大致位置放置棱镜，测定水平距离，根据测得的水平距离与已知水平距离的差值沿视线方向前后移动棱镜，至测得的水平距离与已知距离很接近或相等时，钉设标桩（若精度要求不高，此时钉设的标桩位置即可作为待放样点）。

（2）由仪器指挥在桩顶画出全站仪视线方向线，并在桩顶中心位置画垂直于视线方向的短线，在交点上置棱镜，测定仪器至交点水平距离。

（3）计算已知距离和测定水平距离的差值，根据差值用钢卷尺在桩顶修正点位。

5.2.2　水平角放样

角度放样（这里指水平角）也称拨角，是在已知点上安置全站仪，以通过该点的某一固定方向为起始方向，按已知角值把该角的另一个方向测设到地面上。通常可采用正倒镜分中法进行角度放样，当精度要求高时，可在正倒镜分中法的基础上用多测回修正法进行角度放样。

1. 正倒镜分中法

将全站仪安置在已知点，首先采用盘左照准后视点（也是已知点或已知方向）作为起始方向，按照已知角值，拨动仪器至已知角值，然后在视线方向上适当位置定出待放样点；然后用盘右瞄准后视点，再次将仪器拨至已知角值的方向上，再在视线上定出待放样点，将盘左和盘右的待放样点取中，定出中点，这样后视方向至置仪器点及中点形成的角度值就是我们角度的放样值。

正倒镜分中法放样已知水平角时，采用两个盘拨角主要是为了校核，而精度提高并不明显。在实际工作中，有时也常采用盘左或盘右一个盘位进行角度放样（但全站仪的 2C 值不宜过大）。

2. 多测回修正法

当已知放样角值的放样精度要求较高时，可先按上述正倒镜分中法在实地定出中点。以中点为过渡点，根据放样精度选用必要的测回数实测已知方向和中点形成的角度，取各测回平均角值，将各测回平均角值和已知角度的差值作为角度修正值。将角度修正值转换为中点的垂距来修正角值，实际放样时应注意点位的改正方向。

5.2.3　高程放样

放样高程的操作一般称为高程放样，或放样高程。一般采用水准仪进行放样，采用水准仪放样时，一般根据现场条件，分为三种形式的放样。

1. 正尺法

此方法一般在地势较为平坦，或坡度较小（高差一般不大于一个整尺的高度）的情况下使用，如图 5.1 所示。放样时，地面有水准点 A，起高程已知，为 H_A，待放样点为 B，其设计高程为 H_B。要求实地放样出 B 点的具体位置，即按照 B 点的高程在 B 桩上标定出高程 H_B 的位置。

在 A、B 间安置水准仪，并在 A 点上放置水准标尺。若水准仪在 A 点处水准标尺上的读数为 a，则水准仪在 B 点处的水准标尺的读数 b 应为

$$b = H_A + a - H_B \tag{5.1}$$

这时仪器观测者应指挥 B 点处的标尺员上下移动水准标尺，当仪器在 B 点标

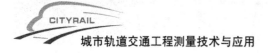
尺上的读数正好为 b 时，在标尺底部面划线做标记，此处标定位置即为待放样 B 点的高程位置。

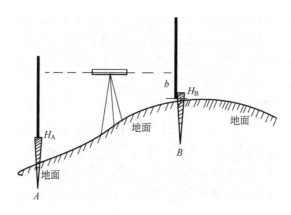

图 5.1　正尺法放样

在施工现场上，当需要放样一批等高的点时（俗称抄平），可用长木杆代替水准标尺，在木杆上画线标出视线高。将该木杆立放在待放样高程的木桩或墙面旁，上下移动直到司仪员看到望远镜横丝与木杆上的画线重合，这时，木杆底部即为设计高程。将木杆分别立放于不同的放样地点，即得到一批同高的点。这个办法可以使放样工作既方便又不易出错。

2. 倒尺法

在现场实施高程放样时，当待放样点的高程 H_B 高于仪器视线时，可以把尺底向上，即用"倒尺"工作，如图 5.2 所示，这时

$$b = H_B - (\alpha + H_A) \tag{5.2}$$

此法在轨道交通工程中较少，但在设备安装、装修时的放样及隧道腰部、顶部放样或测量时会用到。

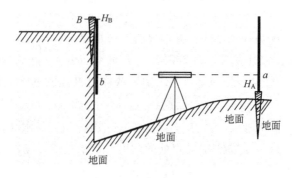

图 5.2　倒尺法放样

3. 悬吊钢尺法

悬吊钢尺法就是利用钢卷尺代替水准标尺，将钢卷尺悬吊在基坑（或高楼）壁旁，利用水准仪观测上下钢卷尺读数，通过计算求得待放样高程的高程放样（或水准测量）方法，如图5.3所示。已知点 A 的高程为 H_A，基坑内待放样点 B 的高程为 H_B。在 A 点和钢卷尺之间架设一台水准仪，分别读取 A 点上水准标尺读数 a 和钢卷尺读数 b；同时，在基坑内的钢尺和待放样点 B 之间架设另一台水准仪，读取钢卷尺读数 c，则待放样点 B 上的水准标尺读数应为

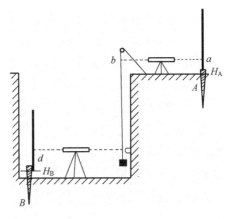

图5.3　悬吊钢尺法放样

$$d = H_A + a - |b - c| - H_B \quad (5.3)$$

基坑内司仪员指挥基坑内立标尺者上下移动水准标尺，当水准标尺读数为 d 时，在水准标尺底部划线，此处即为放样高程 H_B，这样就完成了待放样点 B 的高程放样。

悬吊钢尺放样时，应在钢卷尺稳定后方可进行放样工作，当水准仪只有一台时，也可以先测设地面 A 点的水准标尺读数 a 和钢卷尺读数 b；再将水准仪搬至基坑内，读取基坑内钢尺读数 c，利用上述数据，计算出基坑内水准标尺的读数 d，由司仪员指挥司尺员上下移动水准标尺，当水准标尺读数为 d 时，在水准标尺底部划线，此处即为待放样点 B 的高程。当有两台水准仪时，尽量采用两台水准仪同时施测，这样可以有效避免因钢卷尺不稳造成的误差。

5.2.4　铅垂线放样

铅垂线放样的简单方法是用挂垂线的选线来表示，这种古老的方法由于简便、有效，至今仍广泛使用。但在悬挂垂线时，必须采取挡风措施，否则将大大影响垂线精度，故在精度高的垂线放样中很少采用。

另外一种常用的方法是用两架经纬仪（或全站仪）进行投影，因为经纬仪不受风的影响。但经纬仪应满足视准轴垂直于横轴，竖轴垂直于水准管轴这两个条件，并认真整平。将两架经纬仪与放样的铅垂线成直角架设，这样每架经纬仪的望远镜绕横轴转动时，视准轴将扫出一个铅垂面，两个铅垂面相交的交线即为铅垂线。

将经纬仪的目镜卸下，装上90°转角的弯管目镜后，也可以作为铅锤仪使用，

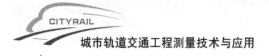

用来放样铅垂线。

5.2.5 直线放样

所谓直线放样，就是地面上有两个已知点，在已知两点连线上或在两点的延长线上放样点位的方法，即放样点与已知两点均在一条直线上。

直线放样是利用光线沿直线传播的原理，其简单的方法有串杆定线、觇板定线、挂锤球定线，等等。下面介绍采用经纬仪进行直线放样的方法。

1. 内插定线

在两点之间的连线上定点的工作称为内插定线。在其中一个已知点上架设经纬仪，然后瞄准另外一个已知点，沿经纬仪的方向根据设计距离逐渐放样出待放样点的点位，即完成了直线内插定线。

内插定线应认真整平，仔细对中，保证经纬仪精确地架设在已知点上，后视已知点时，应尽量瞄准已知点底部，加强瞄准精度。

内插定线时不必用正倒镜观测，因为经纬仪轴系误差影响很小，且只是在两已知点间放样，2C 误差没有影响。

2. 正倒镜定线——外推定线方法

如图 5.4 所示，已知地面 A、B 两点，要在 AB 延长线上定出一系列待定点。经纬仪架设于 B 点，盘左，望远镜瞄准 A 点后，固定照准部，然后把望远镜绕轴旋转 180°定出待定点 1′；在盘右重复上述操作，定出待定点 1″，取 1′和 1″的中点为 1 的最终位置。同理定出 2、3 等点。外推定线时也可以采用向前搬站的方法，以提高定线的精度。

在两点连线的延长线上放样时，每个点都必须用两个竖盘位置定点，取其中点为最终位置，这主要是为避免经纬仪轴系误差（主要是视准轴不垂直于横轴的误差）的影响。

图 5.4 正倒镜定线

在逐点向前搬站的正倒镜定线中，设 $AB=L$，待定点间距为 s，则第 i 点的横向中误差为

$$m_{ui} = s\frac{m_\beta}{\rho}(L+is)\sqrt{\sum_{k=1}^{i}\frac{1}{(L+ks)^2}} \tag{5.4}$$

5.3　点位放样

5.3.1　直角坐标放样法

直角坐标放样法是根据已知的纵横坐标之差，测设地面点的平面位置。一般适用于轨道交通工程中车辆段范围中规则建筑物群的放样。其首先在已经进行过三通一平的场地上建立建筑方格网或建筑基线形式的施工控制网，利用控制网上的已有控制点，并根据待放样点与已知点之间的纵横坐标差进行放样。

如图 5.5 所示，设 A、B、C、D 为建筑物场地的建筑方格网点，a、b、c、d 为需要测设的某建筑物的四个角点，根据设计图上各点的坐标，可求出建筑物的长度、宽度及测设数据。

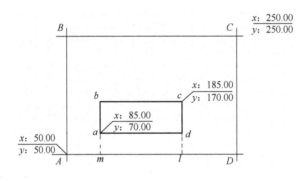

图 5.5　直角坐标法放样

【例 5.1】　根据图 5.5 中的各点坐标数据，简述利用直角坐标放样法来放样 a、b、c、d 各点的放样过程。

解：1）计算

首先计算测设数据。根据 A 点的坐标及 a 点的设计坐标算出纵横坐标之差：

$$\Delta x_{aA} = x_a - x_A = 85.00 - 50.00 = 35.00(\text{m})$$

$$\Delta y_{aA} = y_a - y_A = 70.00 - 50.00 = 20.00(\text{m})$$

$$\Delta x_{cA} = x_c - x_A = 185.00 - 50.00 = 135.00(\text{m})$$

$$\Delta y_{cA} = y_c - y_A = 170.00 - 50.00 = 120.00(\text{m})$$

$$\Delta x_{bA} = x_b - x_A = 185.00 - 50.00 = 135.00(\text{m})$$

$$\Delta y_{bA} = y_b - y_A = 70.00 - 50.00 = 20.00(\text{m})$$

$$\Delta x_{dA} = x_d - x_A = 85.00 - 50.00 = 35.00(\text{m})$$

$$\Delta y_{aA} = y_a - y_A = 170.00 - 50.00 = 120.00(\text{m})$$

2）放样方法

在 A 点上架设经纬仪，瞄准 D 点，沿 AD 方向上测设长度 Δy_{aA}（20m），定出 m 点；再将经纬仪架设到 m 点，后视 D 点，向左拨转镜头90°角，得到 ma 点方向线，沿该视线方向测取 Δx_{aA}（35.00m），则得到 a 点在地面的实际位置。用同样的操作方法可以依次放样出 b、c、d 点在地面的实际位置。

3）校核

将 a、b、c、d 点放样完毕后，要对实际放样的点进行校核，以确保各放样点正确无误。首先应检查放样的四个点组成的四个角是否为90°，各边是否等于设计长度及各对边是否相等。各点的放样误差是否满足各限差要求。

在轨道交通工程中，此方法基本只在车辆段中的建筑群放样中使用，其他很少使用，请在使用中认真区分对待。

5.3.2 极坐标法

极坐标法是根据已知水平角和水平距离测设地面点平面位置的一种放样方法，该方法使用灵活，只要在通视的情况下均可使用。故极坐标法在线路定、补测及轨道交通工程建（构）筑物各角点放样时使用较为广泛。

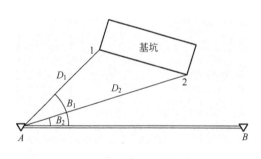

图 5.6 极坐标法放样

如图 5.6 所示，1、2 是车站基坑轴线交点，A、B 为附近控制点。1、2、A、B 点的坐标均为已知，其中 1、2 点的坐标为图纸上的设计坐标，欲测设 1 点，需按坐标反算公式求得测设数据距离 D_1 和水平角 β_1。先计算出

$$\alpha_{A1} = \tan^{-1}\left(\frac{y_1 - y_A}{x_1 - x_A}\right) \tag{5.5}$$

$$\alpha_{AB} = \tan^{-1}\left(\frac{y_B - y_A}{x_B - x_A}\right) \tag{5.6}$$

需要提醒的是：以上两式等式左边的坐标方位角，其值域为 0°～360°，而等式右边的 arctan 函数，其值域是-90°～+90°。两者是不一致的。具体数据处理方法如表 5.1 所示。

表 5.1　坐标增量符号与坐标方位角的关系

象　限	方位角 α	Δx	Δy	换算公式
I	0°~90°	+	+	$\alpha = \tan^{-1}(\Delta y / \Delta x)$
II	90°~180°	−	+	$\alpha = \tan^{-1}(\Delta y / \Delta x) + 180°$
III	180°~270°	−	−	$\alpha = \tan^{-1}(\Delta y / \Delta x) + 180°$
IV	270°~360°	+	−	$\alpha = \tan^{-1}(\Delta y / \Delta x) + 360°$

则

$$\beta_1 = \alpha_{AB} - \alpha_{A1} \tag{5.7}$$

$$D_1 = \sqrt{(x_1 - x_A)^2 - (y_1 - y_A)^2} \tag{5.8}$$

同理，可以求得 2 点的测设数据边长 D_2 和水平夹角 β_2。

【例 5.2】　如图 5.6 所示，已知 $\alpha_{AB} = 102°32'51''$，$x_A = 65.237$m，$y_A = 467.821$m，$x_1 = 410.000$m，$y_1 = 480.000$m，现准备在 A 点架设仪器，利用极坐标法来放样 1、2 号点，求测设数据 1 号点与 A 点距离、1 号点与边 AB 的夹角 β_1，并简述整个测设过程。

解： 1）计算测设数据

$$x_1 - x_A = 410.000 - 65.237 = 28.763 \text{(m)} \tag{5.9}$$

$$y_1 - y_A = 480.000 - 467.821 = 12.179 \text{(m)} \tag{5.10}$$

由于 $x_1 - x_A > 0$ 且 $y_1 - y_A > 0$，则根据表 5.1，可知 a_{A1} 位于第 I 象限，故有

$$a_{A1} = \tan^{-1}\left(\frac{y_1 - y_A}{x_1 - x_A}\right) = 22°56'57'' \tag{5.11}$$

$$\beta_1 = \alpha_{AB} - \alpha_{A1} = 102°32'51'' - 22°56'57'' = 79°35'54'' \tag{5.12}$$

$$D_1 = \sqrt{(x_1 - x_A)^2 + (y_1 - y_A)^2} = 31.325 \text{(m)} \tag{5.13}$$

2）放样过程

测设时，在 A 点安置仪器，瞄准 B 点（见图 5.6），向左测设 β_1 角（反拨 β_1 角，即水平度角读数为 $360° - \beta_1$），由 A 点起沿视线方向用全站仪测距方法测设距离 D_1，这样就定出了 1 号点在现场上的具体位置。同理，根据以上方法可以分别将基坑的其他角点测设在实地上。

3）检核

一般我们在现场放样时，已知控制点不仅仅采用 A、B 两个控制点，还可用第三个控制点 C，以便根据 A、B、C 三点的几何关系，即三个控制点的边角关系判断控制点是否稳定可靠，满足要求后方可使用 A、B 控制点进行放样。

检核时，最好将仪器架设在 B 点或 C 点，后视 A 点或 B 点，采用坐标法分别测设现场放样的点位，用测设的坐标和设计的坐标进行比较，较差在误差范围内，则认为放样质量可靠，可以安排下一步施工。

5.3.3 角度交会法

此方法主要是根据坐标反算求出测设夹角 β_1 和 β_2，利用这两个角度来进行放样。主要适用于控制点较多（不少于 3 个）、测设点距控制点较远或量距困难的情况。

如图 5.7 所示，测设点 P 和控制点 A、B 的坐标均为已知。测设时，在 A、B 两点同时架设经纬仪，分别测设出 β_1 和 β_2 角，两视线方向的交点即为待测设点 P。为了保证交会点的精度，实际工作中还应从第三个控制点 C 测设 β_3，定出 CP 方向线作为校核。若三方向线不交于一点，会出现一个示误三角形，当示误三角形边长在限差范围内时，可取示误三角形重心作为测设点 P。两个交会方向形成的夹角 γ_1、γ_2 应不小于 30°或不大于 150°。

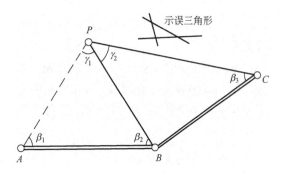

图 5.7　角度交会法测设点位

【例 5.3】　已知控制点 A、B 和放样点 P 的坐标值：$x_A = 652.335\text{m}$，$y_A = 288.731\text{m}$，$x_B = 642.512\text{m}$，$y_B = 340.109\text{m}$，$x_P = 675.875\text{m}$，$y_P = 326.362\text{m}$。请计算用角度交会法来放样 P 点的测设数据，并简述测设方法。

解：1）计算测设数据

$$\alpha_{AB} = \tan^{-1}\left(\frac{y_B - y_A}{x_B - x_A}\right) = \tan^{-1}\left(\frac{51.378}{-9.823}\right) = -79°10'34'' + 180° = 100°49'26'' \quad (5.14)$$

$$\alpha_{BA} = \alpha_{AB} + 180° = 100°49'26'' + 180° = 280°49'26'' \quad (5.15)$$

$$\alpha_{AP} = \tan^{-1}\left(\frac{y_P - y_A}{x_P - x_A}\right) = \tan^{-1}\left(\frac{37.631}{23.540}\right) = 57°58'19'' \quad (5.16)$$

$$\alpha_{BP} = \tan^{-1}\left(\frac{y_P - y_B}{x_P - x_B}\right) = \tan^{-1}\left(\frac{-13.747}{33.363}\right) = -22°23'38'' + 360° = 337°36'22'' \quad (5.17)$$

根据图 5.7，计算夹角 β_1 和 β_2

$$\beta_1 = \alpha_{AB} - \alpha_{AP} = 42°51'07'' \qquad\qquad\qquad (5.18)$$

$$\beta_2 = \alpha_{BP} - \alpha_{BA} = 56°46'56'' \qquad\qquad\qquad (5.19)$$

2）放样过程

在 A 点安置仪器，瞄准 B 点定向，将水平度盘拨到 $0°0'0''$，然后反拨 β_1 角（水平度盘读数为 $360° - \beta_1$），在此方向上相隔一定距离设置两个桩点，记为 A_1 和 A_2；然后，在 B 点架设仪器，瞄准 A 点定向，将水平度盘拨到 $0°0'0''$，正拨 β_2 角，再此视线方向上相隔一定距离设置两个桩点，记为 B_1 和 B_2；用线绳拉线，A_1、A_2 的连线和 B_1、A_2 的连线相交，其交点即 P 点。

3）校核

首先，应采用第三个控制点检核已知控制点 A、B 两点的坐标是否发生位移，在确认 A、B 两点未发生变动的情况下，再在 P 点上设置全站仪，分别测设 P 点到 A 点和 B 点的水平距离，两实测距离与设计距离的较差在限差范围内则放样符合要求，放样结束。

5.3.4　距离交会法

此方法是指根据坐标反算求出测设数据距离 D_1 和 D_2，利用这两个距离来放样点位。主要适用于待放样点距两个已知控制点距离较近，且地面较为平坦，通视条件好的情况。

如图 5.8 所示，根据待放样点 P_1、P_2 的设计坐标和已知控制点 A、B 的坐标，可以求出测设的距离 D_1、D_2、D_3、D_4。测设时，将仪器架设在 A 点，以 D_1 距离为半径在实地上画出一段圆弧，然后将仪器架设在 B 点，以 D_2 为半径在实地上画出一段圆弧，两段圆弧的交点即为放样的 P_1 点，同理，可以在实地上放样出待放样的 P_2 点。也可以采用钢尺量距的方法，以 A 点为圆心，用钢卷尺拉一段距离 D_1，画出一段圆弧，再以 B 为圆心，以距离 D_2 为半径画出一段圆弧，两段圆弧的交点即为待放样的 P_1 点，同样的方

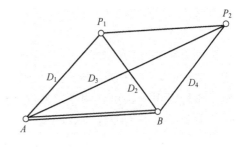

图 5.8　距离交会法测设点位

法，在实地标定出待放样的 P_2 点。

采用此方法时，如果精度要求不高的情况下，最好采用钢卷尺进行放样，这样较为快速。但需要特别注意的是，两段圆弧有两个交点，因此在现场放样时应对照图纸，确认 P_1 和已知点 A、B 的相对位置关系，切勿搞错。

【例 5.4】 已知控制点 A、B 和放样点 P 的坐标值：$x_A = 652.335\text{m}$，$y_A = 288.731\text{m}$，$x_B = 642.512\text{m}$，$y_B = 340.109\text{m}$，$x_{P1} = 675.875\text{m}$，$y_{P1} = 326.362\text{m}$。请计算用距离交会法来放样 P_1 点的测设数据，并简述测设方法。

解： 1）计算测设数据

$$D_{AP1} = \sqrt{(x_{P1} - x_A)^2 + (y_{P1} - y_A)^2} = 44.387(\text{m}) \tag{5.20}$$

$$D_{BP1} = \sqrt{(x_{P1} - x_B)^2 + (y_{P1} - y_B)^2} = 36.084(\text{m}) \tag{5.21}$$

2）放样方法

全站仪法：在 A 点架设全站仪，根据 A、B 坐标及 P_1 点的设计坐标，判断 P_1 点位于 AB 基线的哪一侧，然后在 P_1 点的同一侧，以 A 为圆心，以 D_{AP1} 为半径，画出一段圆弧，再在 B 点上架设全站仪，同时根据 A、B 坐标及 P_1 点的设计坐标，判断 P_1 点位于 BA 基线的哪一侧，然后在 P_1 点的同一侧，以 B 为圆心，以 D_{BP1} 为半径，画出一段圆弧，两段圆弧的交点即为待放样点 P_1。

钢尺法：首先，根据 A、B 坐标及 P_1 点的设计坐标，判断 P_1 点位于 AB 基线的哪一侧，然后在 P_1 点的同一侧，将钢卷尺拉开放平，用钢卷尺的 0 点位对准 A 点，以 A 点为圆心，以 D_{AP1} 为半径在实地的适当位置画出一段圆弧；其次，再根据 A、B 坐标及 P_1 点的设计坐标，判断 P_1 点位于 BA 基线的哪一侧，然后在 P_1 点的同一侧，再将钢卷尺的 0 点对准 B 点，以 B 点为圆心，以 D_{BP1} 为半径，在地面的适当位置画出一段圆弧，两段圆弧的交点即为 P_1 点。

由于两个圆在相交的情况下会有两个交点，因此需要特别注意，一定要将待放样点 P_1 位于基线的那一侧判断准确，切勿搞错，导致放样错误，造成不可估量的损失。

3）校核

由于距离交会法放样会产生两个交点，判断不清易产生错误，因此校核是非常关键的，一般应采用第三个已知点，计算出第三个已知点和待放样点的距离，通过采用全站仪或钢卷尺量取实地放样点距第三个已知点的距离，进行比较，在限差范围内即说明放样准确，可以进行下一步施工。也可以量取 P_1 点与其他放样点的距离，将其与设计距离进行比较，判断放样正确与否。

5.3.5 全站仪三维坐标法

全站仪在工程建设中已经得到普及,特别是在轨道交通工程建设中,全站仪已经成为轨道交通工程测量的主要工具。全站仪因其测量精度高、使用方便灵活、数字化程度高等特点,使测量放样大大简化、效率大大提高,带来了施工测量的数字化、自动化和信息化等方面革命性的发展。

全站仪用于施工测量除了精度高外,最大的优点在于能实施三维定位放样和测量,所以三维直角坐标法和三维极坐标法已成为施工测量的常用方法,前者一般用于位置测定,后者用于定位放样。其实对于全站仪而言,实际测量值是距离、水平角度和天顶距,由于仪器自身具有自动计算和存储功能,可以通过计算获得所测点的坐标元素和极坐标元素,所以全站仪直角坐标法和全站仪极坐标法只是在概念上有区别,在现场施工测量中完全可以认为是同一种方法。本节统称为全站仪三维坐标法。

1. 三维坐标测量方法

利用全站仪进行三维坐标测量是预先输入测站数据后,便可直接测定目标点的三维坐标。测站数据包括测站坐标、仪器高、目标高和后视方位角。仪器高和目标高可用小钢尺等量取;坐标数据可以预先输入仪器或从预先存入的工作文件中调用;后视方位角可以通过输入测站点和后视点坐标后照准后视点进行设置。在完成了测站数据的输入和后视方位角的设置后,通过距离测量和角度测量便可确定目标点的位置。

如图 5.9 所示,O 点为测站点,A 为后视点,P 为待放样点(目标点)。A 点的坐标为 X_A,Y_A,H_A,O 点的坐标为 X_O,Y_O,H_O,P 点的坐标为 X_P,Y_P,H_P。为此,根据坐标反算公式,可以计算出 OA 边的坐标方位角(称后视方位角)

$$\alpha_{OA} = \tan^{-1}\left(\frac{Y_A - Y_O}{X_A - X_O}\right) \tag{5.22}$$

将测站点和后视点坐标输入到仪器后,全站仪能自动进行这项计算。在瞄准后视点后,通过键盘操作,能将水平度盘读数自动设置为计算出的该方向的坐标方位角,即 X 方向的水平度盘读数为 0°。此时,仪器的水平度盘读数就与坐标方位角一致。当用仪器瞄准 P 点时,显示的水平角读数就是测站 O 点至目标点 P 点的坐标方位角 α_{OA},仪器会按照下列公式自动算出 P 点的坐标。目标点 P 三维坐标测量的计算公式为

$$X_P = X_O + S \cdot \sin z \cos \alpha \tag{5.23}$$

$$Y_P = Y_O + S \cdot \sin z \sin \alpha \tag{5.24}$$

$$H_P = H_O + S \cdot \cos z + \frac{1-K}{2R}(S \cdot \sin z)^2 + i - v \qquad (5.25)$$

式中，S——测站点至目标点的斜距；

$\quad\quad z$——测站点至目标点的天顶距；

$\quad\quad \alpha$——测站点至目标点的坐标方位角（水平读数）；

$\quad\quad v$——目标高（棱镜高）；

$\quad\quad K$——大气垂直折光系数；

$\quad\quad R$——地球半径。

实际上，这些计算通过操作键盘可直接由仪器完成，从而得到目标点坐标，可将目标点坐标显示在仪器的屏幕上。测量完毕后，可将观测数据和坐标计算结果都存储于所选的工作文件中。

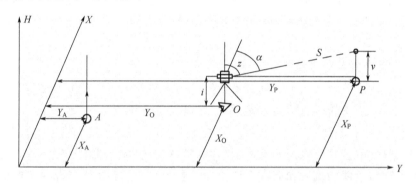

图 5.9　三维测量坐标

2. 三维极坐标放样法

首先输入测站数据（测站点坐标、仪器高、目标高和后视点坐标），后视方位角可通过输入测站点和后视点坐标后照准后视点进行设置。然后，输入放样点的点号及其二维或三维坐标。

实地放样时，当仪器后视定向后，只要选定该放样点的点号，仪器便会自动计算出该点的二维或三维极坐标法放样数据（α、S）或（α、S、z）。α 为测站点与放样点之间的方位角（水平角读数），S 为测站点与放样点之间的斜距，z 为测站点至目标点的天顶距。

全站仪瞄准任意位置的棱镜测量后，仪器会显示出该棱镜位置与放样点位置的差值（$\Delta\alpha$、ΔS、Δz），然后再根据这些差值指挥移动棱镜，全站仪不断跟踪棱镜测量（注：仪器要设置为"跟踪测量"状态），直至 $\Delta\alpha = 0$、$\Delta S = 0$、$\Delta z = 0$，即可标定出放样点的空间位置。

5.4　归化法放样

　　放样与测量所用的仪器以及计算公式是相同的，但测量的外业成果是记录下来的数据，内业计算在外业之后进行。放样的数据准备要在外业之前计算好，放样的外业成果是实地的标桩。由于两者已知条件和待求对象不同，因而互相之间是有区别的：其一，测量时常可作为多测回重复观测，控制图形中常有多余观测值，通过平差计算可提高待定参数的精度。放样时不便多测回操作，放样图形较简单，很少有多余观测值，一般不作平差计算。其二，测量时可在外业结束后仔细计算各项改正数。放样时要求在现场计算改正数，这样既容易出错，也不能做得仔细。其三，测量时标志是事先埋设的，可待它们稳定后再开始进行观测。放样时常要求在丈量之后立即埋设标桩，标桩埋设地点也不允许选择。其四，目前大多数测量仪器和工具主要是为测量工作设计制造的，所以用于测量比用于放样方便得多。有一些仪器（如线尺）只能用于测量工作而不能用于放样。

　　为了提高放样的精度，我们按下述思路组织工作：先放样一个点作为过渡点（埋设临时标桩），接着测量该过渡点与已知点之间的关系（边长、夹角、高差等）；把测算的值与设计值比较得到差数；最后从过渡点出发修正这一差数，把点归化到更精确的位置上去；在精确的点位处埋设永久标桩。这种比较精确的放样方法我们称为归化法放样。

　　归化法属于数学逼近的思想方法，它提供了用测量的方法和精度解决放样问题的一种措施。因此，讨论归化法放样问题实际上是测量方法的应用。

5.4.1　归化法放样角度

　　如图 5.10 所示，设 A、B 为已知点，待放样的水平角度为 β 角后得到过渡点 P'，然后选用适当的仪器和测回数精确测量 $\angle BAP' = \beta'$，并概量 AP' 的长度为 s；计算 β' 与设计值 β 的差值

$$\Delta\beta = \beta - \beta' \qquad (5.26)$$

按 $\Delta\beta$ 和 s 计算归化值

$$\varepsilon = \frac{\Delta\beta}{\rho} s \qquad (5.27)$$

从 P' 出发在 AP' 的垂直方向上改正 ε，即可

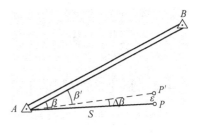

图 5.10　归化法放样角度

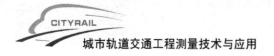
以得到待求点。

下面分析归化值 ε 对水平角的误差影响。由

$$\beta = \beta' + \Delta\beta \tag{5.28}$$

$$\Delta\beta = \frac{\varepsilon}{s}\rho \tag{5.29}$$

得

$$m_\beta^2 = m_{\beta'}^2 + m_{\Delta\beta}^2 \tag{5.30}$$

$$m_{\Delta\beta} = \pm\sqrt{\left(\frac{\rho}{s}\right)^2 m_\varepsilon^2 + \left(\frac{\varepsilon\rho}{s}\right)^2 \left(\frac{m_s}{s}\right)^2} \tag{5.31}$$

$m_{\beta'}$ 为测角误差。为使归化法放样角度 m_β 的精度与测角精度相当，即 $m_\beta = m_{\beta'}$，应使

$$m_{\Delta\beta} \leqslant \frac{1}{3}m_\beta \tag{5.32}$$

或取

$$\frac{\rho}{s}m_\varepsilon \leqslant \frac{1}{4}m_\beta \text{ 且 } \frac{\rho\varepsilon}{s}\left(\frac{m_s}{s}\right) \leqslant \frac{1}{4}m_\beta \tag{5.33}$$

即

$$m_\varepsilon \leqslant \frac{m_\beta}{4\rho}s \tag{5.34}$$

$$\frac{m_s}{s} \leqslant \frac{m_\beta}{4\rho}\cdot\frac{s}{\varepsilon} = \frac{m_\beta}{4\Delta\beta} \tag{5.35}$$

显然，当 s 较大、$\Delta\beta$ 较小时，ε 和 s 的精度要求可降低。例如，设 $m_\beta = \pm 5''$，当 $s=100\text{m}$ 时，要求 $m_\varepsilon \leqslant 0.6\text{mm}$；当 $s=20\text{m}$ 时，要求 $m_\varepsilon = 0.1\text{mm}$。当 $\Delta\beta = 1°$ 时，要求 $\frac{m_s}{s} \leqslant \frac{1}{3\,000}$；当 $\Delta\beta = 5'$ 时，要求 $\frac{m_s}{s} \leqslant \frac{1}{240}$。

5.4.2 归化法放样距离

设 A 为已知点，待放样的距离为 s。如图 5.11 所示，先设置一个过渡点 B'，选用适当的丈量仪器及测回数精确丈量 AB' 的距离，加上各项改正数后可以求得

AB'的精确长度 s'；把 s' 与设计距离 s 作比较，得差值

$$\Delta s = s - s' \qquad (5.36)$$

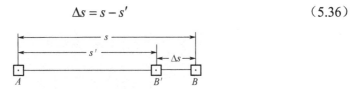

图 5.11　归化法放样距离

由点 B' 出发改正 Δs，即得所求 B 点。AB 的放样精度为

$$m_s = \pm\sqrt{m_{s'}^2 + m_{\Delta s}^2} \qquad (5.37)$$

当

$$m_{\Delta s} \leqslant \frac{1}{3} m_s \qquad (5.38)$$

则可得

$$m_s = m_{s'} \qquad (5.39)$$

有时在放样过渡点 B' 时，有意留下较大的 Δs 值，以便在 B 处埋设永久性标石时不会影响过渡点桩位，待该标石稳定后，再把点位从 B' 归化到永久标石顶部。

5.4.3　归化法放样直线

由归化法的实施过程容易看出，归化法放样直线的关键是测算直线粗放点相对于基准线（已知点连线）的偏离值。这完全是一个测量问题，下面介绍几种测量直线偏离值的方法，当然这些方法也可以用于其他场合（如水平位移监测问题）。

我们以图 5.12 所示的等间隔模型进行讨论。设点的间隔为 s，测角误差为 m_β。

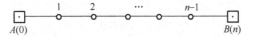

图 5.12　等间隔准直法

1．测小角法

测小角法就是在基准线端点 A（或 B 点）上架设经纬仪，测定准直点 i 与 AB 的微小夹角 α_i，如图 5.13 所示，然后根据 α_i 及 i 到 A 的水平距离 s_i 算出点相对于 AB 的偏离值 l_i。

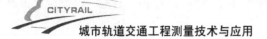

$$图 5.13 \quad 小角法测偏离值$$

$$\Delta_i = \frac{\alpha_i}{\rho} s_i \tag{5.40}$$

一般来说，s 的误差影响可忽略不计，因此有

$$m_{\Delta_i} = \frac{m_\beta}{\rho} s_i \tag{5.41}$$

按等间距情况，则

$$\Delta_i = \frac{\alpha_i}{\rho} is \tag{5.42}$$

$$m_{\Delta_i} = \frac{m_\beta}{\rho} is \tag{5.43}$$

若又在点 B 上架设经纬仪测量点 i 偏离值，则有

$$\Delta_i' = \frac{\alpha_i'}{\rho}(n-i)s \tag{5.44}$$

$$m_{\Delta_i'} = \frac{m_\beta}{\rho}(n-i)s \tag{5.45}$$

取两次测量结果的加权平均值

$$\widehat{\Delta_i} = \frac{m_{\Delta_i'}^2 \Delta_i + m_{\Delta_i}^2 \Delta_i'}{m_{\Delta_i'}^2 + m_{\Delta_i}^2} = \frac{i(n-i)}{(n-i)^2 + i^2}\left[(n-i)\alpha_i + i\alpha_i'\right]\frac{s}{\rho} \tag{5.46}$$

其中，误差为

$$m_{\widehat{\Delta_i}} = \frac{i(n-i)}{\sqrt{(n-i)^2 + i^2}}\frac{m_\beta}{\rho}s \tag{5.47}$$

由该式可以证明，在靠近端点 A、B 处 $m_{\widehat{\Delta_i}}$ 最小，靠近中间处 $m_{\widehat{\Delta_i}}$ 最大。

2. 无定向导线

若在图 5.12 中的点 $1,2,\cdots,n-1$ 上均观测了左角 $\beta_1, \beta_2, \cdots, \beta_{n-1}$，则成为等边直伸无定向导线。若记

$$\Delta\beta_i = \beta_i - 180°, \quad i = 1,2,3,\cdots, n-1 \tag{5.48}$$

则可求得各观测点相对于基准线 AB 的偏离值为

$$\Delta_i = \left[\left(1-\frac{i}{n}\right)\sum_{j=1}^{i-1}j\Delta\beta_j + \frac{i}{n}\sum_{j=1}^{n-1}(n-j)\Delta\beta_j\right]\frac{s}{\rho}, \ i=1,2,\cdots,n-1 \tag{5.49}$$

$$m_{\Delta_i} = \sqrt{\frac{2i^2(n-i)^2+i(n-i)}{6n}}\frac{m_\beta}{\rho}s, \ i=1,2,\cdots,n-1 \tag{5.50}$$

$$\alpha_i = \frac{\Delta_{i+1}-\Delta}{s}\rho = \frac{1}{n}\left[-\sum_{j=1}^{i}j\Delta\beta_j + \sum_{j=j+1}^{n-1}(n-j)\Delta\beta_j\right], \ i=0,1,2,\cdots,n-1 \tag{5.51}$$

$$m_{\alpha_i} = m_\beta = \pm\sqrt{\frac{1}{6n^2}\left[i(i+1)(2i-1)+(n-i-1)(n-i)(2n-2i-1)\right]}, \ i=0,1,2,\cdots,n-1 \tag{5.52}$$

经分析可知，在导线中间 m_{Δ_i} 最大，而 m_{α_i} 最小。

当 $n=2$，即仅有一个中间点时，有

$$\Delta_1 = \frac{s}{2}\frac{\Delta\beta_1}{\rho} \tag{5.53}$$

或者当两边长不相等时，可把此式扩展成

$$\Delta = \frac{s_1 s_2}{s_1+s_2}\frac{\Delta\beta}{\rho} \tag{5.54}$$

该式有很多实际用处，还可由此式推导两个、三个中间点时的偏离值计算公式。

3．对称观测法

对称观测法也是在每点设站，但只当角的两边相等时才进行观测。具体来说，就是在点 1 观测角 $\angle A12$；在点 2 观测角 $\angle A24$、$\angle 123$；在点 3 观测角 $\angle A36$、$\angle 135$、$\angle 234$；……。这种方法对消除调焦误差对测角的影响是有利的。

4．全组合观测法

如图 5.12 所示，在所有点设站，观测所有的水平方向，可得到高精度的偏离值。

直线偏离值的测定方法还有目镜测微器法、引张线法、激光准直法等，这里就不一一介绍了。

5.4.4 归化法放样点位

如图 5.14 所示，设待放样点为 $P(x,y)$，由直接放样法在地面上设立临时点 P'，将 P' 与已知的控制点进行联测，经平差计算得 $P'(x',y')$。这时若在点 P' 设

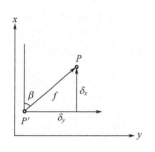

图 5.14　点的归化原理

站，并由某个方向，或在点 P 的桩面上已标出坐标轴方向，如图 5.13 所示，则很容易使用极坐标法或直角坐标法将点 P' 归化到点 P。点位误差关系为

$$m_P^2 = m_{P'}^2 + m_{归}^2 \qquad (5.55)$$

若能使 $m_{归} \leqslant \dfrac{1}{3} m_{P'}$，则有

$$m_P = m_{P'} \qquad (5.56)$$

亦即归化法将放样的主要操作转化为测量，从而具有测量的精度。

在上述中，若按极坐标法进行归化，则有

$$m = \pm \sqrt{f^2 \left(\dfrac{m_\beta}{\rho} \right)^2 + m_f^2} \qquad (5.57)$$

从而使

$$f\left(\dfrac{m_\beta}{\rho} \right) \leqslant \dfrac{1}{4} m_{P'} ; \quad m_f \leqslant \dfrac{1}{4} m_{P'} \qquad (5.58)$$

或

$$m_\beta \leqslant \dfrac{m_{P'}}{4f} \rho ; \quad m_f \leqslant \dfrac{1}{4} m_{P'} \qquad (5.59)$$

一般来说，f 较小，上式对 m_β 要求很低。

1. 角度前方交会归化法放样点位

如图 5.15 所示，已知控制点 A 和控制点 B，待放样点为 P，并由其坐标算出了交会角 α 和 β。

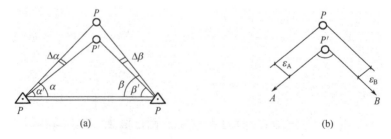

(a)　　　　　　　　　　　　(b)

图 5.15　角度前方交会归化法定点

先用直接法进行放样，并将得到的点作为临时点 P'。以必要的精度实测 $\angle P'AB = \Delta\alpha'$、$\angle ABP = \beta'$，计算差值

$$\Delta\alpha = \alpha - \alpha' \tag{5.60}$$

$$\Delta\beta = \beta - \beta' \tag{5.61}$$

然后实施以下步骤：

（1）取一张白纸，在上面适当位置处确定一点作为 P'；

（2）过点 P' 给两条相交直线，使其夹角为 $\gamma = 180° - \alpha - \beta$，并用箭头指明 A、B 方向；

（3）计算平移量：

$$\varepsilon_{A} = \frac{S_{AP}}{\rho}\Delta\alpha \tag{5.62}$$

$$\varepsilon_{B} = \frac{S_{BP}}{\rho}\Delta\beta \tag{5.63}$$

其中，$\dfrac{S_{AP}}{\rho}$、$\dfrac{S_{BP}}{\rho}$ 称为秒差值，可提前算出，以备交会时使用。

（4）按 1:1 的比例尺，以 ε_{A} 为间隔在外侧做直线 $P'A$，以 ε_{B} 为间隔在外侧做直线平行于 $P'B$，两条直线的交点即点 P。

（5）使纸上的点 P' 与实地上的 P' 点重合，纸上的方向 $P'A$ 对准实地上的点 A，再用方向 $P'B$ 检核。此时纸上的点 P 就是设计点 P 的位置。

这种方法最早用于桥梁施工测量中，也有人称其为模片法或角差图解法。

2. 距离交会归化法放样点位

设已知控制点 A、B，待放样点 P。用直接法得到过渡点 P'，精测 $S_{AP'}$ 和 $S_{BP'}$，则模片法的归化图绘制如图 5.16 所示。其中

$$\Delta S_{AP} = S_{AP} - S_{AP'} \tag{5.64}$$

$$\Delta S_{BP} = S_{BP} - S_{BP'} \tag{5.65}$$

$$\gamma = \angle BPA$$

3. 角度距离交会归化法放样点位

该法的实施过程同前两例，这里仅给出其归化图，如图 5.17 所示。其中

$$\Delta S = S_{AP} - S_{AP'} \tag{5.66}$$

$$\varepsilon_{B} = \frac{S_{BP}}{\rho}\Delta\beta \tag{5.67}$$

$$\Delta \beta = \beta - \beta' = \angle CBP - \angle CBP' \tag{5.68}$$

$$\gamma = \angle APB \tag{5.69}$$

P'为直接放样法得到的过渡点，$S_{AP'}$、$\angle CBP'$为精测的距离与角度。

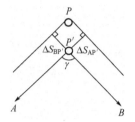

图 5.16　距离交会归化法放样点位之归化

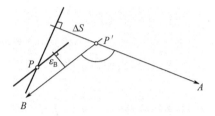

图 5.17　角度距离交会归化法放样点位之归化

4. 侧方交会归化法放样点位

侧方交会归化法需要在待定点上设站，因此只能按归化法进行放样。仍设 A、B 为已知点，用侧方交会归化法放样待定点 P 的作业步骤如下：

（1）将经纬仪安置在 A 点上，以点 B 定向，拨 $\alpha = \angle PAB$ 得方向 AP，沿此方向以视距或量距的方法标定点 P 的概略位置 P'，如图 5.18 所示。

（2）将经纬仪迁至点 P'，实测 $\angle BP'A = \gamma'$，按下式计算 PP'。

$$PP' = S_{BP} \frac{\sin(\angle BPA - \gamma')}{\sin \gamma'} = \frac{S_{BP}}{\rho \sin \angle BPA} \angle BPA - \gamma' = k\Delta\gamma \tag{5.70}$$

其中，

$$k = \frac{S_{BP}}{\rho \sin \angle BPA}$$

$$\Delta\gamma = \angle BPA = \gamma'$$

（3）由点 P' 向 PA 方向量 PP' 即得点 P。其中 k 可事先计算好，以减轻外业工作。

这种方法可以用在不便用钢尺量距，又缺乏电磁波测距仪的工地上。

侧方交会归化法的应用之一是轴线交会法定点。如图 5.19 所示，已知点 A、B 为工地上某条轴线上的两点，且与坐标轴平行。现需要在 AB 连线上放样某点 P，可采用如下方案：用某种方法在直线 AB 上放样一个过渡点 P'；测量 $\gamma = MP'B$；计算 PP 并进行归化。在图 5.19 情况下

$$PP' = y_P - y_{P'} = y_P - \left[y_M - (x_M - x_A) \cot\gamma' \right] \tag{5.71}$$

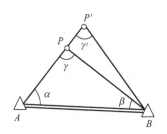

图 5.18　侧方交会归化法定点

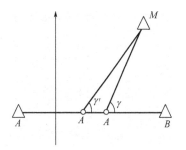

图 5.19　轴线交会法定点

5. 后方交会归化法放样点位

按归化原理，后方交会归化法也可以用于点位放样。在讨论操作工程之前，先研究一下后方交会归化法中的几何关系。

我们知道，后方交会归化法定点可以看成是两个圆弧交点。也就是说，在点 P' 观测对 A、B 的角 γ'，表明点 P' 位于某圆的轨道上，如图 5.20 所示，该圆半径为

$$R' = \frac{S_{AB}}{2\sin\gamma'} \tag{5.72}$$

圆心 O' 在 AB 的垂直平分线上，距 AB 为

$$h' = \frac{1}{2}S_{AB}\cot\gamma' \tag{5.73}$$

当 γ' 增加 $\Delta\gamma$ 变为 γ 时

$$\Delta R = \frac{S_{AB}\cos\gamma'}{2\sin^2\gamma'}\frac{\Delta\gamma}{\rho} \tag{5.74}$$

$$\Delta h = \frac{S_{AB}}{2\sin^2\gamma'}\frac{\Delta\gamma}{\rho} \tag{5.75}$$

亦即此时待定点已位于另一个圆的轨迹上，新点记为 P，新圆心记为 O，半径记为 R。因 $\Delta\gamma$ 很小，两圆在 P 处的差距为 ε_r，用切线间关系表示，如图 5.20 所示。根据图 5.20 所示的关系可以写出：

$$\begin{aligned}
\varepsilon_r &= R' + (-\Delta h)\cos\angle O'OP - R \\
&= R' - \Delta h\cos\angle O'OP - (R' - \Delta R) \\
&= -\Delta h\cos\angle O'OP - \Delta R
\end{aligned} \tag{5.76}$$

又

$$\varepsilon_r = -\Delta h\cos(\gamma' + 2\alpha) - \Delta R$$

$$= -\frac{S_{AB}}{2\sin^2\gamma'}\frac{\Delta\gamma}{\rho}\cos(\gamma' + 2\alpha) + \frac{S_{AB}\cos\gamma}{2\sin^2\gamma'}\frac{\Delta\gamma}{\rho}$$

$$= \left[\cos\gamma' - \cos(\gamma' + 2\alpha)\right]\frac{S_{AB}}{2\sin^2\gamma'}\frac{\Delta\gamma}{\rho}$$

$$= 2\sin\alpha\sin(\alpha + \gamma')\frac{S_{AB}\cos\gamma}{2\sin^2\gamma'}\frac{\Delta\gamma}{\rho} \qquad (5.77)$$

$$= \frac{\sin\alpha}{\sin\gamma'}\frac{\sin\beta}{\sin\gamma'}S_{AB}\frac{\Delta\gamma}{\rho}$$

$$= \frac{S_{PB}}{S_{AB}}\frac{S_{PA}}{S_{AB}}S_{AB}\frac{\Delta\gamma}{\rho}$$

$$= \frac{S_{PA}S_{PB}}{S_{AB}}\frac{\Delta\gamma}{\rho}$$

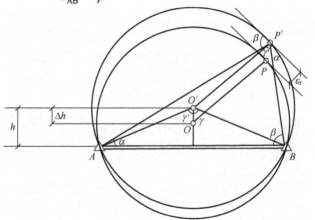

图 5.20 后方交会归化法几何关系

根据以上推导，容易得出后方交会归化法放样点位的实施步骤：

（1）用某种方法求得过渡点 P 后，在 P 设站测后方交会角 γ_1'、γ_2'，如图 5.21 所示。

（2）计算。

$$\varepsilon_1 = \frac{S_{PA}S_{PB}}{S_{AB}}\frac{\Delta\gamma_1}{\rho} \qquad (5.78)$$

$$\varepsilon_2 = \frac{S_{PB}S_{PC}}{S_{BC}}\frac{\Delta\gamma_2}{\rho} \qquad (5.79)$$

其中，$\Delta\gamma_1 = \angle APB - \gamma_1'$，$\Delta\gamma_2 = \angle BPC - \gamma_2'$，$\angle APB$、$\angle BPC$ 为设计值。

（3）在图纸中央适当的地方刺一点 P'，画三直线来表示指向 A、B、C 的三条方向线。

（4）根据 α_1（或 β_1）做过圆 $P'AB$ 在 P' 处的切线，并按 ε_1 做该切线的平行线；同理根据 α_2（或 β_2）做过圆 $P'AB$ 在 P' 处的切线，并按 ε_2 做该切线的平行线。这两条平行线的交点就是待定点 P 的位置。

需要特别注意的是平行线的位置，当 $\Delta\gamma$ 为正值时，平行线位于靠近已知点一侧。

（5）将归化图拿到实地进行定向定点。

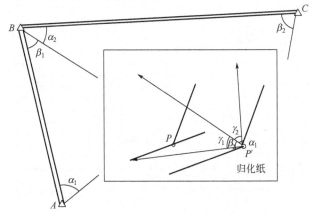

图 5.21 后方交会归化法放样点位

5.5 线路计算

轨道交通工程属于线路工程，在线路的初测、定测、补测及施工阶段线路的相关曲线要素和线路的中心线坐标显得尤为重要。在施工阶段，线路中心线是所有施工放样的基础，特别是轨道交通工程中盾构法施工时，线路中心线坐标（或隧道中心线，隧道中心线与线路中心线计算方法相同，只是在曲线上存在一个偏移量的差异，在计算过程中应特别加以注意）是盾构掘进方向、盾构机姿态及管片姿态的重要比较依据。因而，隧道中心线计算的正确与否是关系到隧道是否按照正确设计线路掘进的关键。本节着重介绍线路中心线的计算方法。

线路工程的线路形式一般分为平曲线和竖曲线两种。其中，平曲线是指在一平面上线路的弯曲走向，竖曲线是指线路在垂直方向上的弯曲走向。轨道交通线路的平曲线一般由直线、缓和曲线及圆曲线组成；竖曲线有直线、凹曲线和凸曲线三种形式。下面将对平曲线和竖曲线进行详细介绍。

5.5.1 平曲线

轨道交通工程线路相对简单，线路的一个转弯一般是由缓和曲线、圆曲线、

缓和曲线形式组成，一条轨道交通线路是由多个转弯曲线组成，各转弯曲线中间一般以直线相连接，如图 5.22 所示。也即轨道交通线路平曲线是由直线段、缓和曲线和圆曲线构成的。直线段是一条曲率半径无穷大的线段；圆曲线是具有一定曲率半径的曲线；缓和曲线是在直线和圆曲线之间加设的，曲率半径由无穷大逐渐变化至圆曲线半径的曲线。

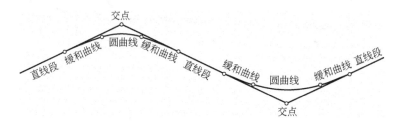

图 5.22　平曲线

线路曲线上不同线段相交的点称为曲线的主点，主点又分为直缓点、缓直点、缓圆点、圆缓点。一段转弯曲线两端的直线延长后的交点称为转折点，又叫交点，如图 5.22 所示。

交点是线路的控制点，用来控制线路的转折方向，而各曲线主点用来控制线路的具体位置。

1. 直线段

如图 5.23 所示，A、B 点均为线路直线段任意点，其中 A 点为已知，其坐标为（X_A，Y_A），α_{AB} 为线路方位角；A 点至 B 点的距离为 S_{AB}，A、B 点在线路直线段上的里程分别为 CH_A、CH_B。设 B 点坐标为（X_B, Y_B），则有

$$X_B = X_A + (CH_B - CH_A) \times \cos\alpha_{AB} \tag{5.80}$$

$$Y_B = Y_A + (CH_B - CH_A) \times \sin\alpha_{AB} \tag{5.81}$$

2. 缓和曲线

建立一直角坐标系：圆点 O 为缓和曲线的起点（将直缓点作为坐标系的原点），X 轴与原直线的方向一致，Y 轴指向曲率中心（见图 5.24）。O 点处的曲率半径是无穷大，即 $\rho = \infty$。M 点为动点，$OM = l$，M 点处的曲率半径为 ρ，它与 O 点曲率半径的夹角为 β。

根据曲率半径的定义有

$$\rho = dl / d\beta \tag{5.82}$$

结合缓和曲线的方程式 $\rho = RL_0 / l$（R 为圆曲线半径；L_0 为缓和曲线长；l 为所在点距起点的线路长度）有

$$RL_0 \mathrm{d}\beta = l\mathrm{d}l \tag{5.83}$$

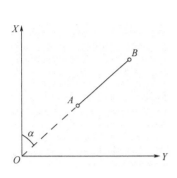

图 5.23　直线段

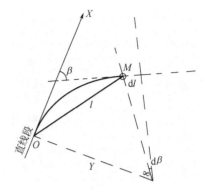

图 5.24　缓和曲线

两端积分后再整理，可得

$$\beta = l / 2RL_0 \tag{5.84}$$

由积分三角形得

$$\mathrm{d}x = \mathrm{d}l \times \cos\beta \tag{5.85}$$

$$\mathrm{d}y = \mathrm{d}l \times \sin\beta \tag{5.86}$$

将 $\beta = l / 2RL_0$ 代入上式可得

$$\mathrm{d}x = \mathrm{d}l \times \cos\frac{l}{2RL_0} \tag{5.87}$$

$$\mathrm{d}y = \mathrm{d}l \times \sin\frac{l}{2RL_0} \tag{5.88}$$

积分后可得

$$x = \int_0^l l - \frac{l^5}{40R^2L_0^2} + \frac{l^9}{3\,456R^4L_0^4} - \cdots \tag{5.89}$$

同理可得

$$y = \int_0^l \frac{l^3}{6RL_0} - \frac{l^7}{336R^3l^3} + \frac{l^{11}}{42\,240R^5L_0^5} - \cdots \tag{5.90}$$

因后面几项影响很小，故有

$$x = l - \frac{l^5}{40R^2L_0^2} \tag{5.91}$$

$$y = \frac{l^3}{6RL_0} - \frac{l^7}{336R^3l^3} \qquad (5.92)$$

以上得出的是以缓和曲线起点 O 为原点，以原直线段的方向为 X 轴，以曲率半径为 Y 轴的直角坐标系中的线路中心纵横坐标 x 和 y，为使用方便，常需要将此坐标转换到施工坐标系，通过坐标转换，其在施工坐标系中的坐标为

$$X_施 = X_起 + x \times \cos\beta \mp y \times \sin\beta \qquad (5.93)$$

$$Y_施 = Y_起 + x \times \sin\beta \pm y \times \cos\beta \qquad (5.94)$$

式中，$X_起$ 和 $Y_起$ 为缓和曲线起点在施工坐标系中的纵横坐标，$X_施$ 和 $Y_施$ 为 M 点在施工坐标系中的坐标。

同时应注意：由于存在超高和偏移量（也称为超距）的影响，就存在设计线路曲线部分和施工曲线部分不一致的情况。因为设计曲线是隧道内轨道中心的曲线，而施工曲线是隧道中心的曲线，也就是轨道交通盾构隧道的掘进曲线，因此，要是计算隧道中心线坐标则需将偏移量 e 加入设计曲线的纵横坐标中，则

$$X_e = x - e(l/L_0) \times \cos(l^2 / 2 \times R \times L_0) \qquad (5.95)$$

$$Y_e = y - e(l / L_0) \times \sin(l^2 / 2 \times R \times L_0) \qquad (5.96)$$

若需将 X_e 和 Y_e 转换到施工坐标系，同理，有

$$X_施 = X_起 + X_e \times \cos\beta \mp Y_e \times \sin\beta \qquad (5.97)$$

$$Y_施 = Y_起 + X_e \times \sin\beta \pm Y_e \times \cos\beta \qquad (5.98)$$

3. 圆曲线

建立一直角坐标系：以圆曲线的起点为原点，以圆曲线的起点的切线方向为 X 轴，以指向圆心的方向为 Y 轴，切线的方位角为 A，如图 5.25 所示。假定 O 点的纵横坐标分别为 X_0，Y_0，里程为 CH_0，圆曲线的转折点为 α，圆曲线长为 L_0，圆曲线的半径为 R，M 点为圆曲线上任一点，是动点，里程为 CH_M，则 M 点到 O 点的弧长

$$l = CH_M - CH_0 \qquad (5.99)$$

M 点到 O 点的弦长

$$L = 2 \times R \times \sin\left(\frac{\alpha \times l}{2 \times L_0}\right) \qquad (5.100)$$

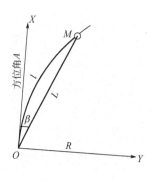

图 5.25　圆曲线

直线 OM 在施工坐标系中的方位角

$$\beta = \alpha \times l / L_0 \qquad (5.101)$$

M 点的纵、横坐标分别为

$$x = L \times \sin\beta \qquad (5.102)$$

$$y = L \times \cos\beta \qquad (5.103)$$

求出的 x 和 y 是基于以圆曲线起点为原点的直角坐标系中的坐标，为方便使用，需将此坐标转换到施工坐标系中，通过坐标转换公式，有

$$X = X_0 + x \times \cos A \mp y \times \sin A \qquad (5.104)$$

$$Y = Y_0 + x \times \sin A \pm y \times \cos A \qquad (5.105)$$

注意：如果计算隧道中心线坐标，则 X_0 和 Y_0 应为加入偏移量后的圆曲线起点坐标，否则不用加入偏移量，但 x 和 y 不需要将偏移量计入。

5.5.2　竖曲线

在轨道交通工程的线路中，一般竖曲线的起伏不大，即竖曲线的纵坡均较小，半径较大，所以竖曲线通常是由直线和圆曲线组成，而在直线和圆曲线间不存在缓和曲线。

1. 直线

已知直线起点 O 的高程为 $H_{起}$，里程为 $\mathrm{CH}_{起}$；终点的高程为 $H_{终}$，里程为 $\mathrm{CH}_{终}$；则竖曲线直线段的坡度

$$\alpha_{坡} = \left(H_{终} - H_{起}\right) / \left(\mathrm{CH}_{终} - \mathrm{CH}_{起}\right) \qquad (5.106)$$

则处在任意里程 $\mathrm{CH}_{任}$ 处 A 点的高程

$$H_{\mathrm{A}} = H_{起} + \alpha_{坡} \times (\mathrm{CH}_{任} - \mathrm{CH}_{起}) \qquad (5.107)$$

2. 凹曲线和凸曲线

线路中线纵断面是由许多不同坡度的线段连接而成，纵断面上的坡度变化点叫变坡点。只有当变坡点两侧的坡度的代数差值超过一定值的时候，应当设置曲线予以缓和，这种曲线称为竖曲线。竖曲线分为凸曲线和凹曲线两种形式（见图 5.26）。最常用的竖曲线形式有圆曲线和二次抛物线，也有采用缓和曲线形式的。轨道交通线路因边坡点两侧坡度的代数差值一般很小，竖曲线半径又极大，因此，一般采用圆曲线形式来设置竖曲线。

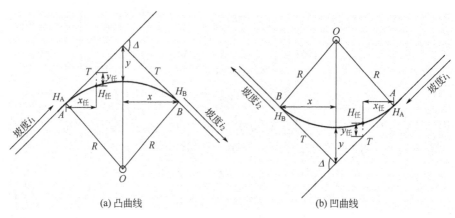

(a) 凸曲线　　　　　　　　(b) 凹曲线

图 5.26　竖曲线

根据直角三角形勾股定理，有下面的公式

$$(R + y)^2 = R^2 + T^2 \tag{5.108}$$

式中，T 为切线长度。

经过变换后，有

$$2RT = T^2 - y^2 \tag{5.109}$$

由于 y 与 T 相比很小，故此处可以将 y 忽略，则有

$$y = T^2 / 2R \tag{5.110}$$

由于线路的坡度和竖曲线的转角都很小，我们近似认为 $T = x$，故上式可变换为

$$y = x^2 / 2R \tag{5.111}$$

可以将 y 作为高程的变化量，故任意点的高程变化量为

$$y_{任} = x_{任}^2 / 2R \tag{5.112}$$

起点的高程已知为 H_A，同时根据竖曲线是凹还是凸来判断 y 的正负，故线路上任意一点的高程 $H_{任}$ 为：

$$H_{任} = H_A - x_{任}^2 / 2R \quad （凸曲线） \tag{5.113}$$

$$H_{任} = H_A + x_{任}^2 / 2R \quad （凹曲线） \tag{5.114}$$

5.5.3　轨道交通工程线路中心线三维坐标复核

按照平曲线和竖曲线上述方法计算得到轨道交通工程线路每隔 1m 的中心三

维坐标（盾构隧道掘进时，大多数盾构导向系统需要每隔 1m 的隧道中心线三维坐标数据，故要求计算每隔 1m 的隧道中心线三维坐标数据）。通过至少两人以上进行独立计算，核对无误后方可使用。由于轨道交通线路较长，每隔 1m 计算三维中心坐标数据量巨大，人工计算需要花费巨大精力和大量时间，实际上基本行不通，故一般采用具有独立计算隧道中心线三维坐标功能的软件进行计算。

一般要求至少两个人采用不同的软件同时对同一条轨道交通线路进行计算，计算结果进行比对后，较差在限差范围内方可使用。如若只用一种软件计算隧道中心线三维坐标的，则需两个人采用这一软件独立计算，计算结果进行比对，比对结果满足要求后还需将计算比对后的三维中心坐标生成 CAD 线路图，将生成的 CAD 线路图与设计的电子版图纸进行比对，比对结果吻合后方可使用。

第6章　平面联系测量

6.1　概述

平面联系测量的目的是通过明挖基坑（一般为车站或风井）、暗挖区间施工竖井、区间投点钻孔、盾构始发井、接收井等将平面坐标及方向传递到隧道内，为隧道开挖及盾构掘进提供测量坐标及掘进方向。平面联系测量的质量好坏将直接关系到隧道的贯通精度，是隧道贯通的测量基础。

平面联系测量较常采用的方法一般为导线直传法、一井定向、两井定向、投点法、陀螺经纬仪和铅垂仪（钢丝）组合法、多点后方交会法等。

轨道交通工程中最常采用的平面联系测量方法为导线直传法、一井定向和两井定向等方法，几种联系测量方法的选择主要根据现场施工情况来定，一般若基坑（含车站、竖井或明挖法区间）井口较大，且埋深较浅，仪器俯仰角小于 30°，平面联系测量易采用导线直传法；若基坑井口较大，但埋深较深，仪器俯仰角大于 30°时，平面联系测量易采用两井定向的方法；若基坑井口较小，埋深较深，且仪器俯仰角大于 30°，平面联系测量一般采用一井定向或多点后方交会法，但采用多点后方交会方法时应采用角度距离联合后方交会，切忌单纯采用多点后方交会法的角度交会法，因危险源的存在易造成测量错误。

6.2　一井定向

为了将地面坐标系中的平面坐标及方向传递到地下去，在定向前应在井口附近设置近井点及水准点，这些点也可称为连接点。测定近井点的位置，可采用极坐标法或导线测量等方法，但应满足以下要求：

（1）近井点和水准基点位置确定应便于观测、保存和不受地面工程、地下结构及设施的影响；

（2）每个井口附近应设立一个近井点和两个水准基点；

（3）近井点之井口的连接导线边数应不超过三个；

（4）多井口的大型地下工程区域，近井点应统一考虑、合理布设，尽可能使相邻井口的近井点同点，或力求间隔边数最少；

（5）近井点和井口水准基点标石的埋设要确保稳固，具体要根据地表的土层而定，埋设的深度适当，也可以在标石四周加灌混凝土，或在实地用混凝土浇灌，同时加放保护桩或栅栏等；

（6）轨道交通工程中的平面联系测量的精度要求较高，特别是采用任意设站导线网（任意设站导线网是类似于高速铁路建设中的CPIII）作为轨道铺设测量基准的，宜将近井点设置为强制对中形式的点位。

6.2.1　近井点测量

在平面联系测量井口处一般设置有轨道交通一等、二等 GPS 控制点或精密导线点，故可以利用这些控制点，采用极坐标法或导线法直接测定近井点坐标。

1. 极坐标法测定近井点

当车站附近的一等、二等 GPS 控制点或精密导线点能够直接测定近井点时，应利用一等、二等 GPS 控制点或精密导线点采用极坐标法直接测定近井点位置。为保证测量成果的可靠，此时应进行双极坐标测量，即独立进行两次极坐标测量。近井点的点位中误差应控制在±10mm 以内。

2. 导线测量方法测定近井点

采用导线测量方法测定近井点时，应以一等、二等 GPS 控制点或精密导线点为起算依据，在其间应加密近井点，并形成附合路线或闭合导线，近井点要纳入近井导线中。近井导线测量应按精密导线的技术要求施测，最短边长不应小于50m，同样近井点的点位中误差应在±10mm 以内。近井点位置处在施工影响的变形区内，经常会发生变化，因此每次进行平面联系测量时都要重新对近井点进行测量。

6.2.2　一井定向外业测量

1. 钢丝悬吊要求

一井定向以几何定向法来完成，即联系三角形定向，定向原理如图 6.1 所示。首先，按照联系三角形的要求在井口悬吊钢丝，钢丝直径宜为 $\phi 0.3$mm（因为钢丝直径越大，风阻越大，钢丝受风力影响较大；同时，钢丝直径越粗越容易造成全站仪的照准误差加大），钢丝底部悬挂重锤，重锤的重量为 10kg，并将重锤放入装有阻尼液的容器中，一般阻尼液用重机油代替。重锤悬吊完成后，应对重锤进行检查，重锤不能和装有阻尼液的容器壁或底部接触。同时，对悬吊的钢丝进行检

查，避免钢丝与井壁接触，一般采用线圈法进行检查，或直接通过升降机人工检查钢丝的状态，切勿让钢丝与井壁接触，或受滴水的影响。

2. 联系三角形图形要求

联系三角形的图形条件要求严格，井上、井下联系三角形须满足下列要求：

（1）两悬吊钢丝间距在竖井中应尽可能长，最小不小于 5m。

（2）定向角 α、β 和 α_1、β_1 不宜大于 1°。

（3）b/a 及 b_1/a_1 的比值小于 1.5 倍。

其中 a、a_1、b、b_1、α、β、α_1、β_1 如图 6.1 所示。

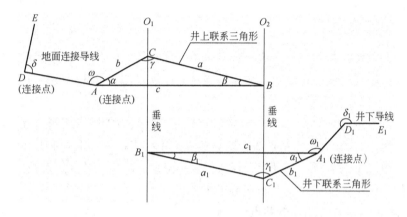

图 6.1　一井定向示意图

3. 外业测量

采用联系三角形进行定向时，首先在井上、井下的钢丝上粘贴反射片，井上反射片的方向应朝向连接点 A，井下反射片的方向朝向连接点 A_1，待悬吊钢丝稳定后，进行外业测量工作，此时外业测量工作可分为两步进行。

（1）在近井点 A（或连接点 A）架设全站仪，采用测回法测量角度 α、ω 和边长 b、c 的距离。若连接点 A 采用的是强制对中形式，则根据全站仪测角精度，按照规范的要求测量足够的测回数；否则，仪器应对中三次，每次对中时转动仪器基座120°。测角、测距结束后，将全站仪架设在 BC 的延长线上，直接测量钢丝 O_1 和 O_2 之间的距离；

（2）在连接点 A_1 上安置全站仪，采用测回法测量角度 α_1、ω_1 及边长 a_1、c_1 的距离。若连接点 A_1 采用的是强制对中形式，则根据全站仪测角精度，按照规范的要求测量足够的测回数；否则，仪器应对中三次，每次对中时转动仪器基座120°。测角、测距结束后，将全站仪架设在 BC 的延长线上，直接测量钢丝 O_1 和 O_2 之间的距离。

在一台全站仪的情况下，按照上述外业测量步骤进行。如果有条件的情况下，宜采用两台同精度的全站仪，分别在井上和井下同时进行外业测量，具体测量方法如上所述。

待井上、井下测量完成后，应重新调整钢丝的位置，进行第二次独立的外业测量，采用这种方法连续进行三次独立的联系三角形测量。若三次独立定向结果的较差不大于 12″，方位角平均中误差不大于 8″，则取三次结果的平均值作为一次定向成果，否则应补测或重测。

上述外业的测角观测采用的全站仪的测角精度不低于 Ⅱ 级全站仪精度，每次独立测角测回数不少于 6 测回，测角中误差不大于 2.5″；每次独立测距测回数不少于 3 测回，每测回不少于 3 次读数，各测回较差应不大于 1mm。井上、井下测量的钢丝间距较差应不大于 2mm。

6.2.3　一井定向内业计算

1. 确定井上、井下连接角

在内业计算之前，应对全部的原始记录进行检查，检查无误后方可进行下一步的内业计算。对于井上联系三角形，锤球处的角度 β 和 γ，按照正弦公式计算，即

$$\begin{cases} \sin\beta = \dfrac{b}{a}\sin\alpha \\[2mm] \sin\gamma = \dfrac{c}{a}\sin\alpha \end{cases} \tag{6.1}$$

同理，井下联系三角形锤球处的角度 β_1 和 γ_1 为

$$\begin{cases} \sin\beta_1 = \dfrac{b_1}{a_1}\sin\alpha_1 \\[2mm] \sin\gamma_1 = \dfrac{c_1}{a_1}\sin\alpha_1 \end{cases} \tag{6.2}$$

2. 连接测量和计算正确性检核

井上、井下两个联系三角形的内角和为 180°，则有

$$\alpha + \beta + \gamma = 180° \tag{6.3}$$

$$\alpha_1 + \beta_1 + \gamma_1 = 180° \tag{6.4}$$

一般情况下，井上、井下联系三角形的内角和为 180°，当有微小残差时，即可将井上残差平均分配给 β 和 γ，井下残差分配给 β_1 和 γ_1。三角形的内角和只能

检验计算的正确性，不完全检核测角量边的正确性。要正确检核，还要通过两钢丝间测量距离与计算距离的较差来比较。井上、井下两钢丝间的距离分别为

$$a_{计}^2 = b^2 + c^2 - 2bc\cos\alpha \tag{6.5}$$

$$a_{1计}^2 = b_1^2 + c_1^2 - 2b_1c_1\cos\alpha_1 \tag{6.6}$$

通过井上、井下的测量距离与计算距离比较，根据较差值的大小可以判断测角量边的正确性。

6.2.4 实例

1. 观测原始数据

近井点坐标为 A：Y=2 740.523 0m；X=4 583.493 0m。

已知坐标方位角 α_{AD}=144°28′39.00″。

2. 已知观测数据

后视点点号	设站点号	前视点点号	边长（m）	夹角
D	A	C	5.181 3	65°54′28.00″
D	A	B	9.470 0	66°11′50.00″
D_1	A_1	B_1	11.047 2	359°11′31.00″
D_1	A_1	C_1	6.762 6	0°26′3.00″

实测井上钢丝间距为 D_s=4.288 3m；实测井下钢丝间距为 D_x=4.290 6m；

实测井上、井下钢丝间距差值为 D_s-D_x=-2.3mm；

计算井上两钢丝间距为 $D_上$=4.288 8m；计算井下两钢丝间距为 $D_下$=4.288 7m；

计算井上、井下两钢丝间距差值为 $D_上$-$D_下$=0.1mm；

井上、井下两钢丝平均间距为 $D_平$=4.289 1m。

3. 井上联系三角形的三个内角及闭合差

β=0°20′58.56″；

γ=179°21′39.66″；

α=0°17′21.84″。

井上联系三角形闭合差 f_s= $\alpha + \beta + \gamma$-180°=0°0′0.06″。

4. 井下联系三角形的三个内角及闭合差

β'=1°57′31.92″；

γ'=176°47′56.42″；

α'=1°14′32.09″。

井下联系三角形闭合差 f_x= $\alpha' + \beta' + \gamma'$-180°=0°0′0.43″。

5．联系三角形边长改正数及平差值（单位：m）

井上：

$v_a=v_b=-f_s/(3a)a=-0.000\ 1$；

$v_c=0.000\ 1$；

$a_\text{平}=a+v_a=4.289\ 0$；

$b_\text{平}=b+v_b=5.181\ 2$；

$c_\text{平}=c+v_c=9.470\ 1$。

井下：

$v_a'=v_b'=-f_x/(a')a'=-0.000\ 1$；

$v_c'=0.000\ 1$；

$a_\text{平}'=a'+v_a'=4.289\ 0$；

$b_\text{平}'=b'+v_b'=6.762\ 5$；

$c_\text{平}'=c'+v_c'=11.047\ 3$。

6．计算角度改正数及平差值

井上：

$v_\beta=f_s/3(b/a-1)=0.00''$；

$v_\gamma=-f_s/3(c/a+1)=-0.07''$；

$\beta_\text{平}=\beta+v_\beta=0°20'58.57''$；

$\gamma_\text{平}=\gamma+v_\gamma=179°21'39.59''$；

检核：$a+\beta_\text{平}+\gamma_\text{平}=180°0'0.00''$。

井下：

$v_\beta'=f_x/3(b'/a'-1)=0.01''$；

$v_\gamma'=-f_x/3(c'/a'+1)=-0.08''$；

$\beta_\text{平}'=\beta'+v_\beta'=1°57'32.01''$；

$\gamma_\text{平}'=\gamma'+v_\gamma'=176°47'55.90''$；

检核：$a'+\beta_\text{平}'+\gamma_\text{平}'=180°0'0.00''$。

7．推算两钢丝方向的方位角及两钢丝坐标

钢丝 O_1 的坐标为：

$Y=273\ 7.902\ 2$ m；$X=457\ 9.023\ 4$m。

钢丝 O_2 的坐标为：

$Y=273\ 5.691\ 8$m；$X=457\ 5.348\ 1$m。

由钢丝 O_1 指向钢丝 O_2 的方位角是：

$a_\text{钢丝}=211°1'27.54''$。

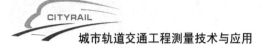
8. 推算井下基准边方位角及基准点坐标

井下点 A_1 的坐标为：

Y=2 731.888 1m；X=4569.756 5m。

井下点 D_1 的坐标为：

Y=2 758.513 6m；X=4 612.077 8m。

井下 A_1 点指向 D_1 点的方位角为：

$\alpha_{基准}$=32°10′30.37″。

6.3　两井定向

当隧道竖井口较大或轨道交通工程地下隧道有两个竖井，且两个竖井在水平方向上能够相通，便于测量时，就可以采用两井定向的平面联系测量方式。两井定向就是在两个竖井口（或一个较大竖井口的两端）分别悬吊一根钢丝，两根钢丝间距宜大于 60m，地面采用极坐标法或导线法直接测得钢丝平面坐标，井下以两个钢丝为已知坐标，采用无定向导线的形式测得井下控制点的平面坐标。两井定向相对一井定向来说，因两根钢丝间距较远，故投向误差不是主要误差，如两个钢丝间距为 60m，假设投点误差 e 为 1mm，则投向误差为

$$\theta = \pm\frac{e}{c}\rho = \pm\frac{1}{60\ 000} \times 206\ 265 = 3.43'' \tag{6.7}$$

由此可以看出，两井定向的投向误差比一井定向的投向误差小得多，故在平面联系测量满足两井定向的条件下，应采用两井定向作为联系测量的方法，除非条件不满足时，可采用一井定向。在城市轨道交通工程的长大区间的定向中，为保证隧道的正确贯通，往往利用已有的竖井进行两井定向，或在隧道上钻孔进行两井定向。

6.3.1　外业测量工作

两井定向的外业工作基本按照钢丝悬吊和地面、井下测量的几个步骤进行。

1. 钢丝悬吊

在两个竖井或一个竖井井口两端分别悬吊一根钢丝，钢丝直径宜为 ϕ 0.3mm（因为钢丝直径越大，风阻越大，易造成钢丝受风力影响摆动较大或很难稳定的情况；同时，钢丝直径越大越容易使全站仪的照准误差加大），钢丝底部悬挂重锤，重锤的重量为 10kg，并将重锤放入装有阻尼液的容器中，一般阻尼液用重废机油

代替。重锤悬吊完成后，应对重锤进行检查，防止重锤和装有阻尼液的容器壁及底部接触。同时，对悬吊的钢丝进行检查，避免钢丝与井壁接触，一般采用信号线圈法进行检查，或直接乘坐升降机人工检查钢丝的状态，切勿让钢丝与井壁接触，或受滴水的影响。

如若两根钢丝在同一竖井口内，则应尽量让两根钢丝在隧道轴线附近，井下导线点布置时，宜与两根钢丝形成一条直线，这样有利于提高两井定向的精度。

为了提高精度，增加平面联系测量的可靠性，也可以在两个竖井井口分别悬挂两根钢丝。

2．近井点及钢丝测量

由于两井定向是在两个井口悬吊两个钢丝，若两个钢丝距离较近，则可以设置一个近井点，此近井点宜布设在两个钢丝的连线上，这样可以减少量距误差对两根钢丝方位角的影响；否则，设置两个近井点，且应注意近井点与已知控制点的连接角越少越好。

在两个钢丝上粘贴反射片，采用极坐标或导线法直接测设两个钢丝上反射片的平面坐标作为钢丝的平面坐标。具体的测量方法与轨道交通工程测量中精密导线测量方法一致。

3．井下测量

先在井下布设控制点，若在一个井口内布设控制点，应尽可能将布设的控制点和悬吊钢丝形成一条直伸形导线，这样布设有利于减少量距误差对角度的影响，其长度越短，控制点数越少，精度就越高。

当控制点布设完毕，且钢丝悬吊稳定，检查完成后，开始进行观测。观测时，按照《城市轨道交通工程测量规范（GB 50308—2008）》中精密导线的要求进行施测。

6.3.2 内业计算

因钢丝点位无法架设仪器，故地面的控制点、近井点和钢丝点之间无法形成附合导线或闭合导线形式，只能利用控制点和近井点采用支导线计算钢丝坐标。因此现场测量时，必须采用多测回测角测距。

井下钢丝和布设的控制点形成一条类似的闭合导线，只是在两根钢丝处分别缺少一个角度，故利用钢丝坐标无法直接推算其他控制点的坐标及方位角。所以井下形成的一条类似闭合导线只能采用无定向导线来计算，即以某一根钢丝坐标为坐标原点，以这根钢丝的第一条边为 0 方向的一个假定坐标系，利用假定的坐标和方向求得另一根钢丝的假定坐标，利用两根钢丝的假定坐标，则可以求得两根钢丝在假定坐标系中的坐标方位角，与施工坐标系中的方位角进行比较得出较

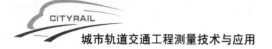
差，第一条边的方位角就是这个较差值，然后利用钢丝的施工坐标和第一条边的方位角，就可以顺利求出井下各控制点在施工坐标系中的坐标。

1. 计算两钢丝间距及坐标方位角

由地面近井点直接测得两钢丝坐标分别为 $G_1(X_{G_1}, Y_{G_1})$ 和 $G_2(X_{G_2}, Y_{G_2})$，则其间距

$$S_{21} = \sqrt{(X_{G_2} - X_{G_1})^2 + (Y_{G_2} - Y_{G_1})^2} = \sqrt{\Delta X_{21}^2 + \Delta Y_{21}^2} \tag{6.8}$$

其方位角

$$\tan \alpha_{12} = \frac{Y_{G_2} - Y_{G_1}}{X_{G_2} - X_{G_1}} = \frac{\Delta Y_{21}}{\Delta X_{21}} \tag{6.9}$$

2. 计算假设坐标系中的方位角和距离

井下假定一坐标系，一般以钢丝 G_1 为坐标原点，即 $G_1'(X_{G_1}', Y_{G_1}')$，以钢丝 G_1 的第一条边为 0 方向，即坐标方位角 $\alpha_1' = 0°00'00''$，利用假定的坐标原点和第一条边方位角，可以求得钢丝 G_2 的坐标为 $G_2'(X_{G_2}', Y_{G_2}')$，则井下两根钢丝的距离 S_{12}' 和方位角 α_{12}' 分别为

$$S_{12}' = \sqrt{(X_{G_2}' - X_{G_1}')^2 + (Y_{G_2}' - Y_{G_1}')^2} = \sqrt{\Delta X_{21}'^2 + \Delta Y_{21}'^2} \tag{6.10}$$

$$\tan \alpha_{12}' = \frac{Y_{G_2}' - Y_{G_1}'}{X_{G_2}' - X_{G_1}'} = \frac{\Delta Y_{21}'}{\Delta X_{21}'} \tag{6.11}$$

3. 井上、井下钢丝间距的验证

由于井上、井下不在同一个水平面上，故井上与井下的长度也不一致，若不考虑测量误差，则井上、井下的距离差

$$\Delta S = \frac{H}{R} S \tag{6.12}$$

式中，H——井上、井下的高差值；

R——联系测量处的地球平均曲率半径；

S——两根钢丝的距离。

因轨道交通工程竖井深度一般不超过 30m，取 R 为 6 371km，H 为 30m，S 为 100m，则

$$\Delta S = \frac{H}{R} S = \frac{30}{6\ 371\ 000} \times 100 = 0.000\ 47\text{m} = 0.47\text{mm} \tag{6.13}$$

故轨道交通工程竖井一般将地球曲率影响的距离差值忽略不计。如若竖井较深和两钢丝之间的距离较远时，应充分考虑此项的影响。

这样，井上、井下在不考虑测量误差影响的情况下，其长度应一致，但因有测量误差的存在，实际上井上、井下的距离不相等，则有

$$\Delta S_{\text{上下}} = S_{21} - S'_{12} \tag{6.14}$$

根据《城市轨道交通工程测量规范（GB 50308—2008）》的要求，当 $\Delta S_{\text{上下}}$ 值不大于 2mm 时，即认为联系测量中测距正确。

4．计算控制点坐标

（1）根据测得的两钢丝在施工坐标系中的坐标，可以求得两钢丝的方位角 α_{12}。根据假定坐标系中的两钢丝的坐标，则求得假定坐标系中两钢丝的方位角为 α'_{12}。假定坐标系和施工坐标系的方位角差值 $\Delta\alpha = \alpha_{12} - \alpha'_{12}$，此差值就是假定坐标系在施工坐标系基础上的旋转角度值。故井下第一条边的方位角 $\alpha_1 = \alpha'_1 + \Delta\alpha = 0°00'000'' + \Delta\alpha = \Delta\alpha$。

（2）根据钢丝 G_1 的坐标 $G_1(X_{G_1}, Y_{G_1})$ 和第一条边的方位角，就可以采用导线计算方法计算各控制点和钢丝 G_2 的坐标。

5．利用两根钢丝的坐标闭合差进行改正

利用钢丝 G_1 的在施工坐标系中的坐标和第一条边在施工坐标系中的方位角，可以计算得到钢丝 G_2 的坐标，若计算得到的钢丝 G_2 的坐标与井上钢丝 G_2 的坐标闭合差在允许的限差范围内，则认为井下导线计算正确。根据井上测量的钢丝 G_2 的坐标和井下计算的钢丝 G_2 的坐标可以得到钢丝 G_2 的坐标闭合差，将此闭合差根据井下边长的比例关系分配到井下各导线点的坐标改正数，这样就完成了两井定向的近似平差。

6．近似平差

由于井上、井下导线近似为直伸形导线，加之目前仪器的测角精度比较高，则测角误差对导线的闭合差影响较小，其主要是边长量距误差引起的导线闭合差，故两井定向的平差只对导线的边长进行改正，对角度不进行改正，即各边的方位角不变。具体近似平差的步骤如下：

（1）根据式（6.8）和式（6.10）两式，可以得到井上的钢丝间距为 S_{21}，井下的钢丝间距为 S'_{12}，当井上和井下的两钢丝间距差值满足要求时，则取平均值 $S_{\text{平}} = \dfrac{S_{21} - S'_{21}}{2}$ 作为两钢丝的最终间距值。即井上、井下的边长改正系数 $K_{\text{上}}$ 和 $K_{\text{下}}$ 为

$$K_{\text{上}} = \frac{S_{\text{平}} - S_{21}}{S_{\text{平}}} \tag{6.15}$$

$$K_{\text{下}} = \frac{S_{\text{平}} - S'_{21}}{S_{\text{平}}} \tag{6.16}$$

在轨道交通工程中，地面控制点是经过多次联测的结果，其使用仪器精度均较高，一般将井上测量的结果作为真值，即只对井下导线进行平差，两钢丝间距采用井上计算间距 S_{21} 作为钢丝间距的最终值，则井下的边长改正系数

$$K = \frac{S_{21} - S'_{21}}{S_{21}} \qquad (6.17)$$

（2）井上、井下各边长改正数 V_i 和 V'_i 为

$$V_i = l_i \times K_{上} \qquad (6.18)$$

$$V'_i = l'_i \times K_{下} \qquad (6.19)$$

对应的坐标增量改正数 δ_x 和 δ_y 为

$$\delta_x = V \cos \alpha_i \qquad (6.20)$$

$$\delta_y = V \sin \alpha_i \qquad (6.21)$$

式中，V——对应边的边长改正数；

α_i——对应边的方位角。

根据各坐标增量改正数，可方便地计算出各点的近似平差后的坐标值。

6.3.3 计算实例

1．两钢丝的坐标

钢丝 1 点号	坐标 Y	坐标 X
gn	464 699.708 8m	2 535 613.759 7m

钢丝 2 点号	坐标 Y	坐标 X
gs	464 656.406 5m	2 534 140.586 9m

2．原始观测数据

原始观测数据如表 6.1 所示。

表 6.1　原始观测数据

后　视	测　站	前　视	测前边长（m）	夹　角
gn	sz8-1	sz7-1	101.116	179°26′11.00″
sz8-1	sz7-1	sz6-1	178.831	180°37′48.00″
sz7-1	sz6-1	sz5-1	175.627	179°56′34.00″
sz6-1	sz5-1	sz4-1	172.668	179°59′8.00″

续表

后　视	测　站	前　视	测前边长（m）	夹　角
sz5-1	sz4-1	sz3-1	177.035	180° 6′21.00″
sz4-1	sz3-1	sz2-1	215.246	181°43′20.00″
sz3-1	sz2-1	sz1-1	172.993	186°54′28.00″
sz2-1	sz1-1	gs	194.236	181°23′50.00″

3．井下第一条边方位角

$a = 179°45′37.88″$。

4．计算结果

计算结果如表 6.2 所示。

表 6.2　计算结果

照准目标	测　站	边长（m）	坐标增量 Y（m）+改正数 f_y（m）	坐标增量 X（m）+改正数 f_x（m）	坐标 Y（m）	坐标 X（m）	方位角
gn	sz8-1	101.116 0	0.422 7 + (0.000 0)	−101.115 1 + (−0.001 0)	700.131 5	551 2.643 6	179°45′37.88″
sz8-1	sz7-1	178.831 0	2.506 5 + (0.000 0)	−178.813 4 + (−0.001 8)	702.638 0	5 333.828 4	179°11′48.86″
sz7-1	sz6-1	175.627 0	0.530 6 + (0.000 0)	−175.626 2 + (−0.001 8)	703.168 6	515 8.200 4	179°49′36.74″
sz6-1	sz5-1	172.668 0	0.694 1 + (0.000 0)	−172.666 6 + (−0.001 8)	703.862 7	4 985.532 0	179°46′10.89″
sz5-1	sz4-1	177.035 0	0.756 2 + (0.000 0)	−177.033 4 + (−0.001 8)	704.618 9	4 808.496 8	179°45′18.91″
sz4-1	sz3-1	215.246 0	0.521 8 + (0.000 0)	−215.245 4 + (−0.002 2)	705.140 7	4 593.249 2	179°51′39.88″
sz3-1	sz2-1	172.993 0	−4.779 9 + (0.000 0)	−172.927 0 + (−0.001 8)	700.360 8	4 420.320 4	181°34′59.99″
sz2-1	sz1-1	194.236 0	−28.680 0 + (0.000 0)	−192.106 9 + (−0.002 0)	671.680 8	4 228.211 5	188°29′27.90″
sz1-1	gs	88.945 0	−15.274 4 + (0.000 0)	−87.623 7 + (−0.000 9)	656.406 4	4 140.586 9	189°53′17.87″

5．精度参数

导线闭合差：f_y= 0.000 1m，f_x=−0.015 1m；f_{xy}=0.015 1m。

相对闭合差：$f/p \approx 1/97\ 792$。

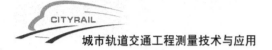
两钢丝间距及其差值：

井上钢丝间距 d_s=1 473.809 1m；

井下钢丝间距 d_x=1 473.794 0m；

两钢丝间距差值 d_c=0.015 0m。

6.3.4 精度分析

两井定向测量的误差主要分为三种：①井上连接误差 $m_上$；②钢丝投向误差 $m_投$；③井下连接误差 $m_下$。因此，两井定向的总误差 $m_总$ 为

$$m_总 = \pm\sqrt{m_上{}^2 + m_投{}^2 + m_下{}^2} \tag{6.22}$$

由投点误差所引起的两根钢丝连线方向的误差称为投向误差，而两井定向的两个钢丝间的距离较长，故投点误差引起的投向误差较小，可以忽略不计，即两井定向的误差主要有井上、井下连接误差两种。

1. 井上连接误差

在进行井下导线内业计算时，井下导线任一边的方位角加上了井上、井下两钢丝的方位角差值，可知井上的连接误差仅与方位角误差有关，故可知 $m_上 = m_{\alpha_{21}}$。

两井定向近井点的设置是根据两根悬吊钢丝的距离来设置一个或两个近井点，因此地面连接误差可分为两种情况，一种是设置一个近井点，另一种是设置两个近井点。

1）设置一个近井点引起的连接误差

采用一个近井点测量钢丝时，主要是测量两个钢丝产生的坐标误差，即位置误差，而角度误差主要是指垂直于两个钢丝连线方向上产生的位置误差导致的方位角误差。假设一坐标系以两根钢丝连线为 Y 轴，以垂直于两个钢丝连线方向为 X 轴，则有

$$m_上 = m_{21} = \pm\sqrt{\frac{\rho^2}{S_{21}{}^2}(m_{xG_1}^2 + m_{xG_2}^2) + nm_\beta^2} \tag{6.23}$$

式中， S_{21} ——两钢丝间的距离；

m_{xG_1} ——由节点到钢丝 G_1 之间支导线误差引起的 G_1 点在 x 轴方向上的位置误差；

m_{xG_2} ——由节点到钢丝 G_2 之间支导线误差引起的 G_2 点在 x 轴方向上的位置误差；

n ——近井点到节点间的导线测角数；

m_β ——近井点到节点间的导线测角中误差。

由式（6.23）可以看出，采用一个近井点测量时，两钢丝间距越大，近井点到节点的测角数越少，井上控制点及近井点分别与两钢丝连线的夹角越小，导线边长越短，两井定向的精度越高。

2）设置两个近井点引起的连接误差

设置两个近井点分别测设两根钢丝的坐标，就存在两根钢丝的点位误差，即位置误差，假设一坐标系以钢丝连线的方向为 Y 轴，以垂直于钢丝连线方向为 X 轴，则在 X 轴方向上的位置误差引起了方位角误差，则有

$$m_\perp = m_{21} = \pm\sqrt{\frac{\rho^2}{S_{21}^2}(m_{xG_1}^2 + m_{xG_2}^2)} \qquad (6.24)$$

式中所有符号表示的内容与式（6.23）中内容相同。

根据式（6.24）可知，两钢丝间距越大，近井点分别与两钢丝连线的夹角越小，导线边长越短，其两井定向的精度越高。

2．井下连接误差

井下导线主要形成了一条无定向导线，其误差主要是导线测量时边长测量误差和角度测量误差共同引起的井下连接误差。考虑到量边误差是由偶尔误差和系统误差组成，而系统误差实际上对方位角误差影响很小，可以忽略。因此，井下连接误差由量边误差和测角误差组成，同时，其还跟导线的形状及长度有关。

由于采用仪器的测距误差和测角误差是固定的，因此，为减小量边误差导致的测角误差，宜将井下的无定向导线设置为直伸形导线，并应减少井下控制点数量。

6.4 投点法

投点法是指利用投点仪或垂线直接将地面坐标传递到井下，作为隧道开挖或掘进的测量控制的起算数据的方法。一般利用投点仪通过两个竖井将地面坐标传递到井下，若两井口距离较远，则利用井下无定向导线的形式计算井下控制点；若两个井口较近，且传递的坐标点通视的情况下，直接利用两个投影点作为隧道控制测量的基线边，直到隧道掘进或开挖。

根据现场情况，在竖井上面搭设钢架，钢架需要稳固，不能因测量工作导致钢架产生弯曲变形。在钢架上安置投点仪并整平，利用全站仪直接测设投点仪中

心坐标，如图 6.2 所示。按照 0°、90°、180°和 270°四个方向在井下投出四个点，四个点相互之间的差值满足限差要求后，对四个点取中，作为投点的坐标。

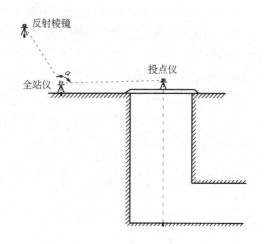

图 6.2　投点法示意图

进行投点时应独立测量两个测回，每个测回均应旋转投点仪基座三次，即每次旋转 120°，取三次投点位置的中心作为投点的坐标。

由于要在井口搭设钢架，耗费时间较长，影响施工，一般在工程实际中很少采用此法，但对于长大隧道的，为保证长大隧道的正确贯通，一般在隧道上方采用钻孔的方法进行投点。但此法一般适用于浅埋隧道（一般埋深不大于 30m）。

6.5　多点后方交会法

多点后方交会法是指利用全站仪的自动观测功能，对井口的多个近井点或悬吊的多根钢丝进行观测，将地面坐标传递到井下的一种新型联系测量的方法，如图 6.3 所示。

若轨道交通工程的竖井井口较大，且埋深较浅时，利用井下全站仪直接观测井口附近的多个近井点边长和角度较为方便，如图 6.3 所示。但轨道交通工程中的竖井一般井口较小，且深度基本在 20～30m，若使用井下全站仪直接观测井口的多个后视点，因俯仰角太大，水平测角的观测精度很难保证，因此，将多个近井点进行改进，使用多根钢丝代替，如图 6.4 所示。这样可以在井上测量钢丝的坐标，在井下也能直接利用钢丝的坐标采用多点后方交会法得到井下控制点 K_1、K_2。

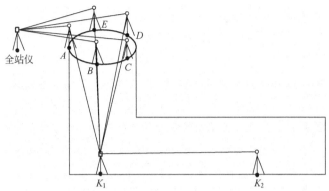

图 6.3　多点后方交会法示意图

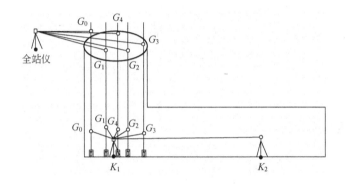

图 6.4　钢丝多点后方交会法示意图

同时，由于每次悬吊钢丝较为麻烦，在第一次悬吊多根钢丝测量时，顺便在竖井的井壁上埋设多个固定点位，通过多根钢丝的坐标很方便地得到井壁上点位的坐标，这样可以随时地测设任意设站点的坐标。对于矿山法隧道刚开挖时竖井底部泥、水较多，井底埋设控制点不易保存和寻找的情况，采用井壁多个控制点方法，既方便又准确，同时又解决了控制点保护的问题。

6.5.1　测量过程

在井口附近埋设近井点和井口点（或悬吊多根钢丝），利用地面控制点，使用全站仪测量地面近井点和井口多个附近点（或多根钢丝坐标），其测量方法与一井定向和两井定向的井上测量方法一致，这里不再赘述。

在井下利用井口点（或多根钢丝点），采用全站仪直接测量井底埋设的控制点，最好测设多个井口点（或钢丝点），目的是增加多余观测，这样可采用最小二乘法

原理计算井底埋设的多个控制点。

6.5.2 数据处理

主要原理是多点后方交会法的计算原理，如图 6.5 所示。在地面利用地面控制点分别采集了井口 n 根钢丝的平面坐标，即 $G_i(x_i, y_i)$（其中 $i=0$, 1, 2, …, n）。全站仪在井口底部 K_1 上设站，后视钢丝 G_0 作为 0 方向，则分别测得 G_i（其中 $i=1$, 2, …, n），K_2 的夹角为 β_i, β_{K2}（其中 $i=0$, 1, 2, …, n），测得的边长为 L_i, L_{K2}（其中 $i=1$, 2, …, n），且直接测量后视点 G_0 的边长为 L_0。

假设一平面直角坐标系，以 K_1 点为坐标原点，以 G_0 点为 0 方向，即由原点 K_1 指向 G_0 点的方位角为 $\alpha_0 = 0°00'00''$。由于知道原点 K_1 至 A 点的边长为 L_0，则 A 点在假设直角坐标系中的坐标为 $A(L_0, 0)$，则有

$$\begin{cases} X_i = L_i \times \sin \beta_i \\ Y_i = L_i \times \cos \beta_i \end{cases} \tag{6.25}$$

式中，$i=1$, 2, …, n。

根据 n（$n \geqslant 2$）根钢丝在施工直角坐标系和假设平面直角坐标系中的坐标，利用两个平面直角坐标系转换公式，则有

$$\begin{pmatrix} x_i \\ y_i \end{pmatrix} = \begin{pmatrix} x_{移} \\ y_{移} \end{pmatrix} + k \begin{pmatrix} \cos \alpha & -\sin \alpha \\ \sin \alpha & \cos \alpha \end{pmatrix} \begin{pmatrix} X_i \\ Y_i \end{pmatrix} \tag{6.26}$$

式中，$i=1$, 2, …, n；

$x_{移}$、$y_{移}$——两直角坐标转换的平移参数；

k——两直角坐标系的长度比参数；

α——两直角坐标系坐标轴的旋转角参数。

由于在测量各钢丝的坐标时存在误差，令其坐标改正数为（V_{x_i}, V_{y_i}），即各钢丝坐标的最或是值为（$x_i + V_{x_i}$, $y_i + V_{y_i}$），将其代入式（6.26），则误差方程为

$$\begin{pmatrix} V_{x_i} \\ V_{y_i} \end{pmatrix} = \begin{pmatrix} x_{移} \\ y_{移} \end{pmatrix} + k \begin{pmatrix} \cos \alpha & -\sin \alpha \\ \sin \alpha & \cos \alpha \end{pmatrix} \begin{pmatrix} X_i \\ Y_i \end{pmatrix} - \begin{pmatrix} x_i \\ y_i \end{pmatrix} \tag{6.27}$$

若坐标值的权阵为 $\boldsymbol{P}$，则按照 $\boldsymbol{v}^{\mathrm{T}} \boldsymbol{P} \boldsymbol{v} = \min$ 组成法方程式，从而可以求得四个坐标转换参数的最或是值，也得到了四个转换参数的精度。根据求得的四个转换参数最或是值，可求得待定点 K_1、K_2 两点在施工坐标系中的坐标。

由于轨道交通工程中的竖井一般较浅，地面与地下点间距离的投影改正数可忽略不计，即两直角坐标系的长度比一般为 1。则式（6.26）可简化为

$$\begin{pmatrix} x_i \\ y_i \end{pmatrix} = \begin{pmatrix} x_{\text{移}} \\ y_{\text{移}} \end{pmatrix} + \begin{pmatrix} \cos\alpha & -\sin\alpha \\ \sin\alpha & \cos\alpha \end{pmatrix} \begin{pmatrix} X_i \\ Y_i \end{pmatrix} \tag{6.28}$$

则有误差方程式

$$\begin{pmatrix} V_{x_i} \\ V_{y_i} \end{pmatrix} = \begin{pmatrix} x_{\text{移}} \\ y_{\text{移}} \end{pmatrix} + \begin{pmatrix} \cos\alpha & -\sin\alpha \\ \sin\alpha & \cos\alpha \end{pmatrix} \begin{pmatrix} X_i \\ Y_i \end{pmatrix} - \begin{pmatrix} x_i \\ y_i \end{pmatrix} \tag{6.29}$$

同理,根据最小二乘法原理求得三个转换参数的最或是值及其精度,利用求得的转换参数可以求得待定点 K_1、K_2 两点在施工坐标系中的坐标。

当然也可以按照间接平差方法计算待定点坐标,以待定点 K_1 的坐标为坐标平差值,根据方向观测值和边长观测值组成方向误差方程和边长误差方程,然后按最小二乘法原理计算待定点 K_1 的坐标最或是值。具体计算方法不再赘述,有兴趣的读者可参考相关书籍。

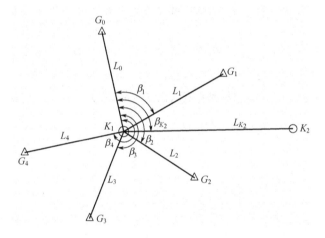

图 6.5 多点后方交会法计算原理示意图

6.6 小结

在施工单位进行平面联系测量前,应对其方案进行审核,并指导施工单位埋设作为地下控制测量起算点的控制点。一般高程控制点不少于 3 个,以便进行检核。平面控制点边长不宜过短,应在 60m 以上,并且点位稳固,可以长期保存,这样可以通过多次平面联系测量成果的对比进行检核。同时对多次成果进行分析,剔除粗差后取均值,以提高平面联系测量精度。

当盾构区间单向掘进长度超过 1 500m 时，掘进至 600m 后每 500m 增加一次包括平面联系测量在内的地下导线及水准检测，并加测陀螺定向以校核坐标方位；如矿山法隧道掘进长度达 1 000m 时，掘进至 150m 后每 600m 须增加一次包括平面联系测量在内的地下导线及水准检测，并加测陀螺定向以校核坐标方位。如果掘进区间有中间风井，在与中间风井贯通后，中间风井处管片有拆除的，必须在始发井与中间风井之间进行"两井定向"，修正地下控制点坐标成果及导线方位；盾构掘进如果经过底板已经施工完成的车站，过站后掘进按二次始发处理，贯通前必须根据车站施工进度，及时引测二次始发边，并与车站底板点联测；贯通后始发边之间形成附合导线、附合水准，指导后续掘进。

竖井平面联系测量投点时，禁止人员从竖井上下通过，投点时供观测员站的平台要与设置投点用仪器的平台脱离；井上、井下投点用的木板要钉设牢固，测量作业完成前严禁触动。

竖井平面联系测量时，要形成空间附合或闭合导线，并尽可能进行多余观测，以利检核。

竖井平面联系测量存在场地比较狭窄、测量条件差、边长较短、误差来源多等因素，施测时关键在于选择好的测量时机，并采取多次对中、三联脚架法、测量时停工、尽量延长导线边长等措施以提高测量精度，减少贯通误差。

第7章 高程联系测量

高程联系测量的目的是通过明挖基坑（一般为车站或风井）、暗挖区间施工竖井、区间投点钻孔、盾构始发井、接收井等将地面的高程传递到隧道内，为隧道开挖及盾构掘进提供高程测量依据。高程联系测量的质量好坏将直接关系到隧道的竖向贯通精度，是隧道竖向贯通的基础。

高程联系测量一般采用悬吊钢尺法、光电测距三角高程法、水准测量法等。轨道交通工程高程联系测量最常采用的是水准测量法、悬吊钢尺法等方法。水准测量法是利用水准仪和基坑的长大边坡将高程传递到井下的测量过程，因其方法和普通水准测量无异，本章不再对水准测量法进行详述。

7.1 悬吊钢尺法

悬吊钢尺法就是用长钢尺将地面标高传递到井下的一种高程联系测量方法。钢尺的长度根据竖井的深度而定，有 30m、50m 等不同的钢尺类型。所使用的钢尺必须最小分划不大于毫米。如图 7.1 所示，通过井口的一支撑架，将钢尺逐渐放入井底的某一指定位置后，在钢尺的末端挂一重锤，重量与钢尺检定时的拉力相等，并使钢尺处于自由悬挂状态。

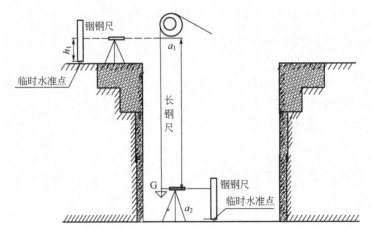

图 7.1 悬吊钢尺法示意图

7.1.1 外业观测

（1）近井点水准测量：在竖井井口附近埋设近井水准点，并用水准仪将近井水准点和已有水准点进行联测，应采用闭合水准路线或附合水准路线的形式闭合或附合到已知水准点上。具体测量要求和《城市轨道交通工程测量规范（GB 50308—2008）》中的二等水准测量要求一致。

（2）井口高程联系测量：分别在井口和井下安置水准仪（有条件的尽量在井口和井下同时安置一台水准仪），如图 7.1 所示，分别（或同步）读取井口、井下的钢尺读数。每次观测均应独立观测三个测回，测回与测回之间通过变换钢尺的初始位置并稳定后进行观测；每个测回之内应变换仪器高独立观测三次。

（3）井下水准测量：利用传递下来的高程点作为已知高程点，对井下埋设的未知高程点进行联测，一般采用闭合路线的形式施测。具体测量要求按照《城市轨道交通工程测量规范（GB 50308—2008）》中的二等水准测量要求执行。

7.1.2 数据处理

井口近井水准点的测量和井下水准测量均采用闭合水准路线或附合水准路线进行计算，具体计算方法与普通水准测量的计算方法一致。

假设井上近井水准点 A 的高程为 $H_{近}$，井上水准仪的后视铟钢尺的读数为 $m_{近}$，钢尺读数为 $m_{上}$；井下水准仪读取后视点 B 铟钢尺的读数为 $m'_{近}$，钢尺读数为 $m_{下}$，则 A、B 两点的高差 H 为

$$H = (m_{上} - m_{下}) + (m'_{近} - m_{近}) + \sum \Delta L \tag{7.1}$$

式中，$\sum \Delta L$ 为尺长改正总数。尺长改正总数包括尺长改正、温度改正、拉力改正及钢尺本身的自重张力改正。由于使用的重锤重量和鉴定时重量一致，故拉力改正可不进行；同时又因一般轨道交通工程基坑较浅，可不考虑钢尺本身的自重张力改正，但当竖井深度超过 50m 时，应考虑此项的改正。

井下后视点 B 的高程 H_B 为

$$H_B = H_{近} - H \tag{7.2}$$

将每个测回计算的 B 点高程进行比较，较差满足限差要求时，取均值作为 B 点的高程值。

7.2　光电测距法

随着光电测距仪的广泛应用，可以采用光电测距仪将地面高程传递到井下固定点上，此种方法就是光电测距仪高程传递法。

井口较狭窄，且滴水较多会产生较浓的雾气，由于水气对红外光吸收比较严重，当竖井较深，雾气较大时，不宜采用红外测距仪，而应采用光电测距仪。用光电测距仪传递高程的原理如图 7.2 所示。测距仪 G 安置在井口附近，在井口上方安置反射镜 E，与水平方向成 45°角，反射镜 F 水平放置于井底处，反射面向上。测距仪直接测量的距离为 S，其包含了测距仪 G 到井口反射镜的距离和井口反射镜至井底反射镜的距离。设测距仪至井口反射镜的距离为 l，则井深

$$H = S - l + \Delta l \qquad (7.3)$$

式中，Δl ——测距仪的气象、常数等改正的总和。

在井上、井下分别安置水准仪，读出立于 E、A 及 F、B 处的水准尺读数 e、a 和 f、b。则水准基点 A、B 两点的高差

$$\Delta h = H - (a - e) + b - f \qquad (7.4)$$

B 点的高程

$$H_B = H_A - \Delta h \qquad (7.5)$$

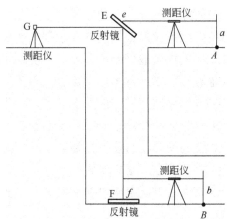

图 7.2　光电测距仪传递高程的原理示意图

第8章 洞门环板测量

在采用盾构法施工时，为了确保盾构机在进洞或出洞时避免因始发（或到达）端头涌水而造成的坍塌，一般在进洞或出洞的洞门处设置洞门圈，洞门圈与车站主体结构紧密连接在一起，这样有利于车站（或基坑）和区间节点的防水，防止因不良地质产生大量涌水涌砂现象，造成地面坍塌。

洞门钢环的形状及大小根据盾构机的形状及大小设定，形状与盾构机盾体形状一致，大小一般略大于盾构机盾体的大小，这样才能保证盾构机顺利地进入洞门钢环，有效地防止涌水涌砂等事故产生。目前在城市轨道交通工程中使用的盾构机盾体基本都为圆形，因此，洞门钢环的形状也采用圆环形状，且由多片连接组成。

8.1 安装测量

安装洞门圈时，一般先安装底下两片或三片，根据洞门内径大小、片的大小和施工需要，由施工单位自行决定安装洞门钢环的片数。首先根据始发井底部的平面控制点和水准点精确放样出设计洞门的三维中心，依据放样的三维中心放样出实际安装底下几片的精确位置后，根据放样的数据安装底下几片洞门钢环（一般在底下几片安装完成后，要浇筑混凝土，因此，在浇筑混凝土之前应实际测设底部已安装钢环位置准确无误）。然后依次安装剩余的片数，使其组成一个空间的圆环。为保证洞门圈安装合理并达到相应的要求精度，一般在各片固定好后、混凝土浇筑之前，需对安装拼接成环的洞门环进行精确测定，主要包含其椭变系数、与设计线路轴线的水平及竖向偏差、与设计线路轴线的切线是否垂直及其垂直度等参数，待各项参数符合要求后再行浇筑混凝土。

为保证盾构机在始发或到达时能准确对准洞门圈，需要对安装形成的洞门钢环实测其三维中心坐标。

安装前，在洞门钢环安装的对应里程面上放样出洞门钢环的中心三维坐标，一般利用联系测量导入到始发井（或接收井）底板上的平面控制点和水准点，精确放样洞门钢环的三维中心坐标，然后根据放样的三维中心，采用钢尺（或皮尺）

放样出洞门钢环内边缘圆弧位置。通过放样的钢环中心点检查钢环安装精度，安装精度水平和竖向偏差不宜大于 10mm，满足要求后，绑扎焊接牢固，然后浇筑混凝土。

待洞门钢环安装完成后，在盾构机始发（或到达）前，为保证盾构机能精准对准洞门钢环，应重新对洞门钢环实际位置进行精确测量，掌握洞门钢环实际安装位置。利用联系测量导入到始发井（或接收井）底板上的控制点（在距较近洞门的控制点上设站，远处的控制点设置后视棱镜，宜选用第三个控制点作为检核点），平面采用坐标法、高程采用三角高程测量方法，利用全站仪免棱镜测量功能（因洞门钢环半径较大，无法直接测量洞门环板中心，搭设脚手架费工费力）测量，具体方法如下。

8.1.1　同高分中法

在洞门环板同一高程位置左右侧各选取两个点 A、B（为提高测量精度，此两点尽量靠近洞门钢环中心高度位置），测取此两点的三维坐标 $A(X_A、Y_A、Z_A)$ 和 $B(X_B、Y_B、Z_B)$（此处 Z_A 和 Z_B 相等），如图 8.1 所示，同时测得洞门环板底部高程 H，设洞门中心为 $O(X_O、Y_O、Z_O)$，则有

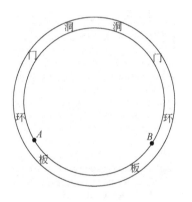

图 8.1　同高分中法示意图

$$X_O = X_A + X_B / 2 \qquad (8.1)$$

$$Y_O = Y_A + Y_B / 2 \qquad (8.2)$$

$$Z_O = \frac{Z_A + Z_B}{2} + (R - Z_A + H) \qquad (8.3)$$

其中，R 为洞门钢环的内圆半径。

8.1.2　空间拟合圆心法

沿着洞门钢环的边缘（内外边缘均可）基本均匀地测量 4～12 个点（不宜少于 3 个）的三维坐标，利用实测多点的三维坐标拟合出洞门钢环实际中心的三维坐标，采用测角精度为 0.5″、测距精度为 $\pm(1\text{mm}+2\times10^{-6}\times d)$ 的全站仪测量拟合的洞门钢环中心三维坐标误差优于 ±2mm。将拟合的洞门钢环中心坐标与设计轴线进行比较，计算出洞门钢环中心与设计洞门钢环中心的水平和竖向偏差，偏差绝对值不大于 20mm，则认为洞门安装达到盾构机进出洞的要求。

洞门钢环在加工时存在加工误差（主要包含洞门钢环的内径在制造时与设计

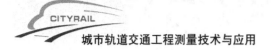

内径存在的较大误差和制造的实际洞门钢环内圆非真圆），采用同高分中法进行测量时，由于洞门钢环制造误差的存在，实际中心位置与计算位置存在较大误差，且同高分中法没有多余检核条件，一旦其中一点产生较大的测量误差或错误，不宜发现，因此建议采用空间拟合圆心法进行计算，以保证洞门钢环中心数据的可靠性和精确性。

8.2 验收测量

在洞门钢环安装完毕后，混凝土浇筑之前应对洞门钢环实际位置进行测量，具体测量方法如第 8.1 节所述，其中两种方法均可以采用。但采用同高分中测量方法时，需要采集多组数据，多组数据计算结果显示的洞门钢环中心水平和竖直方向上的较差较小时（不宜超过 ±5mm），取平均值作为最后结果，然后浇筑洞门混凝土以固定洞门钢环。

因在混凝土浇筑过程中，混凝土的撞击及洞门钢环有可能的固定不牢固会导致洞门钢环在水平和竖向产生较大位移，导致实际的洞门钢环位置不满足要求。故在混凝土浇筑完毕后，应对整个洞门钢环的位置进行验收，验收时，需有建设单位委托的第三方测量单位进行实际测量。此时应采用第 8.1 节所述的空间拟合圆心法进行验收测量。当实际测量结果满足设计文件及盾构机进出洞的要求后，方可开展下步工作；否则，应对超限的洞门钢环进行处理，直至满足设计文件和盾构机进出洞的要求。

盾构机进洞或出洞时，实际的掘进方向应以洞门钢环实际中心为目标进行掘进，在掘进过程中实时调整盾构机姿态，以保证盾构机能够平顺地进入掘进的土体或从洞门中安全出洞。

8.3 数据处理方法

8.1 节的同高分中法数据处理较为简单，且对其已有具体描述，这里不再赘述，本节主要针对 8.1 节中的空间拟合圆心法的测量数据进行详细叙述。

上述洞门钢环的内边缘（也可选用外边缘）在空间中是一个圆，在内边缘均匀地选取 n 个点，严格来说，n 个点均应在同一平面内（因洞门圈在制作过程中存在偏差，可能不是一个平面圆，我们可以将制作误差忽略不计，认为是一个平面圆）。通过 n 个点中的 3 个点的三维坐标，就可以计算出洞门中心的坐标。但在实际测量中，为了提高测量的精度和可靠性，经常选取 3 个以上（3～12 个）的点进行测量，由于存在多余观测，就需要按照最小二乘法原理来处理数据，获取洞门圈中心坐标的最或是值，具体处理如下。

8.3.1 割球法

现场基本均匀测取的 n 个点距洞门中心距离相当，则认为 n 个点组成一个空间平面圆，从空间解析几何的角度看，相当于一个平面切割一个空间球所组成的空间平面圆。

1. 初始值的求取

在 n 个测量的点中任意选择三个点 O_1、O_2 和 O_3（尽量选取的三个点基本均匀分布于洞门钢环的四周），此三点决定平面 M_{123}，由已知三点坐标求平面法线公式得

$$A_0 = \begin{vmatrix} y_1 - y_2 & z_1 - z_2 \\ y_1 - y_3 & z_1 - z_3 \end{vmatrix}; \quad B_0 = \begin{vmatrix} z_1 - z_2 & x_1 - x_2 \\ z_1 - z_3 & x_1 - x_3 \end{vmatrix}; \quad C_0 = \begin{vmatrix} x_1 - x_2 & y_1 - y_2 \\ x_1 - x_3 & y_1 - y_3 \end{vmatrix};$$

根据面 M_{123} 的方程有

$$A_0 x + B_0 y + C_0 z = D_0 \tag{8.4}$$

将 O_1 的坐标代入式（8.4）即可求得 D_0

$$D_0 = A_0 x_1 + B_0 y_1 + C_0 z_1 \tag{8.5}$$

分别有三点 $O_1(x_1, y_1, z_1)$，$O_2(x_2, y_2, z_2)$，$O_3(x_3, y_3, z_3)$，根据三点到洞门圈中心 $O(x, y, z)$ 的距离均相等，则有

$$(x_1 - x)^2 + (y_1 - y)^2 + (z_1 - z)^2 = R^2 \tag{8.6}$$

$$(x_2 - x)^2 + (y_2 - y)^2 + (z_2 - z)^2 = R^2 \tag{8.7}$$

$$(x_3 - x)^2 + (y_3 - y)^2 + (z_3 - z)^2 = R^2 \tag{8.8}$$

将式（8.6）、式（8.7）展开后相减，则有

$$x_1^2 + y_1^2 + z_1^2 - x_2^2 - y_2^2 - z_2^2 - 2(x_1 - x_2)x - 2(y_1 - y_2)y - 2(z_1 - z_2)z = 0 \tag{8.9}$$

将式（8.6）、式（8.8）展开后相减，则有

$$x_1^2 + y_1^2 + z_1^2 - x_3^2 - y_3^2 - z_3^2 - 2(x_1 - x_3)x - 2(y_1 - y_3)y - 2(z_1 - z_3)z = 0 \tag{8.10}$$

令 $A_1 = 2(x_1 - x_2)$；　$B_1 = 2(y_1 - y_2)$；$C_1 = 2(z_1 - z_2)$；　$D_1 = x_1^2 + y_1^2 + z_1^2 - x_2^2 - y_2^2 - z_2^2$；$A_2 = 2(x_1 - x_3)$；$B_2 = 2(y_1 - y_3)$；$C_2 = 2(z_1 - z_3)$；　$D_2 = x_1^2 + y_1^2 + z_1^2 - x_3^2 -$

$y_3^2 - z_3^2$，则式（8.7）和式（8.8）分别为

$$A_1x + B_1y + C_1z = D_1 \tag{8.11}$$

$$A_2x + B_2y + C_2z = D_2 \tag{8.12}$$

将式（8.4）～式（8.12）组成关于 $O(x, y, z)$ 的三元一次方程组，解算此方程组就可以求得洞门环中心 $O(x, y, z)$ 的坐标的初值 $O_0(x_0, y_0, z_0)$，将 O_0 的坐标值代入式（8.6），可以求得半径的初始值 R_0。

2. 数学模型

由于 n 个点组成一个空间的圆，在空间解析几何中，一个空间圆可以认为是一个球体被一个平面所割形成的一个空间圆，因此就有一个面方程和一个空间圆方程，如下：

$$Ax+By+Cz+D=0 \tag{8.13}$$

$$(X_0-x)^2+(Y_0-y)^2+(Z_0-z)^2=R^2 \tag{8.14}$$

式（8.13）是空间一个平面的方程，为使平面方程表达唯一，令 $\sqrt{A^2 + B^2 + C^2} = 1$。其中 x，y，z 为 n 个点的三维坐标，R 为洞门钢环半径，X_0，Y_0，Z_0 为洞门钢环中心坐标。

3. 数据处理及精度评定

假设在洞门钢环上基本均匀地测设 n 个点，其坐标分别是 (x_i, y_i, z_i)（其中 $i=1, 2, 3, \cdots, n$）。在空间解析几何里，每个点到拟合平面的距离均为 d，则有

$$d_i = \frac{|Ax_i + By_i + Cx_i + D|}{\sqrt{A^2 + B^2 + C^2}} \tag{8.15}$$

由于式（8.15）为非线性方程，根据泰勒公式展开，只保留一次项后为

$$d_i = \frac{A^0x_i + B^0y_i + C^0z_i}{A^{02} + B^{02} + C^{02}} + \left(\frac{\partial d_i}{\partial A}\right)_0 \delta A + \left(\frac{\partial di}{\partial B}\right)_0 \delta B + \left(\frac{\partial di}{\partial C}\right)_0 \delta C \tag{8.16}$$

上式中的 A^0，B^0，C^0 为 A，B，C 的近似值，可以选择 3 个测点的坐标和 $\sqrt{A^2 + B^2 + C^2} = 1$ 计算出 A，B，C 的近似值。δA，δB，δC 为未知数的改正数。$\left(\frac{\partial d_i}{\partial A}\right)_0$，$\left(\frac{\partial d_i}{\partial B}\right)_0$，$\left(\frac{\partial d_i}{\partial C}\right)_0$ 分别为 d_i 对 A，B，C 的的偏导数在 (A^0, B^0, C^0) 处的值，为便于书写，采用如下的简写形式：

$$a_i = \left(\frac{\partial d_i}{\partial A}\right)_0; \quad b_i = \left(\frac{\partial d_i}{\partial B}\right)_0; \quad c_i = \left(\frac{\partial d_i}{\partial C}\right)_0; \quad l_i = \frac{A^0x_i + B^0y_i + C^0z_i}{A^{02} + B^{02} + C^{02}}$$

当在洞门钢环上选取了 n 个测点时，则式（8.16）有 n 个方程，用矩阵形式表示如下：

$$d = A\delta x + l \tag{8.17}$$

其中，$d = \begin{pmatrix} d_1 \\ d_2 \\ d_3 \\ \vdots \\ d_n \end{pmatrix}$；$A = \begin{pmatrix} a_1 & b_1 & c_1 \\ a_2 & b_2 & c_2 \\ \vdots & \vdots & \vdots \\ a_n & b_n & c_n \end{pmatrix}$；$\delta x = \begin{pmatrix} \delta A \\ \delta B \\ \delta C \\ \delta D \end{pmatrix}$；$l = \begin{pmatrix} l_1 \\ l_2 \\ \vdots \\ l_n \end{pmatrix}$

同理，将 $\sqrt{A^2 + B^2 + C^2} = 1$ 线性化后，有如下公式

$$A^0 \cdot \delta A + B^0 \cdot \delta B + C^0 \cdot \delta C = 0 \tag{8.18}$$

其中，A^0，B^0，C^0 同式（8.16）中的含义。

这样根据式（8.17）和式（8.18），利用附有条件的间接平差的模型进行计算，可以方便地求得平面方程的系数 A，B，C，D。

我们假设洞门钢环为真圆，则各测点 (x_i, y_i, z_i) 距洞门钢环圆心 (X_0, Y_0, Z_0) 的距离与洞门钢环半径 R 的差值

$$d_{ri} = \sqrt{(x_i - X_0)^2 + (y_i - Y_0)^2 + (z_i - Z_0)^2} - R \tag{8.19}$$

式（8.19）为非线性公式，利用泰勒公式保留一次项的方法进行线性后得

$$d_{ri} = \sqrt{(x_i' - X_0^0)^2 + (y_i' - Y_0^0)^2 + (z_i' - Z_0^0)^2} - R^0 + \left(\frac{\partial d_{ri}}{\partial X_0}\right)_0 \cdot \delta X_0 +$$
$$\left(\frac{\partial d_{ri}}{\partial Y_0}\right)_0 \cdot \delta Y_0 + \left(\frac{\partial d_{ri}}{\partial Z_0}\right)_0 \cdot \delta Z_0 + \left(\frac{\partial d_{ri}}{\partial R}\right)_0 \cdot \delta R \tag{8.20}$$

其中，X_0^0、Y_0^0、Z_0^0、R^0 为洞门钢环圆心及半径的近似值，均在前面初始值的求取中已计算出来。

同样为便于书写，采用如下简记符号：

$$\left(\frac{\partial d_{ri}}{\partial X_0}\right)_0 = \mathrm{aa}_i \text{；} \left(\frac{\partial d_{ri}}{\partial Y_0}\right)_0 = \mathrm{bb}_i \text{；} \left(\frac{\partial d_{ri}}{\partial Z_0}\right)_0 = \mathrm{cc}_i \text{；} \left(\frac{\partial d_{ri}}{\partial R}\right)_0 = \mathrm{dd}_i \text{；}$$

$$\sqrt{(x_i' - X_0^0)^2 + (y_i' - Y_0^0)^2 + (z_i' - Z_0^0)^2} - R^0 = \mathrm{ll}_i \tag{8.21}$$

将测得的 n 个点的坐标代入式（8.21）中，得到 n 个方程，这 n 个方程的形式也和间接平差的误差方程式相同，可以用矩阵形式表示如下

$$d_{\mathrm{r}} = A \cdot \delta X + L \tag{8.22}$$

各矩阵包含的元素如下

$$d_{\mathrm{r}} = \begin{pmatrix} d_{\mathrm{r1}} \\ d_{\mathrm{r2}} \\ d_{\mathrm{r3}} \\ \vdots \\ d_{\mathrm{rn}} \end{pmatrix}; \quad A = \begin{pmatrix} \mathrm{aa}_1 & \mathrm{bb}_1 & \mathrm{cc}_1 & \mathrm{dd}_1 \\ \mathrm{aa}_2 & \mathrm{bb}_2 & \mathrm{cc}_2 & \mathrm{dd}_1 \\ \vdots & \vdots & \vdots & \vdots \\ \mathrm{aa}_n & \mathrm{bb}_n & \mathrm{cc}_n & \mathrm{dd}_1 \end{pmatrix}; \quad \delta X = \begin{pmatrix} \delta X_0 \\ \delta Y_0 \\ \delta Z_0 \\ \delta R \end{pmatrix}; \quad I = \begin{pmatrix} \mathrm{ll}_1 \\ \mathrm{ll}_2 \\ \vdots \\ \mathrm{ll}_n \end{pmatrix}$$

我们设定了所测点拟合的一个平面，因此洞门钢环圆心亦应在这一平面上，故有

$$A \cdot \delta X_0 + B \cdot \delta Y_0 + C \cdot \delta Z_0 + A \cdot X_0^0 + B \cdot Y_0^0 + C \cdot Z_0^0 + D = 0 \tag{8.23}$$

写成矩阵的形式，则有

$$A_x \cdot \delta X + W = 0 \tag{8.24}$$

其中，$A_x = \begin{pmatrix} A \\ B \\ C \\ 0 \end{pmatrix}$; $\delta X = \begin{pmatrix} \delta \mathrm{X}_0 \\ \delta \mathrm{Y}_0 \\ \delta \mathrm{Z}_0 \\ \delta R \end{pmatrix}$; $W = A \cdot X_0^0 + B \cdot Y_0^0 + C \cdot Z_0^0 + D$。

这样利用式（8.22）和式（8.24），采用附有条件的间接平差的精度评定方法进行平差计算，得到洞门钢环中心 $O(x_0, y_0, z_0)$、半径 R 的最大或然值及各测点改正数、半径的中误差，这些相关改正数及中误差是因为洞门钢环在加工、安装误差及测取各点坐标时的测量误差所引起。此种方法很容易发现测量中存在的错误或误差较大的点位，如果存在错误的点或有较大误差的点，将其删除重新平差，直至满足要求为止。这里不再赘述，有兴趣的读者可参看测量平差相关内容的书籍。

8.3.2　三维转化二维法

洞门钢环在安装时，钢环面一般垂直于设计线路纵坡或在铅垂面上安装，城市轨道交通工程中线路纵向坡度一般不大，相关设计规范要求纵坡不宜大于 35‰。为简化计算，假设洞门钢环面与铅垂面一致，因此，在洞门钢环上的 n 个测点投影在水平面上是一条近似直线，如图 8.2 所示。

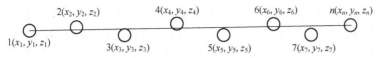

图 8.2　各点投影示意图

n 个点投影到同一水平面上的各点高程一致，这里可以将高程忽略，即各点坐标为 $(x_i, \ y_i)$，将 n 个点坐标代入直线方程 $A \cdot Y + B \cdot X + C = 0$，则有

$$A \cdot y_i + B \cdot x_i + C = 0 \tag{8.25}$$

为使直线方程唯一，式（8.25）系数均除以 A，则有

$$y_i + \frac{B}{A} \cdot x_i + \frac{C}{A} = 0$$

令 $K = \dfrac{B}{A}$，$c = \dfrac{C}{A}$，则有

$$y_i + K \cdot x_i + c = 0 \tag{8.26}$$

由于洞门制造误差、安装误差、投影误差及测量误差的存在，将各点坐标代入直线方程 $y_i + K \cdot x_i + c = 0$ 后，有

$$y_i + K \cdot x_i + c = 0 \tag{8.27}$$

但由于各点不是严格在一条直线上，因此有

$$y_i + K \cdot x_i + c = d_i \tag{8.28}$$

将式（8.28）用矩阵形式表示，参数平差误差方程如下：

$$\boldsymbol{d}_i = \boldsymbol{A} \cdot \boldsymbol{\delta X} + \boldsymbol{L}$$

其中，$A = \begin{pmatrix} 1 \\ K \end{pmatrix}$，$\boldsymbol{\delta X} = \begin{pmatrix} y_i \\ x_i \end{pmatrix}$；$L = c$。

利用参数平差原理计算出 K 和 c 的最或是值，这样我们就拟合出最恰当的直线方程。假设直线上 $Q(x_0, \ y_0)$ 在所有点的同一侧，则各点到 Q 点的距离

$$D_i = \sqrt{(x_i - x_0)^2 + (y_i - y_0)^2} \tag{8.29}$$

利用 D_i 和各点高程 z_i 组成新的平面直角坐标系中的各点坐标为 $n_i'(D_i, z_i)$，则各点 n_i' 在新建立的平面坐标系中组成一个平面圆，假设此平面圆的圆心为 $o'(x_0', y_0')$，圆心半径为 R'，则有

$$R' = \sqrt{(D_i - x_0')^2 + (z_i - y_0')^2} \tag{8.30}$$

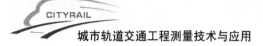

将式(8.30)进行线性化后,利用参数平差原理,可以计算出圆心 o' 的坐标 x'_0 和 y'_0,然后利用直线方程式(8.28),可以将 o' 的平面坐标转换成施工坐标系的三维坐标,即拟合的圆心 $O(x_0, y_0, z_0)$,这样我们就采用两次参数平差的计算原理将洞门环板的中心计算了出来。同时,新建平面直角坐标系中圆的半径 R' 也就是洞门环板的拟合半径 R。

8.3.3 实际应用

1．原始数据

表 8.1 所示是东莞市轨道交通 2 号线某车站左线接收端洞门钢环原始测量数据,在钢环上基本均匀地测取了 12 个点。

表8.1　原始测量数据

点号	Y坐标（m）	X坐标（m）	高程（m）	点号	Y坐标（m）	X坐标（m）	高程（m）
1	*18.536 9	*50.614 5	−7.054 1	2	*19.557 2	*50.380 5	−6.899 7
3	*21.070 6	*49.994 3	−5.892 8	4	*21.890 3	*49.811 1	−4.464 9
5	*21.999 9	*49.804 5	−2.893 2	6	*21.529 2	*49.906 6	−1.560 9
7	*15.860 7	*51.284 6	−1.034 9	8	*15.212 4	*51.428 6	−2.168 7
9	*15.005 6	*51.471 1	−3.608 9	10	*15.248 3	*51.407 5	−4.714 8
11	*15.960 1	*51.242 8	−5.857 7	12	*17.150 6	*50.953 3	−6.776 6

2．计算结果

1）割球法

（1）单位权中误差:

$$\mu = 0.017\ 168\ 226$$

（2）参数改正值及其中误差:

$$
\begin{array}{lll}
1 & 0.000\ 000\ 000 & 0.006\ 245\ 369 \\
2 & -0.000\ 000\ 000 & 0.001\ 502\ 477 \\
3 & 0.000\ 000\ 000 & 0.008\ 745\ 136 \\
4 & 0.000\ 000\ 000 & 0.005\ 534\ 754
\end{array}
$$

（3）参数平差值的权逆阵:

$$
\begin{array}{llll}
0.132 & & & \\
-0.032 & 0.008 & & \\
0.011 & -0.002 & 0.259 & \\
0.013 & -0.003 & 0.072 & 0.104
\end{array}
$$

（4）测量各点的误差情况，如表 8.2 所示。

表 8.2　各点误差情况

点　号	各点圆度（m）	各点平面度（m）
1	0.011 9	−0.000 2
2	0.017 2	−0.011 1
3	−0.012 7	0.013 3
4	0.001 9	0.004 0
5	−0.003 9	−0.010 2
6	−0.007 2	0.005 0
7	0.015 6	−0.005 9
8	0.008 4	0.002 2
9	0.000 2	0.004 7
10	−0.016 0	0.006 2
11	−0.033 1	−0.003 9
12	0.017 8	−0.004 1

（5）计算的平面参数：

A=−0.234 118 740 15；B=−0.972 202 787 03；C=0.003 192 847 41

（6）计算的拟合圆心坐标：

Y=*18.520 9；X=*50.630 9；Z=−3.423 5

（7）计算的半径值：

R=3.618 8

2）三维转二维法

（1）单位权中误差：

μ=0.017 155 802 6

（2）参数改正值及其中误差：

−0.000 000 000 00	0.006 416 672 35
0.000 000 000 00	0.008 735 989 64
0.001 201 678 50	0.005 530 743 20

（3）各测点误差情况如表 8.3 所示。

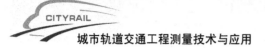

表8.3　各测点误差

点　　号	各点圆度（m）	各点平面度（m）	各点垂直度（m）
1	0.011 9	0.000 3	0.008 2
2	0.017 2	-0.010 7	-0.003 5
3	-0.012 7	0.013 4	0.017 3
4	0.001 9	0.003 9	0.003 3
5	-0.003 9	-0.010 6	-0.016 0
6	-0.007 2	0.004 3	-0.004 9
7	0.015 5	-0.006 5	-0.016 0
8	0.008 4	0.001 9	-0.004 1
9	0.000 2	0.004 7	0.003 0
10	-0.016 0	0.006 4	0.008 0
11	-0.033 1	-0.003 6	0.001 3
12	0.017 8	-0.003 7	0.003 7

（4）计算的圆心坐标：

$$Y=*18.519\ 9; \quad X=*50.627\ 0; \quad H=-3.423\ 4$$

（5）计算圆半径：

$$R=3.618\ 8$$

（6）直线斜率：

$$S_p=-0.241\ 1$$

第9章 盾构始发测量

盾构始发测量是指盾构机在正式掘进前为盾构机掘进所做的相关测量工作，主要包含洞门钢环中心测量、始发托架安装定位测量、盾构机始发姿态测量、反力架安装定位测量等相关内容，由于第8章中对洞门钢环中心测量进行了详细介绍，本章对洞门钢环中心测量的内容不再赘述。

始发测量中始发托架安装定位测量、盾构机始发姿态测量、反力架定位安装测量等测量工作均以设计线路轴线为依据，因此设计线路轴线的计算结果尤为重要，在计算时应多方复核无误后，方可作为始发测量工作的依据。

9.1 始发托架安装定位测量

9.1.1 始发托架安装定位测量介绍

在盾构机始发托架安装前，利用联系测量引至的井下控制点精确地在始发井底部标定出始发托架的支撑导轨的中心线。特别提醒注意：因盾构机是以隧道设计中心线为参考依据进行掘进的，支撑导轨的中心线是由施工单位依据隧道设计中心线和洞门钢环实际中心自行设计的综合中心线。当洞门钢环中心与隧道设计中心线在水平和竖直方向上较差不大时（一般不大于10mm），可直接采用隧道设计中心线作为始发架导轨中心线，但当较差较大时，应在充分考虑隧道设计中心线、洞门实际中心和盾构机进洞时的偏差调整情况下，设计一条完美的综合性中心线作为始发架导轨中心线，以满足盾构机顺利进洞及进洞后盾构机偏差调整的要求。

根据始发井空间长度、洞门钢环位置、盾构机尺寸设计出预拼装负环的数量、导轨中心线坐标数据及合理的始发托架的平面及高程位置。我们以目前在城市轨道交通工程中使用最为广泛的海瑞克盾构机为例进行说明。

如图9.1所示。负环计划拼装7环，其中零环一半位于始发井，另一半位于洞门中，这样设置是为了将来施作洞门的时候便于拆卸；盾构机后部为反力架，为的是在盾构机始发掘进时给盾构机提供足够的反力；盾构底部为盾构始发托架，是盾构机在始发井中的支撑和定位托架。

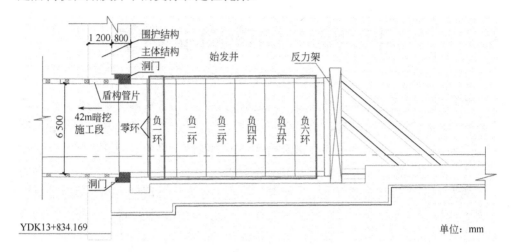

单位：mm

图 9.1　盾构始发相关设施布置图

　　始发托架的安装在始发井移交之后进行。始发托架的结构图如图 9.2 和图 9.3 所示。首先依据设计好的综合性中心线（一般以隧道中心线为准）确定始发托架中心线，通过测量放线，将托架中心线和托架支撑轨切点位置刻划于始发井底或端墙及侧墙上，以指示托架的安装位置。托架安装就位后，在井底采用型钢，利用四周井壁将托架支撑，焊接定位之后，开始在托架上组装盾体。

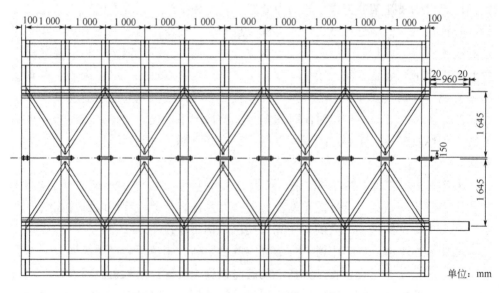

单位：mm

图 9.2　始发托架俯视图

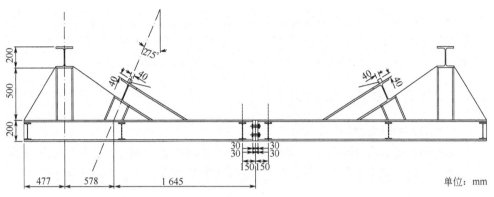

图 9.3　始发托架侧视图

　　盾构机始发托架的平面放样是以设计好的综合性中心线（一般以隧道中心线为基准）放样，绝大多数盾构始发为直线始发，即始发所在的隧道中心线为直线，直接将隧道中心线放样在始发井底板处，安装、调整始发托架使其中心线与放样的隧道中心线重合，即完成了始发托架的平面放样。

　　始发托架高程放样过程中，应注意托架中心位置与盾构机底部是否直接接触，如直接接触，可采用托架中心顶部位置作为高程控制的基准，否则应选取托架与盾构机接触的位置作为高程放样的基准，一般以托架上焊接的导轨作为高程放样的控制部位。利用导轨在托架上的结构尺寸和盾构机的结构尺寸计算出放样的设计高程，设计高程是以设计好的综合性中心线为基准（一般以隧道中心线高程为基准）进行计算。

　　始发托架的平面和高程放样满足要求后，将始发托架进行固定，然后吊装盾构机的相关部件，按照相对应的里程将盾构机各部件连接起来，这样就完成了盾构机组装工作。

　　盾构始发托架放样时应注意以下几点：

　　（1）如果在直线段（或大半径曲线段）始发时，托架前端和后端中心形成的直线应和设计线路（或线路对应的托架前端和后端位置的弦线）方向重合；如在小半径曲线段始发时，托架前端和后端中心形成的直线应和设计隧道相对应的托架前端里程的切线方向重合，但应同时注意洞门钢环中心与设计隧道中心线在水平方向上的差值，如差值较大时，应综合考虑洞门钢环中心和设计隧道中心来确定始发托架的平面位置（应以平行于隧道中心线且通过洞门钢环中心的直线作为始发托架平面放样的基准线）。

　　（2）始发托架高程应能使盾构机中心位置和设计线路位置的高程保持一致，但因盾构机本身自重较大，为防止盾构机"栽头"，一般使始发托架的设计高程抬高 20～50mm（盾构机安装定位后，盾构机中心按照一定的坡度较始发洞门环板实际中心的高程高出 20～50mm，这样更有利于盾构机顺利进入始发洞门环板中），可根据盾构机类型和始发井端头地质条件自行决定高程高出量。

9.1.2　反力架安装定位测量

1．反力架安装定位测量过程

反力架的安装在尾盾安装完成之后、连接桥连接之前进行。盾构的基准环和反力架是在盾构机始发时承受盾构机在掘进时产生的作用力，从而产生相应的反作用力支撑盾构机掘进，因此基准环和反力架只有在盾构始发时需要安装，在反力架安装过程中应随时测量反力架的竖向倾角及反力架轴线和盾构机轴线是否重合，不断调整反力架的竖向倾角和轴线平面位置。

2．基准环及反力架安装测量需满足的条件

（1）基准环和反力架的竖向倾角应与始发托架上的盾构机轴线的法线平行。

（2）基准环和反力架的中心线应与始发托架上的盾构机的轴线一致。

（3）在盾构机开始掘进时应对基准环及反力架进行监控量测，以及时发现基准环和反力架能否承受盾构机掘进时给其的反作用力、掘进时基准环和反力架是否发生变形等情况，变形过大时，应停止掘进，并对反力架姿态重新调整并进行加固，保证掘进安全。

3．实例

下面以某轨道交通工程右线始发为例进行介绍。盾构始发反力架为拼装式全圆钢架结构，以确保足够钢性。反力架分两部分吊装下井。上半部分重 13.260t，下半部分重 9.94t。其安装位置如图 9.1 所示，反力架正视、侧视图如图 9.4 和图 9.5 所示。

右线反力架安装起始里程为 YDK**+*34.069，零环管片进入洞门 900mm（洞门长 900mm）。左线反力架安装起始里程为 ZDK**+*34.069，零环管片进入洞门 900mm（洞门长 900mm）。

反力架安装时，首先测量在反力架位置起始里程断面的中心线，并刻划在始发井侧墙上，以便反力架中心定位，反力架中心随始发托架抬高而同时抬高。其定位的关键是反力架紧靠负环管片的定位平面与此处设计的综合中心线垂直。

反力架底部的横梁和立柱下端采用钢支撑块支顶在后面 1 000mm 的底部台阶处，位置确定之后，再焊接固定后部斜撑。斜撑采用 Φ600 钢管支撑，如图 9.5 所示。

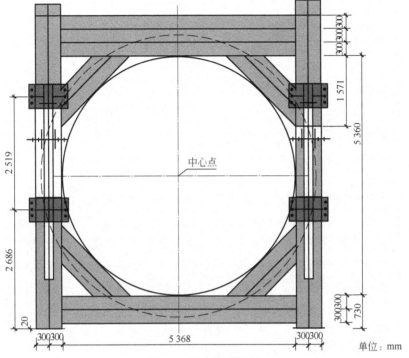

图 9.4　反力架正视图

中心点

单位：mm

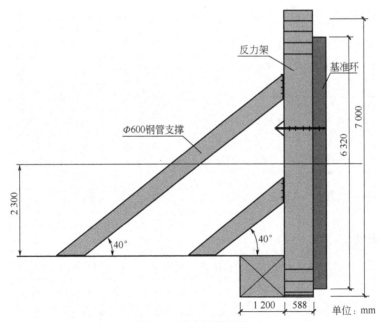

反力架

基准环

Φ600钢管支撑

40°

40°

单位：mm

图 9.5　反力架侧视图

9.2　始发姿态测量

盾构机在始发时，整个盾构机处在开放的空间，在这样的开放空间中，对盾构机的盾首、盾尾及中盾均可采用全站仪进行观测，因此进行始发姿态测量可以采用两种方法，空间拟合圆心法和参考点法。

9.2.1　空间拟合圆心法

此方法就是当盾构机安放到始发托架上时，在盾构机的刀盘、中体和盾尾位置（见图 9.6）按照空间圆的测量方法，分别在刀盘、中体和盾尾的横断面上基本均匀地测取 n 个测点的三维坐标（见图 9.7），利用空间圆数据处理原理，拟合出刀盘、中体和盾尾在施工坐标系中的圆心坐标。分别将刀盘、中体和盾尾处的圆心与隧道中心轴线进行比较，计算出切口环圆心和盾尾环圆心在水平和竖直方向上与隧道设计轴线的偏差值；同时，利用切口环和盾尾环的拟合圆心的高程，可以得到盾构机实际的纵坡值，这些值就是我们要求的盾构机始发姿态参数。当然，因盾构机和导向系统类型的不同，在求取刀盘、中体和盾尾拟合圆心位置时有细微差别，请注意区分。

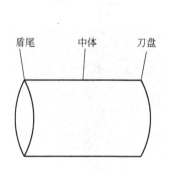

图 9.6　盾体测量点示意图（纵向）

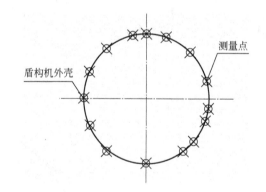

图 9.7　盾体测量点示意图（横断面）

9.2.2　参考点法

首先在盾构机上设置 3 个以上的参考点，一般设置 3～30 个为宜（一般盾构机在出厂时已经给出相应的参考点及其在独立坐标系中的坐标，如海瑞克盾构机，但有些盾构机没有给出参考点，需要自行建立参考点并测设其坐标值），自行定义

以盾构机前中体（刚性体）为基准的一套独立三维直角坐标系（也称物方坐标系），并测设其参考点和盾构机切口环圆心、盾尾环圆心在自定义坐标系中的三维坐标。在进行盾构机始发姿态测量时，利用施工坐标控制点，测设其参考点在施工坐标系中的施工坐标。根据参考点在自定义坐标系中的坐标和测设得到的参考点在施工坐标系中的施工坐标，将实测的参考点作为自定义坐标系及施工坐标系的公共点，通过两个三维直角坐标系转换模型，求得两坐标系转换参数，利用这些转换参数和切口环及盾尾环圆心的自定义坐标，可以求得盾构机切口环和盾尾环圆心在施工坐标系中的施工坐标。

分别将转换后得到的切口环圆心和盾尾环圆心的施工坐标与隧道设计轴线进行比较，计算出切口环圆心和盾尾环圆心在水平和竖直方向上与隧道设计轴线的偏差值；同时，利用切口环和盾尾环的圆心的高程，可以得到盾构机实际的纵坡值，这些值就是我们要求的盾构机始发姿态参数。具体数据处理方法请参考第 10章，这里不再赘述。

以上两种方法计算的结果均可满足规范及技术文件要求的精度，但空间拟合圆心法只适合整个盾构机处在开放的空间中的情况，能够实际测到盾构机前端切口环或后点盾体的位置，而参考点法适用性较为广泛，无论盾构机是处在开放的空间还是处在密闭的空间，均可以直接测得参考点施工坐标进行转换，计算出盾构机的实时姿态。另外还可用水平标尺法测量盾构机姿态，但因其测量精度极低，已不再采用。

建议在盾构机始发时采用以上两种方法进行计算校核，得到真实、可靠的盾构机始发姿态，以校核调整盾构机导向系统显示姿态值。

第10章 盾构机姿态测量

10.1 概况

在盾构施工过程中，盾构机姿态监测的主要内容包括前后基准点里程、平面偏差、竖向（高程）偏差、趋势、俯仰角及滚动角等。

平面偏差和高程偏差主要是指盾构机前基准点（盾构机前端切口中心位置）和盾构机后基准点（指沿着盾构机中体或后体某处的盾构机的中心位置）与设计隧道轴线比较在水平和竖直方向上的偏差值（见图10.1），故只要得到盾构机前基准点及后基准点在施工坐标系中的三维坐标，利用求得的两点的三维坐标与设计隧道轴线进行比较，就很容易得到前、后基准点与设计隧道轴线在水平和竖直方向的偏差值。

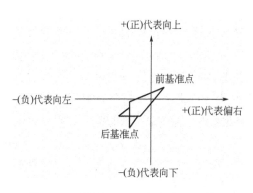

图 10.1　盾构机平面、竖向偏差示意图

趋势是表示盾构机在水平方向和竖直方向与设计隧道轴线相对关系的一个重要信息，一般分为水平趋势和竖向趋势。水平趋势是指在即将掘进过程中盾构机相对于设计隧道轴线是向右转向还是向左转向的指标，正值代表盾构机向右转向，负值代表盾构机向左转向，如图10.2所示。竖直趋势是指盾构机在即将的掘进过程中相对于设计隧道轴线是向下还是向上掘进，负值代表盾构机较设计隧道轴线向下掘进，正值表示盾构机较设计隧道轴线向上掘进，如图10.3所示。

滚动角是指盾构机盾体与水平线比较向右或向左滚动的数据，当滚动角为正时，表示盾构机盾体较水平线向右滚动，滚动角为负时，表示盾构机盾体较水平线向左滚动，如图10.4所示。

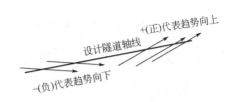

图 10.2　水平趋势示意图　　　　　图 10.3　竖直趋势示意图

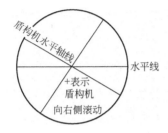　　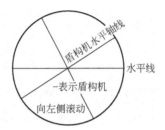

图 10.4　盾构机滚动角示意图

得到的盾构机前后基准点坐标如图 10.5 所示。其中 O_1 和 O_2 分别为盾构机上的前、后基准点，其坐标分别为 $O_1(X_1,\ Y_1,\ Z_1)$ 和 $O_2(X_2,\ Y_2,\ Z_2)$。我们以前基准点 O_1 为例，先判断前基准点 O_1 位于设计隧道轴线的大致位置，将前基准点 O_1 与前后最近的线路特征点进行比较，若是两侧最近的线路特征点为缓直点和直缓点，则 O_1 点位于设计隧道轴线的直线段；若是两侧最近的线路特征点为直缓点和缓圆点，则其位于设计隧道轴线的缓和曲线段，依次类推，判断前基

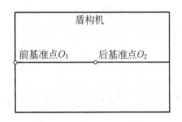

图 10.5　前后基准点示意图

准点 O_1 是位于设计隧道轴线的直线段，缓和曲线段还是圆曲线段。在不同的线路形式上，计算水平偏差的方法也有区别。

10.1.1　前基准点位于设计隧道轴线的直线段

如图 10.6 所示，前基准点 O_1 坐标已知，为 $O_1(X_1,\ Y_1,\ Z_1)$，A 点为设计隧道轴线上的点，其坐标为 $A(X_A,\ Y_A,\ Z_A)$，里程为 CH_A，直线的方位角为 α，则有

$$\angle O_1AB = a\tan\left(\frac{Y_1 - Y_A}{X_1 - X_A}\right) - \alpha \qquad (10.1)$$

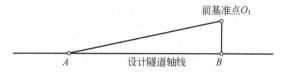

图 10.6　直线段示意图

O_1 至 A 的距离

$$S_{O_1A} = \sqrt{(X_1 - X_A)^2 + (Y_1 - Y_A)^2 + (Z_1 - Z_A)^2}\qquad(10.2)$$

根据直角三角形勾股定理，则前基准点 O_1 相对于设计隧道轴线的水平偏差

$$S_{O_1B} = S_{O_1A} \times \sin\angle O_1AB\qquad(10.3)$$

然后判断前基准点 O_1 位于设计隧道轴线的左侧还是右侧，若在左侧则为负，即水平偏差为 $-S_{O_1B}$，否则为 S_{O_1B}。

前基准点 O_1 相对应的设计隧道轴线上的里程

$$CH_1 = CH_A + S_{AB}\qquad(10.4)$$

式中，S_{AB} 为设计隧道轴线上 A 点到 B 点的距离，$S_{AB} = S_{O_1A} \times \cos\angle O_1AB$。

将前基准点 O_1 的高程 Z_1 与设计隧道轴线上 B 点的高程 Z_B 进行比较，可得前基准点 O_1 的竖向偏差 V。即

$$V = Z_1 - Z_B\qquad(10.5)$$

10.1.2　前基准点位于设计隧道轴线的缓和曲线段

如图 10.7 所示，前基准点 O_1 处在缓和曲线上，B 点为对应设计隧道轴线上的里程点，A 为缓和曲线的起点，即直缓点。由于曲线上任意一点的切线和法线方位都是唯一的，在计算过程中，以直代曲，逐渐叠加可求出 O_1 点对应设计隧道轴线上的里程 B 点，从而可得其设计的三维坐标。

由 A 和 O_1 的坐标，计算出边长 S_{AO_1} 和方位角 $\beta_{方}$，即

$$S_{AO_1} = \sqrt{(X_1 - X_A)^2 + (Y_1 - Y_A)^2}\qquad(10.6)$$

$$\beta_{方} = \tan^{-1}\left(\frac{Y_1 - Y_A}{X_1 - X_A}\right)\qquad(10.7)$$

由 A 点的里程加 S_{AO_1} 可以求出 O_1 点对应设计隧道轴线上的里程点 B'，B' 点对应有其唯一的切线和法线方位，沿 AB 的方向逐渐叠加 B' 点的里程，通过 B' 和 O_1 的坐标计算出 $B'O_1$ 边的方位角 $\beta'_方$，看其是否等于 B' 点的法线方位（或相差 $180°$），若等于（或相差 $180'$），则 B' 点就是 O_1 对应设计隧道轴线上的里程 B 点；若不相等（或相差 $180°$），则需要继续叠加 B' 点的里程，直到

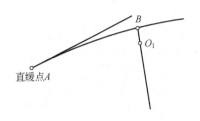

图 10.7　缓和曲线计算图

找到 $\beta'_方$ 等于设计隧道轴线上 B' 点的法线方位（或相差 $180°$），这样也就找到了 B 点。由 O_1 和 B 点两点的坐标计算出 O_1B 的边长和方位角，即可得出前基准点此时偏离设计线路的方向和距离。即

$$\Delta X = S_{AO_1} \times \cos\beta_方 \tag{10.8}$$

$$\Delta Y = S_{AO_1} \times \sin\beta_方 \tag{10.9}$$

知道 B 点的设计里程，就可以算出该点的设计高程，将实测高程和设计高程相比较，即可得出此时前参考点的竖向偏差值。

10.1.3　前基准点位于设计隧道轴线的圆曲线段

如图 10.8 所示，B 点为缓圆点，A 为圆心 O、前基准点 O_1 连线的交点，也就

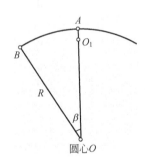

图 10.8　圆曲线计算图

是前基准点 O_1 在设计隧道轴线上对应的里程点，通过 O_1 点和圆心 O 的坐标，计算 OO_1 边的长度和方位角，由边 OO_1 与半径 R 相比较，就可以方便地知道前基准点 O_1 的水平偏差值及偏移方向。

O_1 点对应的里程为 B 点的里程加上 AB 弧线的弧长。由 O_1 点所对应的线路里程就可以求出设计高程，将前基准点 O_1 的高程 Z_1 与设计高程进行比较，就可以方便地求出前基准点 O_1 相对于设计隧道轴线的竖向偏差。

同理，可以求得后基准点 O_2 相对于设计隧道轴线的里程、水平偏差、竖向偏差。因此，根据盾构机前后基准点在施工坐标系中的三维坐标，可以方便地计算出盾构机的前后基准点的水平偏差、竖向偏差及里程。

一般在实际工作中常采用作图法，即直接将得到的前后基准点坐标展示到线路设计图上，在图上直接量取水平偏差、竖向偏差及对应的里程。另一种方法是将提前计算的设计隧道轴线坐标和前后参考点比较，得到前后基准点的水平偏差、

竖向偏差及里程。

根据前基准点 $O_1(X_1,\ Y_1,\ Z_1)$ 和后基准点 $O_2(X_2,\ Y_2,\ Z_2)$ 的三维坐标，得到前后基准点间的距离

$$S_{O_1O_2} = \sqrt{(X_1 - X_2)^2 + (Y_1 - Y_2)^2 + (Z_1 - Z_2)^2} \tag{10.10}$$

盾构机的俯仰角

$$\beta_{俯} = \frac{Z_1 - Z_2}{S_{O_1O_2}} \tag{10.11}$$

然后将盾构机的俯仰角与设计隧道轴线的坡度进行比较，可以方便地得到盾构机竖直方向上的趋势；同时利用盾构机前后基准点的水平偏差，可以方便地得到盾构机在水平方向上的趋势。

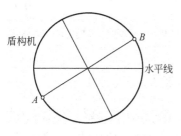

图 10.9　滚动角测量示意图

如图 10.9 所示，A、B 两点分别位于盾构机左右两侧，是在盾构机完全水平，即滚动角为零时，在相同的标高处设置的点位，已准确测设出 A、B 两点的距离 S_{AB}。当盾构机需要测设其滚动角时，直接测量 A、B 点的高程 Z_A、Z_B，则此时盾构机的滚动角

$$\beta_{滚} = \frac{Z_A - Z_B}{S_{AB}} \tag{10.12}$$

人工测量盾构机姿态的传统方法一般有四种：水平标尺法、拟合圆心法、三点法及参考点法。目前参考点法是盾构机姿态人工测量的主要方法，其精度和可靠性也最高。下面对这几种方法逐个进行详细介绍。

10.2　水平标尺法

水平标尺法的原理是测量盾构机盾尾的前后两点水平摆放的标尺中心处的坐标，根据盾构机组装时确定的几何关系推算盾构机前后基准点的三维坐标，然后与隧道设计轴线比较即可得到盾构机的各项姿态参数。水平标尺法是盾构施工测量阶段的最原始的人工测量方法，盾构机类型不同，导致盾尾与前中体是柔性连接，无法组成一个刚性体，另外盾尾空间有限制，这些原因导致其精度低、易出错及无检核条件，目前在盾构姿态测量中已很少使用。

如图 10.10 所示，在盾构机盾尾处选择 A、B 两个位置，分别将水平标尺安放于 A、B 处，如图 10.11 所示，将水平标尺调整水平后，采用全站仪分别测取 A、B 处水平标尺中心位置的三维坐标，分别为 $A(X_A, Y_A, Z_A)$ 和 $B(X_B, Y_B, Z_B)$，利用盾构机 A、B 处的几何关系（见图 10.10），则有

$$H_A = \sqrt{R_A^2 - (L/2)^2} \tag{10.13}$$

$$H_B = \sqrt{R_B^2 - (L/2)^2} \tag{10.14}$$

A'、B' 的高程为

$$Z_{A'} = Z_A + H_A \tag{10.15}$$

$$Z_{B'} = Z_B + H_B \tag{10.16}$$

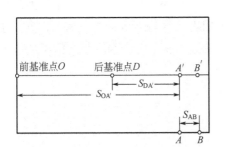

图 10.10　水平标尺法测量纵断面图　　图 10.11　水平标尺法测量横断面图

由 B' 指向 A' 的方位角 $\alpha_{A'B'}$ 为

$$\alpha_{A'B'} = \tan^{-1}\left(\frac{Y_A - Y_B}{X_A - X_B}\right) \tag{10.17}$$

注意：计算方位角时，应根据表 5.1 所示的象限情况进行计算。

由于前基准点 O、后基准点 D、A' 和 B' 四点同线，则有

$$X_D = X_A + S_{DA'} \times \cos\alpha_{A'B'} \tag{10.18}$$

$$Y_D = Y_A + S_{DA'} \times \sin\alpha_{A'B'} \tag{10.19}$$

同理，有

$$X_O = X_A + S_{OA'} \times \cos\alpha_{A'B'} \tag{10.20}$$

$$Y_O = Y_A + S_{OA'} \times \sin\alpha_{A'B'} \tag{10.21}$$

根据 A' 和 B' 两点的高程 $Z_{B'}$ 和 $Z_{A'}$，得到前基准点 O、后基准点 D、A' 和 B' 四点组成直线的坡度为

$$\beta_{坡} = \frac{Z_{A'} - Z_{B'}}{S_{AB}} \qquad (10.22)$$

则有

$$Z_D = Z_{A'} + S_{DA'} \times \beta_{坡} \qquad (10.23)$$

同理，有

$$Z_O = Z_{A'} + S_{OA'} \times \beta_{坡} \qquad (10.24)$$

根据求得的前基准点 $O(X_O, Y_O, Z_O)$ 和后基准点 $D(X_D, Y_D, Z_D)$ 的坐标，可以方便地求出盾构机的姿态参数。

由于盾构机盾体的制造误差，选择的 A、B 处不一定是真圆，加上在盾尾处空间的限制，导致 A、B 点的距离较近，这些都是产生较大误差的根源，因此，水平标尺法的精度极低，所测结果只能作为参考值，而不能作为调整盾构机姿态的依据，请特别注意。

10.3 拟合圆心法

此方法在 9.2 节中已有详细介绍，这里不再赘述。

10.4 三点法

人工测量盾构机姿态三点法因其手工计算简单，因而在施工现场经常采用，一般采用三种计算方法。

10.4.1 方法一

如图 10.12 所示，在盾构机的刚性盾体上（一般将盾构机前、中体作为刚性体）基本均匀（注意纵向和横向上的位置基本均匀）但同时考虑测设方便等原因设置三个参考点 A、B、C，以此三个参考点和盾体前基准点、后基准点为基准设置一独立的三维直角坐标系，并将这五个点在独立直角坐标系中的坐标测设出来，其坐标分别为前基准点 $O_1(x_1, y_1, z_1)$、后基准点 $O_2(x_2, y_2, z_2)$ 和三个参考点

$A(x_A, y_A, z_A)$、$B(x_B, y_B, z_B)$、$C(x_C, y_C, z_C)$。

在盾构机掘进的过程中，五个点相对于施工坐标系是时刻变化的，这 5 个点相对几何关系是一直不变的（盾构机盾体因温度的变化幅度很小，我们这里忽略温度变化对盾体的影响）。

图 10.12　参考点设置图

当盾构机掘进至某处时，我们测设出三个参考点的施工坐标 $A(X_A,\ Y_A,\ Z_A)$、$B(X_B,\ Y_B,\ Z_B)$ 和 $C(X_C,\ Y_C,\ Z_C)$，利用这 5 个点的几何关系不变这一特性，得到前基准点此时的坐标 $O_1(X_1,\ Y_1,\ Z_1)$ 为

$$\begin{cases}(X_A - X_1)^2 + (Y_A - Y_1)^2 + (Z_A - Z_1)^2 = (x_A - x_1)^2 + (y_A - y_1)^2 + (z_A - z_1)^2 \\ (X_B - X_1)^2 + (Y_B - Y_1)^2 + (Z_B - Z_1)^2 = (x_B - x_1)^2 + (y_B - y_1)^2 + (z_B - z_1)^2 \\ (X_C - X_1)^2 + (Y_C - Y_1)^2 + (Z_C - Z_1)^2 = (x_C - x_1)^2 + (y_C - y_1)^2 + (z_C - z_1)^2 \end{cases} \quad (10.25)$$

由于前基准点 $O_1(x_1, y_1, z_1)$、后基准点 $O_2(x_2, y_2, z_2)$ 和三个参考点 $A(x_A,\ y_A,\ z_A)$、$B(x_B,\ y_B,\ z_B)$、$C(x_C,\ y_C,\ z_C)$ 坐标已知，设 $(x_A - x_1)^2 + (y_A - y_1)^2 + (z_A - z_1)^2 = d_1$，$(x_B - x_1)^2 + (y_B - y_1)^2 + (z_B - z_1)^2 = d_2$，$(x_C - x_1)^2 + (y_C - y_1)^2 + (z_C - z_1)^2 = d_3$，则式（10.25）可简化为

$$\begin{cases}(X_A - X_1)^2 + (Y_A - Y_1)^2 + (Z_A - Z_1)^2 = d_1 \\ (X_B - X_1)^2 + (Y_B - Y_1)^2 + (Z_B - Z_1)^2 = d_2 \\ (X_C - X_1)^2 + (Y_C - Y_1)^2 + (Z_C - Z_1)^2 = d_3 \end{cases} \quad (10.26)$$

将式（10.26）展开并相减，则有

$$\begin{cases}2(X_A - X_B)X_1 + 2(Y_A - Y_B)Y_1 + 2(Z_A - Z_B)Z_1 = X_A^2 - X_B^2 + Y_A^2 - Y_B^2 + Z_A^2 - Z_B^2 - d_1 + d_2 \\ 2(X_A - X_C)X_1 + 2(Y_A - Y_C)Y_1 + 2(Z_A - Z_C)Z_1 = X_A^2 - X_C^2 + Y_A^2 - Y_C^2 + Z_A^2 - Z_C^2 - d_1 + d_2 \end{cases}$$

$$(10.27)$$

三个参考点组成一个平面 M_{ABC}，由三个参考点的坐标，根据平面法线公式，得

$$(x_{n'}, y_{n'}, z_{n'}) = \left\{ \begin{vmatrix} Y_A - Y_B & Z_A - Z_B \\ Y_A - Y_C & Z_A - Z_C \end{vmatrix}, \begin{vmatrix} Z_A - Z_B & X_A - X_B \\ Z_A - Z_C & X_A - X_C \end{vmatrix}, \begin{vmatrix} X_A - X_B & Y_A - Y_B \\ X_A - X_C & Y_A - Y_C \end{vmatrix} \right\} \quad (10.28)$$

式中，$(x_n,\ y_n,\ z_n)$ 为 M_{ABC} 平面的法线方向矢量坐标。

则 M_{ABC} 平面方程为

$$x_n X + y_n Y + z_n Z + D = 0 \quad (10.29)$$

将参考点 A 的坐标代入式（10.29）中得

$$x_n X_A + y_n Y_A + z_n Z_A + D = 0 \quad (10.30)$$

由点到 M_{ABC} 平面的距离公式得

$$x_n X_1 + y_n Y_1 + z_n Z_1 + D = d_0 \qquad (10.31)$$

式中，d_0 为前基准点 O_1 到平面 M_{ABC} 的距离，可由独立三维直角坐标系中的 O_1、A、B、C 的坐标求得。

将式（10.32）移项后得

$$x_n X_1 + y_n Y_1 + z_n Z_1 = d_0 - D \qquad (10.32)$$

这样式（10.32）和式（10.27）组成一个三元一次的线性方程组，求解此方程组即可得前基准点 O_1 在施工坐标系中的三维坐标，同理可得到后基准点 O_2 在施工坐标系中的三维坐标。利用设计隧道轴线和前基准点 O_1、后基准点 O_2 在施工坐标系中的坐标，就可以方便地求得盾构机的姿态参数平面偏差、竖向偏差、俯仰角、里程、竖向趋势和水平趋势等。

10.4.2　方法二

如图 10.13 所示，A 为点 N 垂直盾构机中心纵轴的横断面；C 为点 N 到前基准点 O_1 的纵向距离；D 为点 N 到后基准点 O_2 的纵向距离。要得到前后基准点的坐标，需要一个坐标转换的过程，先把盾构布设的三个参考点进行平面投影，如图 10.14 所示。下面我们以计算前基准点 O_1 的坐标为例进行介绍。

由于盾构机的俯仰会影响 C 值，旋转会影响 a 值，且都会使 a 和 C 值比水平状态小，根据正投影和侧投影，每两点之间的理论高差为

$$h_{21} = (b_1 - b_2) \qquad (10.33)$$

$$h_{32} = (b_2 - b_3) \qquad (10.34)$$

实测的高差为

$$h'_{21} = (h_1 - h_2) \qquad (10.35)$$

$$h'_{32} = (h_2 - h_3) \qquad (10.36)$$

则理论高差与实测高差的差值为

$$\Delta h_{21} = h_{21} - h'_{21} \qquad (10.37)$$

$$\Delta h_{32} = h_{32} - h'_{32} \qquad (10.38)$$

而 Δh_{21}、Δh_{32} 是由俯仰和旋转共同引起的，令俯仰为 x（上+ 下-），旋转为 y（左- 右+），即可得方程

$$\Delta h_{21} = (C_1 - C_2) \times \cos x + (a_1 - a_2) \times \cos y \qquad (10.39)$$

$$\Delta h_{23} = (C_2 - C_3) \times \cos x + (a_2 - a_3) \times \cos y \qquad (10.40)$$

式（10.37）、式（10.38）组成方程组，求解后可得到俯仰角 x 和旋转角 y。

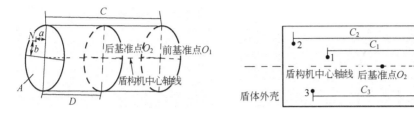

图 10.13　各点关系示意图　　　　图 10.14　投影后各点关系示意图

又

$$a_i' = a_i \times \left(1 + \frac{y}{206\,265} \right) \qquad (10.41)$$

$$c_i' = c_i \times \left(1 + \frac{y}{206\,265} \right) \qquad (10.42)$$

根据式（10.41）和式（10.42），利用任意两点实测的坐标值和实际的 a_i'、c_i' 值推算出盾构机前基准点 O_1 在施工坐标系中的坐标（X_1，Y_1）。这样就顺利地计算出前基准点 O_1 的三维坐标值。同理，可计算出后基准点 O_2 的坐标值。在前后基准点坐标值已知的情况下，就可以得到在此处盾构机姿态的各个参数值。

10.4.3　方法三

有的测量人员利用 AutoCAD 软件，将预设的三个参考点和盾构机前后基准点的相对几何关系用作图的方法在软件中画出来，然后将在施工坐标系测量的参考点拟合到这个图形中，直接在图上量取前后基准点的盾构机姿态参数，此方法较为简单，这里不再做详细介绍。

无论采用上述方法中的哪一种，均只采用三点进行盾构机姿态测算，故应在对三个参考点的位置选取时满足以下条件：

（1）三个参考点在刚性体（一般盾构机前、中体作为不变刚性体）中的横向和纵向尽量大且基本均匀。

（2）三个参考点易于观测，参考点在横向和纵向之间的距离应尽可能大。

（3）观测三个参考点时，尽量一站观测，使三个参考点的相对误差保持最小。

由于三点法是直接测取三个参考点坐标，是计算盾构机姿态的必要条件，任一个点存在较大误差，对解算盾构机姿态影响巨大，因此必须保证测设的三

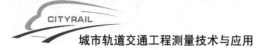

个点准确无误，且精度一致。因此，一般设置多个参考点，利用三点法计算多组结果，在结果较差相对较小时，取平均值计算盾构机的姿态。否则，应剔除粗差进行计算。

10.5　参考点法

参考点法测量盾构机姿态的方法是在三点法的基础上演变过来的，利用了最小二乘法原理，采用多个参考点（一般3～30个），通过两个直角三维坐标转换的方法进行测量平差，得到盾构机前后基准点三维坐标的最或是值。因此其一般包括参考点的设定、坐标转换模型的选择、初始值的计算和平差模型等内容。

10.5.1　参考点的设定

在盾构机始发前，在盾构机的盾体刚性部分（一般设置在盾构机的前体和中体上，因盾尾和中体为柔性连接，和前、中体非刚性连接，因此一般不在盾尾设置参考点）上设置多个参考点，并测设其在自设独立三维坐标系中的坐标，在施工现场通过测量这些参考点在施工坐标系中的三维坐标，通过最小二乘法原理，利用这些参考点在两个直角坐标系中的坐标和两个三维直角坐标系的转换模型，求得在施工坐标系中的盾构机前基准点和后基准点处的三维坐标，将其坐标与隧道设计轴线进行比较，就可以方便地求得盾构机轴线与隧道设计轴线的偏差。

10.5.2　坐标转换模型的选择

为能计算盾构机前后基准点在施工坐标系中的坐标，需选择合适的坐标转

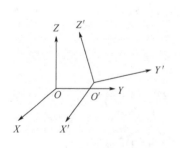

图 10.15　坐标转换模型示意图

换模型（见图 10.15），坐标转换的方法很多，常用的是布尔沙-沃尔夫转换模型、莫罗金斯基转换模型和范士转换模型，但这些转换模型都是大空间且基于小角度的三维直角坐标系的转换模型，而施工坐标系和盾构坐标系两种坐标的旋转角度都比较大，使用时会产生较大的模型转换误差，因此，必须找一种可以实现任意大角度旋转，甚至是左右手坐标系转换，且便于程序设计的转换模型。

10.5.3　初始值的计算

盾构机前后基准点在施工坐标系中的三维坐标求法与三点法中的求法一致，这里不再赘述。

10.5.4　平差模型

设点 A 在空间直角坐标系 $O—XYZ$ 中的坐标为 (X, Y, Z)，在空间直角坐标系 $O'—X'Y'Z'$ 中的坐标为 (X', Y', Z')。X' 轴在 $O—XYZ$ 中的方向余弦为 (a_1, b_1, c_1)，Y' 轴在 $O—XYZ$ 中的方向余弦为 (a_2, b_2, c_2)，Z' 轴在 $O—XYZ$ 中的方向余弦为 (a_3, b_3, c_3)；而 X 轴在 $O'—X'Y'Z'$ 中的方向余弦为 (a_1, a_2, a_3)，Y 轴在 $O'—X'Y'Z'$ 中的方向余弦为 (b_1, b_2, b_3)，Z 轴 $O'—X'Y'Z'$ 中的方向余弦为 (c_1, c_2, c_3)，μ 为尺度比，(X_0, Y_0, Z_0) 为 $O'—X'Y'Z'$ 的原点相对于 $O—XYZ$ 原点的平移量。两套坐标的关系用矩阵表示为

$$\begin{bmatrix} X \\ Y \\ Z \end{bmatrix} = \mu \begin{bmatrix} a_1 & a_2 & a_3 \\ b_1 & b_2 & b_3 \\ c_1 & c_2 & c_3 \end{bmatrix} \begin{bmatrix} X' \\ Y' \\ Z' \end{bmatrix} + \begin{bmatrix} X_0 \\ Y_0 \\ Z_0 \end{bmatrix} = \mu \mathbf{R} \begin{bmatrix} X' \\ Y' \\ Z' \end{bmatrix} + \begin{bmatrix} X_0 \\ Y_0 \\ Z_0 \end{bmatrix} \tag{10.43}$$

其中，$\mathbf{R} = \begin{bmatrix} a_1 & a_2 & a_3 \\ b_1 & b_2 & b_3 \\ c_1 & c_2 & c_3 \end{bmatrix}$。

通过式（10.43）可得到

$$\begin{bmatrix} X_1 \\ Y_1 \\ Z_1 \end{bmatrix} = \mu \mathbf{R} \begin{bmatrix} X_1' \\ Y_1' \\ Z_1' \end{bmatrix} + \begin{bmatrix} X_0 \\ Y_0 \\ Z_0 \end{bmatrix}$$

$$\begin{bmatrix} X_i \\ Y_i \\ Z_i \end{bmatrix} = \mu \mathbf{R} \begin{bmatrix} X_i' \\ Y_i' \\ Z_i' \end{bmatrix} + \begin{bmatrix} X_0 \\ Y_0 \\ Z_0 \end{bmatrix} \tag{10.44}$$

在式（10.44）中，$i \neq 1$，将式（10.44）中两式相减，则有

$$\begin{bmatrix} X_i - X_1 \\ Y_i - Y_1 \\ Z_i - Z_1 \end{bmatrix} = \mu \mathbf{R} \begin{bmatrix} X_i' - X_1' \\ Y_i' - Y_1' \\ Z_i' - Z_1' \end{bmatrix} \tag{10.45}$$

令 $X_i - X_1 = X_{i-1}$，$Y_i - Y_1 = Y_{i-1}$，$Z_i - Z_1 = Z_{i-1}$，$X_i' - X_1' = X_{i-1}'$，$Y_i' - Y_1' = Y_{i-1}'$，

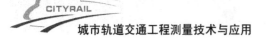

$Z_i' - Z_1' = Z_{i-1}'$。将其代入式（10.45）中，则有

$$\begin{bmatrix} X_{i-1} \\ Y_{i-1} \\ Z_{i-1} \end{bmatrix} = \mu R \begin{bmatrix} X_{i-1}' \\ Y_{i-1}' \\ Z_{i-1}' \end{bmatrix} \tag{10.46}$$

这就是归一化的坐标转换公式。在该公式中，消除了坐标平移参数，而仅保留旋转参数和尺度参数。该公式的误差方程可简单表示为

$$V = Ax - L \tag{10.47}$$

其中，

$$A = \begin{bmatrix} a_1^0 X_{i-1}' + a_2^0 Y_{i-1}' + a_2^0 Z_{i-1}' & \mu X_{i-1}' & \mu Y_{i-1}' & \mu Z_{i-1}' \\ b_1^0 X_{i-1}' + b_2^0 Y_{i-1}' + b_2^0 Z_{i-1}' & 0 & 0 & 0 \\ c_1^0 X_{i-1}' + c_2^0 Y_{i-1}' + c_2^0 Z_{i-1}' & 0 & 0 & 0 \end{bmatrix}$$

$$\begin{bmatrix} 0 & 0 & 0 & 0 & 0 & 0 \\ \mu X_{i-1}' & \mu Y_{i-1}' & \mu Z_{i-1}' & 0 & 0 & 0 \\ 0 & 0 & 0 & \mu X_{i-1}' & \mu Y_{i-1}' & \mu Z_{i-1}' \end{bmatrix} ;$$

$$x = \begin{bmatrix} d\mu & da_1 & da_2 & da_3 & db_1 & db_2 & db_3 & dc_1 & dc_2 & dc_3 \end{bmatrix}^T ;$$

$$L = \begin{bmatrix} X^0 \\ Y^0 \\ Z^0 \end{bmatrix} - \mu^0 R^0 \begin{bmatrix} X_{i-1}' \\ Y_{i-1}' \\ Z_{i-1}' \end{bmatrix} , \quad V = \begin{bmatrix} dX_{i-1} \\ dY_{i-1} \\ dZ_{i-1} \end{bmatrix} 。$$

上标为 0 的数为各未知参数相应的近似值，前缀为 d 的数为其相应值的改正数。旋转矩阵是正交矩阵，存在下列条件

$$\begin{cases} a_1^2 + a_2^2 + a_3^2 = 1 \\ b_1^2 + b_2^2 + b_3^2 = 1 \\ c_1^2 + c_2^2 + c_3^2 = 1 \\ a_1 b_1 + a_2 b_2 + a_3 b_3 = 1 \\ c_1 b_1 + c_2 b_2 + c_3 b_3 = 1 \\ a_1 c_1 + a_2 c_2 + a_3 c_3 = 1 \end{cases} \tag{10.48}$$

假定已知 a_2、a_3、b_3，则其余 6 个参数可以分别求出，利用泰勒级数将上述方程展开，舍弃二次项以后的部分，则有

$$Cx + W = 0 \tag{10.49}$$

其中，

$$
C = \begin{bmatrix}
0 & 2a_1^0 & 2a_2^0 & 2a_3^0 & 0 & 0 & 0 & 0 & 0 & 0 \\
0 & 0 & 0 & 0 & 2b_1^0 & 2b_2^0 & 2b_3^0 & 0 & 0 & 0 \\
0 & 0 & 0 & 0 & 0 & 0 & 0 & 2c_1^0 & 2c_2^0 & 2c_3^0 \\
0 & b_1^0 & b_2^0 & b_3^0 & a_1^0 & a_2^0 & a_3^0 & 0 & 0 & 0 \\
0 & 0 & 0 & 0 & c_1^0 & c_2^0 & c_3^0 & b_1^0 & b_2^0 & b_3^0 \\
0 & c_1^0 & c_2^0 & c_3^0 & 0 & 0 & 0 & a_1^0 & a_2^0 & a_3^0
\end{bmatrix}
$$

$$
W = \begin{bmatrix}
a_1^{02} + a_2^{02} + a_3^{02} - 1 \\
b_1^{02} + b_2^{02} + b_3^{02} - 1 \\
c_1^{02} + c_2^{02} + c_3^{02} - 1 \\
a_1^0 b_1^0 + a_2^0 b_2^0 + a_3^0 b_3^0 - 1 \\
c_1^0 b_1^0 + c_2^0 b_2^0 + c_3^0 b_3^0 - 1 \\
a_1^0 c_1^0 + a_2^0 c_2^0 + a_3^0 c_3^0 - 1
\end{bmatrix}
$$

如果有 3 个以上的已知公共点，按附有条件的间接平差法计算式（10.48）、式（10.49），就可以求出 x，即一个尺度参数和 9 个方向余弦参数，将这 10 个参数代入式（10.43），并代入多个公共点的坐标，可以求出多组平移参数，最后取这些平移参数的平均值，即

$$
\begin{bmatrix} X_0 \\ Y_0 \\ Z_0 \end{bmatrix} = \frac{\sum_{i=1}^{N} \left(\begin{bmatrix} X_i \\ Y_i \\ Z_i \end{bmatrix} - \mu R \begin{bmatrix} X_i' \\ Y_i' \\ Z_i' \end{bmatrix} \right)}{N} \tag{10.50}
$$

其中，N 为公共点的点数。

坐标转换模型的精度对数据转换结果的精度起决定性影响，本文采用的公式为

$$
\sigma_m = \pm \sqrt{\frac{\sum \Delta X_i^2 + \sum \Delta Y_i^2 + \sum \Delta Z_i^2}{3N - 13}} \tag{10.51}
$$

其中，$\Delta X_i = X_i - X_i'$，$\Delta Y_i = Y_i - Y_i'$，$\Delta Z_i = Z_i - Z_i'$。X_i，Y_i，Z_i 为实际三维坐标系的公共点实测坐标，X_i'，Y_i'，Z_i' 为求得坐标转换参数后转换的公共点在实际三维坐标系的坐标。σ_m 的值越大，转换模型的精度越低；反之，则转换模型的精度越高。

10.5.5 实例

在盾构出厂前，事先在盾构机的刚性盾体内，预先设置多个参考点，并测设这些参考点在盾构机局域坐标系中的坐标，在盾构始发或掘进过程中，可以测设上述参考点在施工坐标系中的三维施工坐标，两套坐标分别如表 10.1 和表 10.2 所示。

按照上述基于大角度的坐标转换参数的归一化求解方法，利用表 10.1 和表 10.2 的数据即可按照坐标转换模型反推两种空间直角坐标系的转换参数。利用求出的两种直角坐标系的转换参数，就可以将盾构机前后基准点在盾构机局域坐标系中的三维坐标转换成施工坐标系中的三维坐标，再与设计隧道轴线进行三维偏差计算，就可以确定出盾构机的实时姿态。另外可计算得到坐标转换模型的精度及盾构机的轴线偏差。

1. 参考点在盾构机局域坐标系的坐标

表 10.1 参考点在盾构机局域坐标系中的坐标

点 号	Y 坐标（m）	X 坐标（m）	Z 坐标（m）
2	2.612 3	−3.670 8	0.180 7
3	2.403 7	−3.405 4	0.588 5
5	1.847 7	−3.669 0	1.782 4
6	1.312 1	−3.666 6	2.217 1
7	0.584 7	−3.666 6	2.554 5
8	−0.388 3	−3.667 4	2.596 2
9	−1.309 4	−3.668 9	2.257 7
10	−2.106 4	−3.668 6	1.474 0

2. 参考点在施工坐标系中的坐标

表 10.2 参考点在施工坐标系中的坐标

点 号	Y 坐标（m）	X 坐标（m）	Z 坐标（m）
2	384 403.394 1	554 094.517 2	−9.412 8
3	384 403.515 8	554 094.829 2	−9.005 0
5	384 403.000 0	554 095.177 0	−7.814 2

续表

点　　号	Y 坐标（m）	X 坐标（m）	Z 坐标（m）
6	384 402.729 5	554 095.642 7	−7.381 4
7	384 402.363 5	554 096.271 2	−7.046 2
8	384 401.874 3	554 097.113 3	−7.008 1
9	384 401.414 4	554 097.910 2	−7.347 8
10	384 401.022 9	554 098.600 3	−8.134 2

3．计算结果

（1）平移参数：

384 405.264 4　554 098.616 3　−9.574 3

平移参数改正数：

0.000 006　−0.000 008　−0.000 016

（2）比例参数：

0.999 743

比例参数的改正数：

−0.000 067

（3）旋转参数：

0.500 887　　−0.865 766　　−0.001 170

0.865 734　　0.500 879　　−0.008 086

0.007 585　　0.003 036　　1.000 187

旋转参数的改正数：

0.000 036　　−0.000 058　　0.000 000

0.000 058　　0.000 036　　0.000 004

−0.000 004　　−0.000 002　　0.000 068

（4）单位权中误差 m=0.000 6。

（5）盾首及盾尾的施工坐标：

盾首：384 405.264 4　　554 098.616 3　　−9.574 3

盾尾：384 401.723 5　　554 096.568 2　　−9.606 4

（6）盾首及盾尾偏差如表 10.3 所示。

表 10.3　盾首及盾尾偏差

项目	盾首	盾尾	趋向（mm/m）
水平偏差（mm）	23.3	15.0	2.0
竖直偏差（mm）	−32.3	−43.5	2.7
里程（m）	−1 191.733	−1 195.824	—
俯仰角（mm/m）	7.8	—	—
滚动角（mm/m）	−3.0	—	—

10.6　小结

由于盾尾空间狭小，盾尾分布千斤顶数量较多，在盾尾放置水平标尺比较困难，且盾构机本身生产尺寸有误差，造成现场采集的数据误差较大，因此根据盾构机尺寸采用水平标尺法来计算盾构机姿态的精度较差、可靠性不高；三点法只能通过盾构机上的三个参考点坐标来解算参数，方法过于烦琐，且没有多余观测条件来校核，一旦一点在现场测量时发上较大误差，就会造成解算的盾构机姿态误差较大，甚至出现错误，同时这种方法对于三个点的空间位置分布要求较高，一旦位置分配不合理，对盾构机姿态的解算结果精度也有极大影响。前两种方法在人工测量盾构机姿态的精度上都存在不足，无法满足规范及技术文件要求。而拟合圆心法受现场条件限制较大，盾构机在洞内进行掘进时，无法直接测取切口环及盾尾环圆周的点位，拟合圆法就不能使用。

实例证明，利用直角坐标系的转换模型可以反推出两个空间直角坐标系的转换参数，根据盾构机机头及盾尾在盾构坐标系中的三维坐标，可以计算出盾构机头及盾尾处中心在施工坐标系中的三维坐标，与传统盾构姿态三点法相比，增强了可靠性，现场测取参考点施工坐标时，不会因某些原因造成某一参考点出现较大误差，从而造成整个计算结果不可靠，影响盾构姿态解算质量。

同时，现场测设时可以充分测设所有参考点在施工坐标系中的坐标，增加多余观测，保证观测质量和解算的可靠性。可利用这些坐标反推出坐标系转换参数，再直接求出盾构机上所有参考点的施工坐标，而不再局限于任意 3 个点的信息，且坐标转换模型的精度也满足了要求，同时它采用的基本计算原理是基于附有条件的间接平差模型，计算过程简明，可方便地进行粗差剔除，增加了计算成果的可靠性，使得人工计算盾构机姿态程序化、自动化。

第11章 管片姿态测量

需对拼装成型的衬砌环片（以下简称管片）水平和垂直中心姿态进行测量，以确定管片是否符合设计限界的要求。通常掘进10～15环须测量一次，每次重复测量至少5环，在盾构始发段、接收段、联络通道附近、左右线交叉或重叠段、大转弯小半径段、不均匀地层段、全断面硬岩段、矿山法空推段及掘进姿态和注浆不理想以及容易引起环片上浮、左右偏移等特殊情况下，应对管片姿态进行必要的加密测量，有的甚至2～5环测一次。根据测量结果判断管片在施工过程中的水平偏移量、竖向上浮沉降量等变形参数，据此来设定掘进中的盾构机姿态的各参数，以保证管片稳定后满足规范及限差要求。

11.1 现场测量方法

国内测量管片姿态基本采用水平横杆法，水平横杆一般采用铝合金杆，由于一般测量盾构机尾部相应的几环管片姿态，因此铝合金杆长度应充分考虑管片内径的大小、台车轮子的高度、临时轨道面高度、隧道内大致的淤泥厚度及水深等方面的因素，使铝合金杆可以方便地横放在管片上，而又尽量不受隧道底部积水、淤泥及台车轮子的影响。

11.1.1 制作水平横杆

选择不易变形的铝合金杆，根据盾构机盾尾内径、管片内径、后配套台车底部车轮的高度、隧道内平时积水及淤泥的厚度等情况，截取一段合适长度的、笔直的铝合金杆。在铝合金横杆中心作出标记，一般用十字作为铝合金中心标记，并在铝合金中心位置贴反射片（或测量时在铝合金横杆中心位置上放置棱镜）。

11.1.2 现场采集管片姿态数据

首先，在测量管片姿态前，应检查所使用的洞内导线点的稳定情况，确认连续三个导线点的几何关系未发生变化时，将全站仪和后视棱镜分别安放于已经检查过的洞内施工导线点上，尽量使全站仪能够清楚地观测到所测管片的位置。将

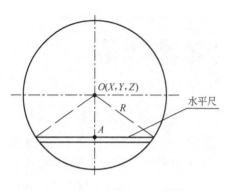

图 11.1 水平横杆法示意图

全站仪对中、整平后，将相关仪器点和后视棱镜位置导线点坐标输入全站仪内，并设置好测站点和后视点及相关高程。

然后，将铝合金横杆安放在管片上，一般水平横杆安放的方向应垂直于管片的轴线方向，并用水平尺将铝合金横杆左右端点调整到相同的水平面上，如图 11.1 所示，然后拨动全站仪的物镜，照准铝合金横杆中心，如中心贴有反射片，则直接测取反射片中心的三维坐标；如在横杆中心上放置棱镜的，则测取棱镜中心的三维坐标，依次逐环测量并将相关三维坐标记录下来，所有管片测量完毕后，重新将全站仪对准后视，检查后视坐标是否发生变动，如未变动，则完成了管片姿态测量的外业工作。

11.2 数据处理方法

11.2.1 数据处理方法介绍

将现场采集的三维坐标归化成管片中心坐标 $O(X,Y,Z)$，根据图 11.1，从管片中心至水平横杆中心的距离

$$S_{OA} = \sqrt{R^2 - \left(\frac{L}{2}\right)^2} \tag{11.1}$$

式中，R 为管片内圆的半径，L 为水平横杆的长度，A 为水平横杆的中心位置。

如实际测量 A 点的三维坐标为(X_A，Y_A，Z_A)，则 A 点处对应的管片中心的高程

$$Z = Z_A + S_{OA} \tag{11.2}$$

如图 11.1 所示，水平横杆置于水平状态时，测得水平横杆的中心坐标为 A，则 A 点与对应的管片中心的平面坐标一致，有

$$\begin{cases} X = X_A \\ Y = Y_A \end{cases} \tag{11.3}$$

根据式（11.2）和式（11.3），可得 A 点对应的管片中心的三维坐标为 $(X_A,\ Y_A,\ Z)$，所有的数据处理依次类推，则所有测得的水平横杆中心的坐标均可归化为相对应的管片中心的三维坐标$(X_管,\ Y_管,\ Z_管)$。

将归化得到的管片中心坐标$(X_管,\ Y_管,\ Z_管)$输入到线路的设计图（电子文档）中，通过管片中心坐标向设计线路做垂线，垂足即是管片中心坐标在设计线路上对应的里程，根据这个里程可以得到管片中心点对应设计线路上的设计坐标$(X_设,\ Y_设,\ Z_设)$。则管片中心到设计轴线的水平距离 H 为

$$H = \sqrt{(X_管 - X_设)^2 + (Y_管 - Y_设)^2} \tag{11.4}$$

若管片中心点沿盾构机掘进方向在隧道设计轴线的左侧，则管片的水平偏差 $H_偏 = H$，否则 $H_偏 = -H$。

管片的竖向偏差 $V_偏 = Z - Z_设$。

由于每次测量管片数量较多，逐环在设计图上进行计算相对比较烦琐，耗费大量精力，一般采用计算机进行计算，将全站仪的内存里的外业数据下载复制到 Excel 表格中，编辑成 AutoCAD 识别的三维坐标。然后将三维坐标数据复制粘贴到记事本程序里保存，文件的后缀名必须是".SCR"。这样就把成环管片的外业数据编辑成了 AutoCAD 的画点脚本文件。通过 AutoCAD 的脚本功能，就可方便快捷地在 AutoCAD 里把点画出来。

打开 AutoCAD，在模型状态下（一定要关闭"对象捕捉"命令），打开菜单栏的"工具（T）"选项，在下拉菜单中选择"运行脚本（R…）"，或者在命令行中输入已编辑的管片数据文件名（后缀是".SCR"）后，直接打开这个文件。AutoCAD便自动把点画出来了。点位画出来后，就可以在 AutoCAD 里通过查询命令直接量出管片的水平和竖直偏差（注意正负号的区别）。

也可以直接采用"城市轨道交通工程测量数据处理系统"软件中的"管片姿态计算"功能进行计算，请参照本书第 17 章的相关内容。采用程序计算方法操作简单、快捷、方便，且不易出错。

11.2.2　实例

以东莞市轨道交通二号线东茶区间右线刚进洞一段为例。

（1）表 11.1 所示为现场测得的各管片数据（高程是归化到管片中心的高程）。

表 11.1　管片实测数据

管片号	Y 坐标（m）	X 坐标（m）	高程 H（m）
1	**28.875 3	**59.269 7	-9.109 6

管片号	Y 坐标（m）	X 坐标（m）	高程 H（m）
2	**29.451 6	**59.396 8	-9.102 8
3	**31.795 8	**59.956 3	-9.093 4
4	**33.253 1	**60.307 1	-9.085 0
5	**34.056 8	**60.517 0	-9.079 8
6	**36.171 8	**61.017 7	-9.067 5
7	**37.624 8	**61.366 1	-9.059 7
8	**39.080 9	**61.743 5	-9.049 1
9	**40.533 4	**62.089 1	-9.037 8
10	**41.550 4	**62.343 4	-9.033 9
11	**43.277 2	**62.769 3	-9.021 3
12	**44.919 3	**63.179 0	-9.013 4

（2）设计隧道中心线数据（每隔 1m）如表 11.2 所示。

表 11.2　东莞市轨道交通 2 号线东茶区间右线设计隧道中心线（部分）数据

里程（m）	Y 坐标（m）	X 坐标（m）	高程 H（m）
-1 957.21	**28.400	**59.137	-9.031
-1 956.21	**29.372	**59.373	-9.029
-1 955.21	**30.344	**59.610	-9.027
-1 954.21	**31.315	**59.847	-9.025
-1 953.21	**32.287	**60.083	-9.023
-1 952.21	**33.258	**60.320	-9.021
-1 951.21	**34.230	**60.556	-9.019
-1 950.21	**35.201	**60.794	-9.017
-1 949.21	**36.172	**61.032	-9.015
-1 948.21	**37.144	**61.270	-9.013
-1 947.21	**38.115	**61.509	-9.011
-1 946.21	**39.086	**61.747	-9.009
-1 945.21	**40.057	**61.985	-9.007
-1 944.21	**41.029	**62.224	-9.005
-1 943.21	**42.000	**62.463	-9.003

续表

里程（m）	Y 坐标（m）	X 坐标（m）	高程 H（m）
−1 942.21	**42.971	**62.701	−9.001
−1 941.21	**43.942	**62.940	−8.999
−1 940.21	**44.913	**63.179	−8.997
−1 939.21	**45.884	**63.419	−8.995

（3）计算结果如表 11.3 所示。

表 11.3　管片姿态计算结果

里程（km）	环号	实测 Y 坐标（m）	实测 X 坐标（m）	实测高程（m）	设计 Y 坐标（m）	设计 X 坐标（m）	设计高程（m）	水平偏差（mm）	竖向偏差（mm）
−1 956.717	1	**28.875	**59.270	−9.110	**28.879	**59.253	−9.030	−17	−80
−1 956.127	2	**29.452	**59.397	−9.103	**29.453	**59.393	−9.029	−4	−74
−1 953.717	3	**31.796	**59.956	−9.093	**31.794	**59.963	−9.024	7	−69
−1 952.218	4	**33.253	**60.307	−9.085	**33.250	**60.318	−9.021	11	−64
−1 951.388	5	**34.057	**60.517	−9.080	**34.058	**60.514	−9.019	−3	−60
−1 949.214	6	**36.172	**61.018	−9.068	**36.169	**61.031	−9.015	14	−52
−1 947.720	7	**37.625	**61.366	−9.060	**37.620	**61.387	−9.012	22	−48
−1 946.216	8	**39.081	**61.743	−9.049	**39.080	**61.746	−9.009	2	−40
−1 944.723	9	**40.533	**62.089	−9.038	**40.530	**62.101	−9.006	13	−32
−1 943.675	10	**41.550	**62.343	−9.034	**41.548	**62.352	−9.004	9	−30
−1 941.896	11	**43.277	**62.769	−9.021	**43.276	**62.776	−9.000	7	−21
−1 940.204	12	**44.919	**63.179	−9.013	**44.919	**63.180	−8.997	2	−16

第12章　导向系统的使用及维护

12.1　导向系统原理

目前国内采用的导向系统有 VMT、ZED、PPS、演算工房及力信等，各个导向系统技术成熟，稳定可靠，操作简单。主要工作原理可分为三点法、两点法及激光标靶法（也可以称为"一点法"），下面分别对以上几种方法原理进行简单叙述。

12.1.1　三点法

在盾构机刚性体上分别设置三个棱镜点（也可以称为"参考点"）及前后基准点，并分别测设出五个点位于以刚性体为基准的自定义坐标系中的坐标；在盾构掘进时用全站仪分别测量出三个棱镜在施工坐标系中的施工坐标。利用第 10 章三点法计算原理，计算得到前后基准点在施工坐标系中的坐标，然后将这两个坐标与隧道设计轴线进行比较，得到前后基准点与设计轴线的水平偏差、竖向偏差及其里程，根据这几个偏差值可以方便地求得水平和竖向的趋势；通过三个棱镜在施工坐标系中的坐标及自定义坐标系中的坐标，可以求得盾构机的滚动角等参数。这样，就求得了盾构机的姿态参数。

12.1.2　两点法

在盾构机刚性体上设置两个棱镜，两个棱镜尽量在刚性体纵向方向上设置，通过全站仪测设两个棱镜的坐标分别为 $O_1(x_1,\ y_1,\ z_1)$ 和 $O_2(x_2,\ y_2,\ z_2)$。由 O_1 和 O_2 的坐标可以计算出标靶的方位角，并根据标靶相对于盾构机的位置，可以得到盾构机在施工坐标系中的方位角，因相机 1 和相机 2 在横向上距离较短，可以在纵向和横向增加两个高精度倾斜计，以计算出更高精度的滚动角和俯仰角。（说明：通过相机 1 和相机 2 同时测得激光点位置，可以代替光栅的作用，相机的拍摄精度应在 0.5mm。）

利用全站仪测得棱镜在施工坐标系中的坐标，根据棱镜与盾构机盾头和盾尾的相对关系，可以方便地计算出盾头和盾尾在施工坐标系中的坐标，这样就可以方便地计算出盾构机的姿态及其他相关参数。

但为了增加精度及复核效果，应增加纵横两个倾斜计，如果倾斜计精度较高，可以直接采用倾斜计所测得的角度进行平差计算，这样加强了计算结果的可靠性和准确性。

12.1.3　激光标靶法（也称"一点法"）

激光标靶法是将高精度双轴倾斜计和光栅集合在一起，代替两点和三点测量的功能，主要通过采集标靶内部的双轴倾斜计（横向和纵向倾斜计）的角度采集得到盾构机的纵向俯仰角和横向滚动角；标靶内部的光栅捕捉到激光全站仪的激光入射角，通过间接方式得到盾构机纵向的方位角，加上激光全站仪测得标靶在现场坐标系中的坐标等数据，可以直接计算盾构机的姿态。

固定在隧道上方托架内的激光全站仪射出的导向激光束被盾构机前体上的激光靶接收，根据激光束在接收屏上的位置确定激光靶的水平位置、竖直位置，激光靶内的双轴测斜传感器可测定激光靶的俯仰角、滚动角和水平方位角，全站仪测出仪器至激光靶的水平距离，以上数据随推进千斤顶和铰接千斤顶的伸长值及盾尾与管片的净空值一起汇集至中央控制箱，通过数据线传入导向系统计算机，经导向系统控制软件计算，盾构机实时姿态以数据和图表的形式显示出来，指引盾构机操作手沿隧道设计轴线掘进，并将盾构隧道实际轴线与设计线路的偏差控制在设计允许范围内，具体如图 12.1 所示。

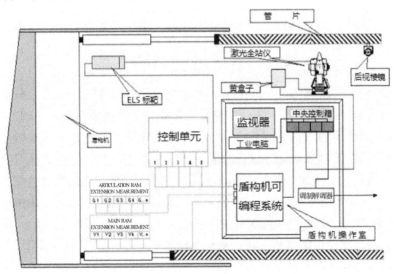

图 12.1　VMT 导向系统原理图

国内对以上各导向系统均有使用，但目前三点法（或两点法）有个致命的缺点：全站仪在进行三点（或两点）采集坐标的过程中，盾构机若在掘进状态时，无论全站仪采集三点（或两点）坐标的时间间隔如何短，但盾构机掘进总会导致三点（或两点）的相对位置关系发生变化，从而导致三点（或两点）与前后基准点的相对位置关系发生变化，造成解算前后的基准点坐标存在误差，使得导向系统显示的盾构机姿态参数不准确。因此，使用激光标靶法（一点法）解算较为准确，或盾构机在停机状态下三点法（或两点法）解算结果也较准确。一点法的代表导向系统为德国 VMT 公司的 SLS-T 导向系统，目前该导向系统在国内使用也最为广泛，现就 SLS-T 导向系统进行介绍。

12.2 VMT 导向系统简介

在隧道掘进的过程中，为了避免盾构机发生意外的运动及方向上的突然改变，必须对盾构机的位置和隧道设计轴线的相对位置关系进行持续地监控测量。德国 VMT 公司的 SLS-T 系统就是为此而开发的，该系统为盾构机沿设计隧道轴线（理论轴线）掘进提供所有重要的数据信息。同时该系统还能提供隧道施工过程中的完整备档文件。

12.2.1 系统原理

SLS-T 系统采用了两种不同的坐标系统和一条比较线路数据，即设计隧道轴线数据。

1. 施工三维坐标系统

施工三维坐标系统包含了施工平面坐标系统和高程系统，这两个系统组合形成了施工三维坐标系统。整个项目的测量工作均是在此测量系统的基础上进行的。如施工过程中使用的所有控制点、设计隧道轴线数据、激光站支架坐标及后视支架坐标等均是在此测量系统下进行的现场测量和内业计算。施工中使用的控制点（含洞内导线点、水准点、激光站坐标及后视支架坐标等）是以施工三维坐标系统中的控制点为基准，采用导线（网）、水准（网）、三角网或 GPS 网等测量手段测设所得。施工坐标系统如图 12.2 所示。

2. 盾构机局域坐标系统 （也称物方坐标系）

盾构机局域坐标系统（见图 12.3）是以盾构机本身的特点建立的独立的局域三维直角坐标系，此坐标系是以盾构机前基准点为原点，以盾构机盾体中心轴线

为 X 轴，指向后基准点的反方向为 X 轴的正方向；以垂直于 X 轴，且和 X 轴位于同一水平面内，X 轴的右侧方向为 Y 轴的正方向；Z 轴是垂直于 X 轴和 Y 轴组成的平面的轴，向上为正方向。

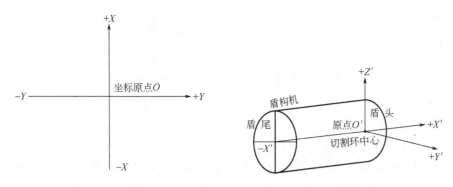

图 12.2　施工坐标系统示意图　　　　图 12.3　盾构机局域坐标系统示意图

ELS（电子激光系统）靶的安装尺寸及盾构机上的参考点坐标都需要在本系统中预先测设出来。这些数据在盾构机出厂时都已经由 VMT 公司提前测定。本系统与盾构机的轴线有关，它包括并备份有必要进行测量的点。在主控测量中，用控制点来确定盾构机的位置。盾构机的位置可通过独立于 SLS-T 程序以外的其他的坐标转化程序来确定。

3．设计隧道轴线坐标数据

设计隧道轴线数据是以在施工坐标系统的基础设计的图纸为依据计算的相关数据。SLS-T 系统中显示的盾构机前后基准点的里程与偏移值均是与设计隧道轴线数据比较的结果。

盾构机的位置总是跟设计隧道轴线联系在一起。SLS-T 系统显示了各相关点的水平/垂直偏离值及里程。

12.2.2　系统组成

SLS-T 导向系统由全站仪、激光仪、激光标靶（ELS 靶）、工业计算机、黄盒子、中央控制箱、掘进软件等软硬件组成。

1．全站仪

全站仪是一种测量距离及角度（水平及垂直方向）的大地测量仪器，主要作用是将 ELS 靶上的棱镜坐标测设出来。

2．激光仪

激光仪有以下几个选择：①激光站安在全站仪物镜上，TCA 和激光轴线是统一的。激光控制器的外部连有电缆，提供电源及控制。②激光仪与全站仪一体化。全站仪的电源与控制部分在其内部。轨道交通工程中使用的盾构机上的 VMT 系统中均是激光仪和全站仪一体化的，称为激光全站仪。

3. 激光标靶（ELS 靶）

ELS 也称为激光靶或目标板，这是一个智能传感器。ELS 接收激光束，在水平及垂直方向上确定入射点的位置。另外，其内部测斜仪测量滚动角与倾斜角。从 ELS 上的激光束的入射角确定偏航角。ELS 固定在盾体上，当安装时，它的位置就已经确定。因此，也可得到其相对于盾构机轴线的安装尺寸的大小及其与盾构机的相对位置关系。

4. 工业计算机

计算机与打印机和显示器相连。所有确定的数据在工业计算机中都被自动地组合与评估，所有这些工作都由 SLS-T 隧道掘进软件执行。分析结果在监视器上以数字和图形方式显示，这样就可实现对盾构机位置的即时监控。

5. 黄盒子

它为激光全站仪提供电源，实现计算机与激光全站仪之间的通信。

6. 中央控制箱

中央控制箱是主要的接口箱，它为黄盒子、激光全站仪、ELS 靶提供电源。

7. 掘进软件

这个软件构成了 SLS-T 系统的核心，它通过附加的通信部件从上述通信部件中接收数据，经计算，盾构机的位置以图形和数值方式在 SLS-T 软件中显示出来，Windows 用户界面使操作简单易行。

8. 调制解调器

通过普通电话网络，利用调制解调器实现遥控和检测。另外可通过调制解调器实现在地面办公室内显示盾构机的位置。

9. 可编程逻辑控制器

盾构机的数据（如油缸的行程等）是从盾构机的控制计算机里导入的，这个控制计算机被称为 PLC（内置可编程控制器）。PLC 不是 SLS-T 系统部件，由盾构机制造商提供。

10. 盾尾间隙自动测量系统

盾尾间隙是指安装的管片外壁在上下左右位置处距盾构机盾尾内壁的间距。此系统可自动测量盾尾间隙，通过安装在管片拼装机上的光电全站仪来测量盾尾间隙。国内盾构机使用企业一般很少使用。

12.3　VMT 导向系统调试与使用

12.3.1　各项参数的输入

首先根据施工图纸计算设计隧道轴线数据，须由施工单位严格按照施工单位内部三级复核制度执行，确认无误后报送驻地监理审核，审核无误后方可输入 SLS-T 系统中，如图 12.4 所示。

图 12.4　SLS-T 导向系统设计隧道轴线输入示意图

利用始发井内的控制点测设出激光全站仪支架坐标及后视支架坐标，并将相关坐标输入到 SLS-T 系统中。

然后将 ELS 靶安装到盾构机特定位置，并固定牢固，根据 SLS-T 说明书，将 ELS 靶与靶上棱镜的相对关系数据输入到 SLS-T 系统中。正确用电缆将各硬件连接起来，确认无误后，启动 SLS-T 系统，测量盾构机姿态，如图 12.5 所示。

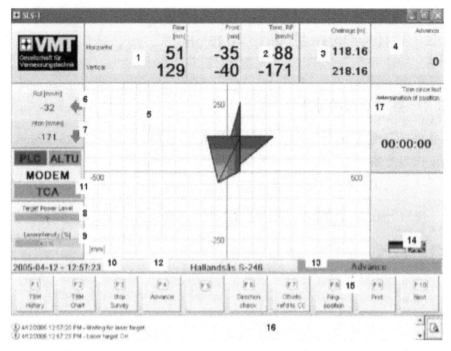

图 12.5　SLS-T 始发姿态示意图

12.3.2　盾构机始发调试

盾构机始发时，除了正确用电缆连接各硬件外，还要调整全站仪、SLS-T 的通信参数等数据，使 SLS-T 系统能够显示相关姿态，这样就完成了盾构机 SLS-T 的初步调试。

由于 ELS 靶的设计位置和实际安装位置可能会存在偏差，导致导向系统显示姿态也会存在误差，因此需要对盾构机实际姿态进行人工测量，测量一般采用参考点法。但在实际过程中，为确保盾构机实际姿态绝对准确，需要采用两种方法对实际盾构机姿态进行测量，基本采用参考点法和拟合圆心法，两种方法测量结果较差较小，满足要求后取其均值作为盾构机实际姿态。根据实际测量结果调整 SLS-T 内的相关参数，使 SLS-T 显示姿态与实际测量姿态一致，这样就完成了盾构机导线系统的调试工作。

12.3.3　掘进中盾构机的定位

在盾构机掘进过程中，SLS-T 系统实时地将盾构机与设计隧道轴线的相对关系通过电脑屏幕上的相关数据和图形展现出来。所有的数据及图形均是由激光支

架上的激光全站仪来确定的。

　　通过位于激光支架上的激光全站仪照准后视支架上的棱镜进行定向。以全站仪和后视棱镜作为基准线，测量 ELS 靶上的棱镜，得到此棱镜坐标。同时全站仪激光光束被导向 ELS 靶。接着 ELS 就能确定激光光束跟 ELS 平面之间的偏航角。激光光束入射点和 ELS 之间的激光反射角及入射角用来确定盾构机与设计隧道轴线之间的偏航角。盾构机的滚动角及仰俯角通过安装在 ELS 靶内部的倾斜计来测定。大约每秒两次，ELS 将数据传至主控计算机。ELS 和激光全站仪之间的距离可以通过激光全站仪的内置光电全站仪来测定，也可以由计算油缸的平均行程和已拼管片的环数来确定。这个距离提供了盾构机沿设计隧道轴线的里程。汇总测量的数据以便确定盾构机在施工坐标系统中精确位置。通过隧道轴线上的两个基准点来显示盾构机的位置。

　　盾构机在不停地往前掘进，即 ELS 靶逐渐远离激光全站仪，当激光全站仪无法测量 ELS 靶时，就需要将激光全站仪前掘进方向移动，称为搬站，如图 12.6 所示。激光全站仪原先位于 B 支架（支架结构见图 12.7）处，但当盾构机不断向前掘进，全站仪无法测量 ELS 靶时，我们在 ELS 靶和 B 支架中间合适位置重新安装一支架 C，则将激光全站仪搬至 C 支架处，将 A 处后视棱镜搬至 B 支架处。利用洞内导线点及水准点，采用全站仪将洞内导线的坐标及高程传递到 B、C 支架位置，即知道了支架 C 处全站仪的施工三维坐标和 B 处棱镜的施工三维坐标，利用 C 处激光全站仪和 B 处后视棱镜，就可以方便地测得 ELS 靶的坐标及相关入射角，这样就可以实时测量盾构机的姿态。当 ELS 靶不能被 C 处激光全站仪测量时，再向前安装支架，依次搬站。这样就完成了整个导向系统全站仪及后视棱镜前移的过程，按照这种程序可完成整条隧道的盾构掘进。

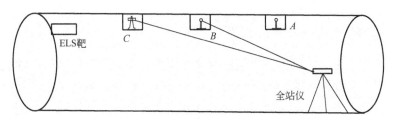

图 12.6　支架前移示意图

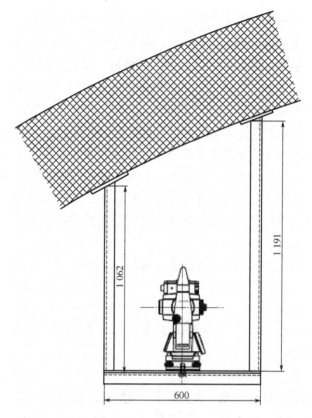

图 12.7 支架结构示意图

12.4 导向系统维护

12.4.1 激光站及其后视点支架的维护

在掘进过程中，由于安装支架的管片可能出现垂直上浮、水平位移或支架被碰动等情况，导致激光站和后视靶坐标发生变化，使导向系统显示错误的盾构机姿态信息。为保证激光站和后视点的准确，在主控台内的计算机上，通过定位功能键定位，检查后视点方位和距离。另外，正常掘进情况下，每天至少对全站仪和后视点进行 2 次人工检查和气泡整平。如果人工和自动定向检查发现后视点坐标值超过了导向系统编辑器中设定的限值，则需要对激光站和后视点进行人工复测。复测方法：利用隧道控制导线点和水准点对激光站及后视支架中心坐标进行

复测。尽量在管片侧壁上的强制对中导线点上设站，便于一次测得激光站和后视点的坐标。当不满足上述设站条件时，从隧道内主控制导线点引测至后视支架，再在支架上转站，继而测定激光站的三维坐标。每次激光站前移都要进行支架坐标人工复核，对于小半径曲线或地质较差的地层需要加密复测。除上述人工和自动方式检测支架稳定性外，还可根据测量管片姿态检核激光站是否正常。盾构机实时姿态值与管片实测姿态值的较差，在正常掘进条件下一般常控制在±20mm，如果管片实测姿态值超出该值，则要进行盾构机姿态和支架的人工复测。加强导向系统支架日常巡查，特别要经常在激光站支架前后观察有无物体可能碰撞激光站或挡住仪器视线。

　　根据不同的地质情况和隧道环境，对支架的复测也不尽相同。一般情况下每个支架的坐标均应测量 3 次，而对于以下情况，掘进时应加大对支架坐标的复测频率：软硬不均地段；矿山法空推段；大坡度掘进段；大转弯小半径段；全断面硬岩段；吊篮附近进行过补注浆段等。

12. 4. 2　激光靶的维护

　　激光靶（ELS 靶）前面板保护屏要保持干燥整洁，防止表面聚集液体和污垢影响激光接收靶信号。激光靶表面及附近不能有强光，强光会使激光靶接收错误信号，导致盾构姿态出现异常。激光靶安装位置附近有注浆管，在注浆的过程中很容易浆液喷到或碰到激光靶，其前面板是玻璃，容易破碎，激光靶棱镜更容易被工人碰动。针对这种情况，在激光靶的外部用不锈钢板焊接一个钢罩将其包裹起来，如图 12.8 所示。在掘进过程中，为防止激光靶被人或其他物体挡住，导致激光靶接收不到信号，在无法移开障碍物时，可通过前移激光站避开。

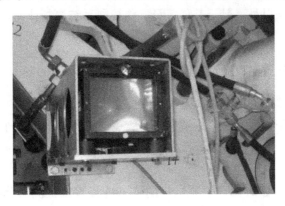

图 12.8　ELS 激光靶图

12.4.3 电缆的维护

通信电缆是连接导向系统各部件的神经，在快速掘进过程中，通过黄盒子连接控制室的电缆卷盘可能挂到盾构机台车上的物体，导致电缆拉断。有的公司曾经还出现过电缆把激光站托架拉斜，黄盒子接口断裂，损坏了全站仪，使导向系统和盾构机停工的安全事故。针对这种情况，可采取以下办法：将导向系统的传输电缆卷安装在激光站的前面，在导向系统电缆经过的地方铺设安全网，防止盾构机上的突起物挂断电缆；加强传输电缆日常巡视。假设电缆一旦被拉断，立即沿着线路排查，将断裂处焊接好后，还应要求机电工程师对全部线路、全站仪和黄盒子等部件进行逐一检测，并确认所有线路无断路、短路，检查全站仪和其他设备是否正常，测量工程师复测完后视点和激光站坐标后，才能重新启动导向各部件，并进行测试对比电缆拉断前后盾构机姿态的较差，同时应对盾构机姿态进行人工复测，以确认是否存在重大偏差、是否造成系统导向错误。

12.4.4 激光全站仪和黄盒子的维护

激光全站仪和黄盒子是精密的电子器件，要做好防潮、防腐、防碰撞措施，在托架靠近皮带机的一侧装塑胶片防止皮带机泥浆溅到全站仪和黄盒子上。托架竖腿上装防水薄膜，防止管片拼缝渗水淋到激光站和黄盒子内部，引起电路短路烧坏电子器件。加强巡视激光站和黄盒子的状况，保持激光全站仪和黄盒子各部件干燥整洁。

12.4.5 计算机的维护

除测量工程师以外，禁止其他人员操作导向系统控制计算机，对导向系统软件设置操作密码，严禁修改隧道中线和其他设置参数。

12.4.6 导向系统的检查和检测

在盾构机正常掘进时，应每天巡视 SLS-T 导向系统的运行状态，仔细分析姿态数据，检查是否在掘进过程中姿态产生突变或姿态中的某一个数据长期处在不变的情况，如有，则应认真分析存在的问题，避免 SLS-T 系统的软硬件出现问题导致隧道掘进方向出现重大偏差。

同时，每隔一定时间需对盾构机的姿态进行人工检测（此检测应完全独立于 SLS-T 系统）。相隔的时间长短视隧道条件及 SLS-T 系统使用时间长短等情况而定。如果隧道中的有严重的反光、湿度极大或 SLS-T 系统使用时间过长等情况

时，测量间隔的时间就应短一点。一般检测时间不应超过三个月，以一个月时间为宜，特殊情况应加大检测的频率。

　　在对盾构机的姿态进行人工检测时，一般采用参考点的方法。对于装有德国 VMT 公司的 SLS-T 系统软件的，则盾构机上已有相应的参考点，直接利用参考点进行测量即可。对于有些盾构机未设置参考点的，应在盾构始发时或之前自行设置 5～30 个参考点，以方便在掘进过程中对盾构机进行姿态检测。具体的计算方法参考第 10 章中参考点法的相关内容，主要是通过一个三维转化程序，利用已知和测得的坐标来确定所有的盾构机位置参数（滚动角、仰俯角等）。可以利用 VMT 公司的计算软件，也可以利用其他软件，如利用第 17 章中的盾构机姿态测量的功能进行计算。

第13章 接收测量

接收测量是指为保证盾构机顺利地从安装好的洞门钢环中穿越而出，并安全地"爬"上盾构接收架上的所有测量工作。盾构机刀盘距接收钢环 100m 左右时，应进行盾构机姿态人工测量，确认导向系统的正确性，保证盾构隧道顺利贯通，这时盾构机姿态的人工测量方法只能采用参考点法、三点法及盾尾水平横杆法，建议采用参考点法进行测量更为有利。

接收测量主要包含接收洞门钢环中心测量、接收托架安装定位测量、盾构机姿态测量、盾构机刀盘中心坐标测量等相关内容，上述章节中对洞门钢环中心测量、盾构机姿态测量已有了详细介绍，本章对以上两个方面的内容不再赘述。

13.1 刀盘中心坐标测量

在盾构机到达接收洞门钢环之前，应重新测量接收洞门钢环实际中心坐标，盾构机出洞时，盾构机应照准洞门钢环实际中心掘进，当盾构机刀盘从接收钢环中露出时，应停止掘进，这时应对盾构机刀盘的中心三维坐标进行实际测量。

在盾构机刀盘上贴一反射片，此反射片尽量远离刀盘中心，如图 13.1 所示。利用接收井下的两个控制点，在其中一个控制点上架设全站仪，并量取全站仪的高，另一点上架设棱镜，然后用全站仪照准后视棱镜定向，拨动全站仪物镜照准盾构机刀盘上的反射片中心，测取反射片中心的三维坐标。然后将刀盘缓慢转动一周，刀盘每转动大约 30°，停止转动，全站仪测取反射片中心三维坐标，然后盾构机刀盘再转动 30°左右，再次测取反射片中心三维坐标，刀盘依次转动，全站仪依次测取其中心三维坐标，在刀盘转动完成一周后，即完成了反射片中心坐标的采集。

利用采集的 n 个三维坐标值，就可以采用拟合空间圆心的方法解算盾构机刀盘的实际中心坐标。也可以人工上去通过拉线绳的方法定出刀盘中心，利用全站仪直接测设现场定出的刀盘中心即可，但此方法现场操作麻烦，费工费时，且精度不高，现已很少采用。

图 13.1　盾构机刀盘出洞图

13.2　接收架定位

　　接收架安装定位测量和始发架安装定位测量方法基本一致，这里不再做重点介绍，着重介绍接收架和始发架在安装定位时的区别。

　　接收托架靠近洞门钢环一端的水平位置应和刀盘实际中心位置坐标保持一致，接收托架中心线与盾构中心轴线保持一致，因仅为盾构机能顺利出洞并"爬"上接收托架，因此在盾构机刀盘中心与设计隧道中心偏差不大时，接收托架中心也可与设计隧道中心线平行或重合（若刀盘中心和设计隧道轴线重合，则接收架中心线和设计隧道中心线重合，否则接收架中心线和设计隧道轴线平行）；一般洞门钢环中心和刀盘中心差别不大，有时为了工期上的要求，在刀盘尚未从接收洞门钢环中显露出来时，就需要安放接收托架，因此接收托架中心线与洞门钢环中心重合，且与隧道设计轴线重合或平行。

　　为能够使盾构机顺利地"爬上"接收托架，一般使接收托架的实际高程低于盾构机刀盘的实际中心（或洞门钢环的中心，如果刀盘显露出来，应以刀盘的实际中心为准）20～50mm。

　　接收托架和始发托架除没有基准环和反力架外，其他和始发托架一样，这里不再过多叙述。

第14章 轨道安装测量

14.1 铺轨基标测量

在轨道交通工程某段或全线土建工作完成后，如果采用铺轨基标作为轨道铺设测量依据，则应在轨道铺设前埋设铺轨控制基标及加密基标，为后续轨道铺设工作提供测量依据。

根据调整后的线路设计图纸及铺轨综合设计图，利用线路中线点或贯通后经过平差的导线控制点进行铺轨基标的测设。铺轨基标一般分为铺轨控制基标和铺轨加密基标两种，铺轨加密基标是在铺轨控制基标的基础上进行的加密点位设置。

14.1.1 铺轨控制基标

1. 控制基标的布设原则

轨道交通车站一般位于直线上，线路与站台间距限差要求严格，不宜在车站进行线路调整，因此，在控制基标测设中，坚持"车站不动，调整区间"的原则，以两站一区间为铺轨单位进行铺轨控制基标测设。在轨道交通工程两站一区间或全线土建工作完成后，两站一区间或全线在经过贯通测量平差后重新调整控制点，利用这些调整后的控制点和线路中线点及铺轨综合设计图，对控制基标进行布设。

控制基标一般在线路的直线段每隔 120m 或曲线段上每隔 60m 及线路要素点（含直缓点、缓圆点、圆缓点、缓直点等）、道岔起止点等位置进行布设。

一般在线路中线上或距线路中线等距的线路一侧的位置进行布设。在线路中线上一般设置为等高形式，在线路一侧一般设置为等高等距的形式的。等高是指控制基标高程与轨道面的设计高程的差值为一固定常数；等距是指在线路同一侧的控制基标与线路中线的垂直距离为固定常数。设置为等高等距形式，主要是便于现场轨道铺设及对轨道检查。

2. 控制基标的形式

控制基标需要永久保留，故控制基标的顶部在完成道床施工后应高出混凝土 5～10mm，以便找寻和对中。由于控制基标埋设精度很高，因此，控制基标顶点

标志应具有在水平方向和竖直方向能够轻微调整的能力。控制基标的埋设形式如图 14.1 和图 14.2 所示。

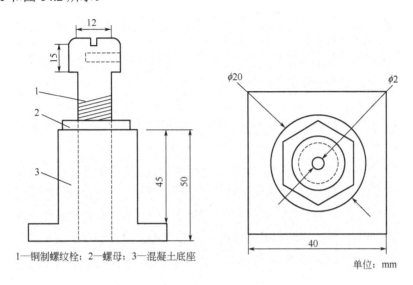

1—铜制螺纹栓；2—螺母；3—混凝土底座

单位：mm

图 14.1　矩形（车站）隧道或直墙段控制基标标志

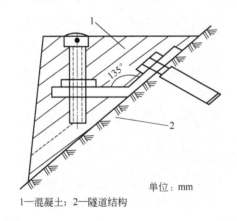

单位：mm

1—混凝土；2—隧道结构

图 14.2　马蹄形或圆形隧道控制基标标志

首先，根据内业计算资料，采用全站仪坐标放样法将控制基标的大致位置在实地标定出来，标定精度宜在 10mm 之内，为保证控制基标与底板的紧密接触，将底板凿毛后，将控制基标底座放置在凿毛处，并固定。

然后，控制基标顶部放置于基座上，通过水平和高程的归化放样法将控制基标放置于放样的设计位置并固定。

最后，通过区间两端的已知水平控制点，采用附合导线或附合节点导线网形式对控制基标进行测量；通过区间两端的已知高程点，采用附合水准路线或附合节点水准路线对控制基标进行测量，根据测量结果看是否对控制基标进行微调，当调整到满足要求后，将整个控制基标固定，浇筑混凝土。

3. 控制基标的测设

控制基标的三维坐标是根据铺轨综合设计图事先经过计算得到的，计算的结果需经过单位内三级复核无误后方可使用。

1）初测

将计算得到的控制基标的设计三维坐标采用归化法在现场精确放样。

2）定测

按照附合导线测量的方法，利用区间两端的已知平面控制点对控制基标进行联测，检测相邻控制基标间的夹角和距离是否满足要求，当控制基标间的角度、距离等几何关系满足设计精度时，则无须进行调线测量。当几何条件不满足要求，即控制基标间的几何关系超限且与线路存在较大偏差时，需要进行调线测量。

调线测量前，首先在室内计算控制基标间理论夹角值与实测值之间的较差$\Delta\beta$，当$\Delta\beta > 6''$时，可根据$\Delta\beta$和控制基标间距计算出控制基标在垂直于线路方向的改正值δ；然后在现场对超限的控制基标进行归化改正。归化改正时，要顾及相邻基标的改正值的相互影响，通常仅改正一个点就可以使相邻点组成的几何条件满足精度要求。

控制基标的高程，根据区间两端的水准点用附合水准路线的水准测量方法施测，观测方法和精密水准测量一致。

如果控制基标之间的角度、边长及高程达不到限差要求，应重新进行调整测量，直至满足要求为止。

4. 控制基标技术要求

控制基标埋设完成并经初测、定测，结果满足要求后，一般由业主委托的专业测量队伍进行检测（如业主未对该测量项目进行委托，则需要铺轨项目的上级单位进行检测）。其检测的内容、方法及各项限差均应满足下列要求：

（1）检测控制基标间夹角时，其左、右角各测两个测回，左右角平均值之和与360°较差应小于6''；距离往返观测各两个测回，测回较差及往返较差应小于5mm。

（2）直线段控制基标间的夹角与180°较差应小于8''，实测距离与设计距离较差应小于10mm；曲线段控制基标间夹角与设计值较差计算出的线路横向偏差应小于2mm，弦长测量值与设计值较差应小于5mm。

（3）控制基标高程测量应起算于施工高程控制点，按轨道交通二等水准测量计算要求施测。控制基标高程实测值与设计值应小于2mm，相邻控制基标间高差与设计值的高差较差应小于 2mm。

14.1.2　铺轨加密基标

1．加密基标的布设原则

加密基标是在铺轨控制基标测设完成后，依据控制基标布设的加密控制点，是轨道铺设的施工测量依据。

加密基标一般在线路的直线段每隔 6m 或曲线段上每隔 5m 进行布设。

加密基标宜布设在线路中线上，也可以布设在线路的同一侧，在线路中线上宜按等高形式布设，也可以采用不等高的形式；在线路同一侧宜布设为等高等距的形式，也可采用等距不等高的形式。

2．加密基标的形式及埋设位置

1）加密基标形式

加密基标作为临时轨道铺设的测量依据，在点埋设上的要求控制基标相对宽松，但控制点形式宜和控制基标形式一致，如图 14.1 和图 14.2 所示，也可自行设计。

2）加密基标埋设

加密基标一般根据道床的设计类型、排水沟的设计位置来确定。一般埋设在线路中线上（轨道中心线上）或线路一侧的排水沟内、道床上或结构边墙及路肩上。

（1）普通道床处：在线路的直线段每隔 6m 或曲线段上每隔 5m 进行布设。

（2）单开道岔：控制基标应埋设在岔头、岔尾、岔心和曲股位置或一侧，加密基标按设计给出的间距埋设在道岔控制基标之间。单开道岔铺轨基标的埋设位置如图 14.3 所示。

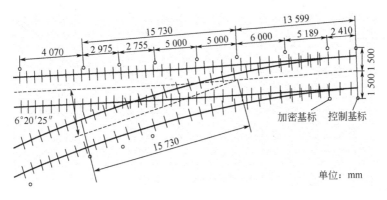

图 14.3　单开道岔铺轨基标埋设示意

（3）复式交分道岔：控制基标应测设在长轴和短轴的两端及岔头、岔尾位置或一侧，加密基标按设计给出的间距埋设在道岔控制基标之间。复式交分道岔铺轨基标的埋设位置如图 14.4 所示。

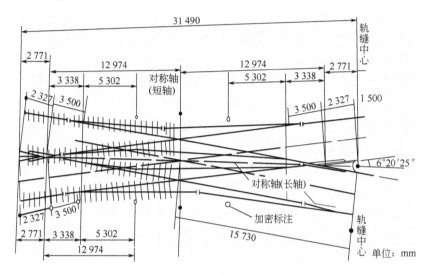

图 14.4　复式交分道岔铺轨基标埋设示意

（4）交叉过渡线道岔：控制基标需测设在长轴和短轴的两端、岔头、岔尾以及与正线相交的岔心位置或一侧。加密基标按设计给出的间距埋设在道岔控制基标之间。

对于碎石道床（有砟道床），控制基标应测设在线路前进方向的右侧路肩上。碎石道床控制基标按照每隔 100m 进行设置，加密基标则按每 20m 进行设置。碎石道床单开道岔和复式交分道岔的基标设置按图 14.5 所示。

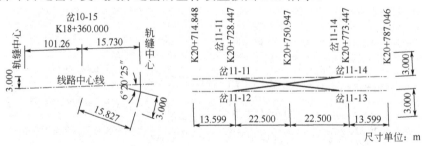

图 14.5　碎石道床单开道岔、复式交分道岔基标设置示意

3．加密基标的测设

加密基标一般以其两端的控制基标作为起始点，在直线上采用基标截距法，

高程采用水准法。在曲线上采用偏角法或极坐标法进行测设。

直线段依据控制基标间的方向，按加密基标的间距在控制基标间埋设加密基标。埋设时，利用全站仪定向或钢尺量距的方法确定各加密基标的位置。

加密基标之间的距离测量误差应控制在±5mm 之内。实际工作时，为控制里程上的误差累积，通常由两个控制基标分别向中间埋设加密基标的方位；为降低方向观测误差，测量中要经常对后视进行方向校正。两控制基标间的加密基标全部埋设完成后，重新对仪器和觇标进行对中整平，并对加密基标进行检测。

曲线段应将仪器安置在控制基标或曲线要素上，用偏角法或极坐标法设置加密基标。放样时，将仪器安置在控制基标上，根据计算控制基标至各加密基标的偏角或方位角及距离，逐一测设曲线段上的加密基标。

4．加密基标的技术要求

1）直线道岔加密基标的测设精度指标

（1）纵向：相邻基标间纵向误差应在±5mm 之内。

（2）横向：加密基标偏离两控制基标间的方向线应在±2mm 之内。

（3）高程：相邻加密基标实测高程高差与设计高差的较差应在±1mm 之内，每个加密基标的实测高程与设计高程较差应在±2mm 之内。

2）曲线加密基标的测设精度指标

（1）纵向：相邻基标间纵向误差应在±5mm 之内。

（2）横向：相邻基标相对于控制基标的横向偏差应在±2mm 之内。

（3）高程：相邻加密基标实测高差与设计高差的较差应在±1mm 之内，每个加密基标的实测高程与设计高程的较差应在±2mm 之内。

14.2　任意设站的精密导线网

随着国内城市的发展和客流量的增大，轨道交通列车速度也由原来的 80km/h 逐渐提升到 120km/h，更有甚者，个别城市轨道交通的设计时速达到了 160km，传统的铺轨技术已无法满足目前列车速度的要求，因而引进了高速铁路的铺轨测量技术，即高速铁路的 CP Ⅰ、CP Ⅱ和 CPⅢ。

从高速铁路控制网概念上来讲，CP Ⅰ 相当于轨道交通工程中的一等、二等 GNSS 网；CP Ⅱ相当于轨道交通工程中的精密导线网和隧道内的控制导线网；CPⅢ相当于轨道交通工程中的铺轨控制基标，但其测量精度及内网的相对误差相较铺轨控制基标有了大大提高。而列车高速运行与轨道的相对平顺度有着极其重大的联系，即要求轨道铺设控制网的相对精度极高，因而将轨道交通工程中轨道铺设的控制网采用 CPⅢ 的形式进行布设。由于轨道交通工程中没有 CPⅠ 和 CPⅡ 网的称谓，而高速铁路的 CPⅢ 网是采用任意设站的形式进行测设，故这里将轨道交通工程中类似于高速铁路的 CPⅢ 网称为任意设站的精密导线网。

轨道交通工程一般分为高架段、地面段、地下段几种形式，特别对于地下段，控制点误差主要存在地面误差、联系测量误差、洞内导线误差等，造成车站底板控制点（含水准点）及隧道内施工控制点（含水准点）精度不高，有时无法满足任意设站精密导线的测设要求，故而在测量过程中存在调整个别控制点方向的方法，以满足任意设站精密导线网的测设。因此，为能更好地满足任意设站精密导线网的测设要求，应采取有效方法来提高地面控制网、联系测量及地下控制网的测量精度。

14.2.1 基本要求

任意设站的精密导线网的起始数据采用的测量依据为轨道交通的一等、二等 GNSS 点、精密导线点、车站底板上的控制点、隧道内施工控制点（在土建过程中经过多次测量的点位，绝对精度相对较高）和二等高程点、车站底板及隧道内施工水准点，也即任意设站精密导线网是附合于轨道交通一等、二等 GNSS 点，精密导线点，车站底板控制点，隧道内施工控制点和二等水准点，车站底板及隧道内施工水准点上。在进行任意设站精密导线测设前，应对这些控制点、水准点进行联测和检测，精度满足要求后方可使用。

14.2.2 控制点的布设

任意设站精密导线网的点位布设与高速铁路 CPⅢ 点的布设大致相同，但因轨道交通工程的特殊性，任意设站精密导线点间间距与 CPⅢ 存在较大差别。任意设站精密导线点沿轨道交通工程线路布设，宜在线路左右对称成对布设，各控制点纵向间距宜在 30～60m 之内，具体纵向间距主要根据线路线型、转弯半径、隧道内径大小决定。各控制点分别埋设于地面段接触网杆内侧、高架桥面两侧、地下隧道两侧、车站站台廊檐侧墙上距轨面高度 0.7～1.2m 的位置，图 14.6～图 14.14 给出控制点的布设位置，仅供参考，但无论怎么布设都应设置在稳固、不易被破坏和遮挡、便于测量的结构内，标示应清晰、便于识别、易于寻找。

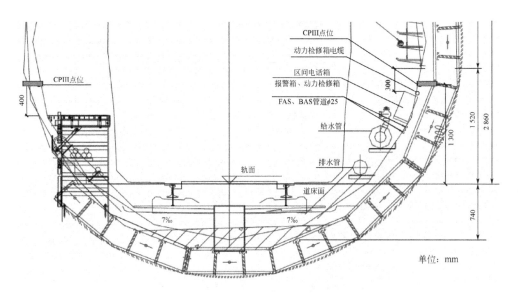

图 14.6　联络线段任意设站精密导线网控制点布置

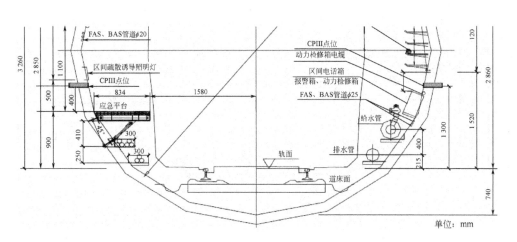

图 14.7　直线段单圆隧道任意设站精密导线网控制点布置

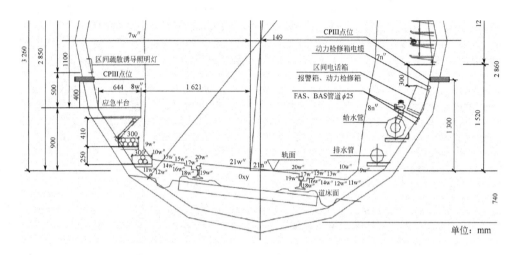

图 14.8　曲线段单圆隧道任意设站精密导线网控制点布置（一）

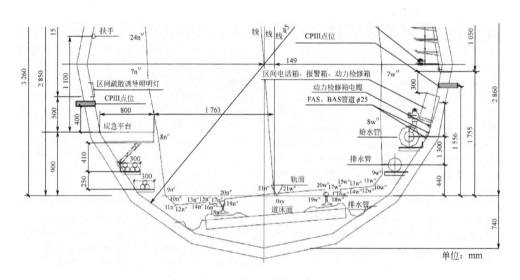

图 14.9　曲线段单圆隧道任意设站精密导线网控制点布置（二）

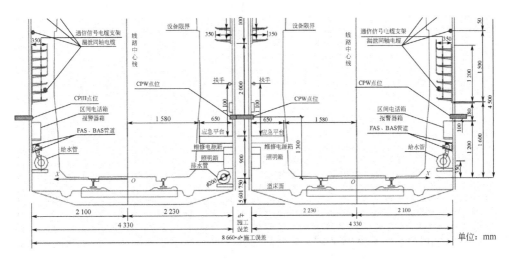

图 14.10　区间直线段双线矩形隧道（有中隔墙）任意设站精密导线网控制点布置

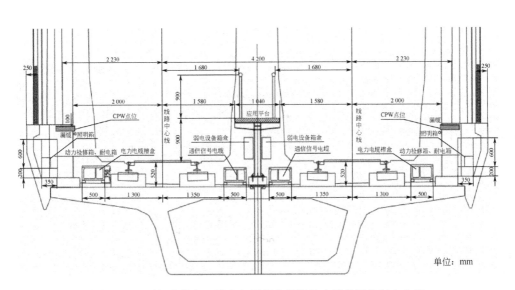

图 14.11　区间直线段双线高架桥任意设站精密导线网控制点布置

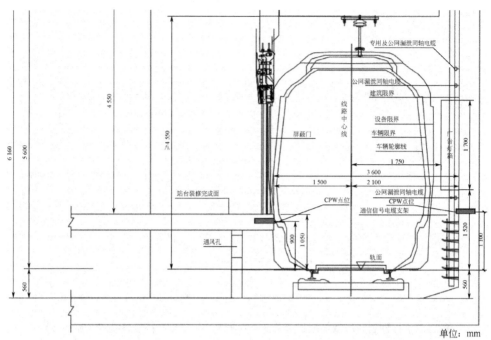

图 14.12　直线段岛式站台车站矩形隧道区间任意设站精密导线网控制点布置

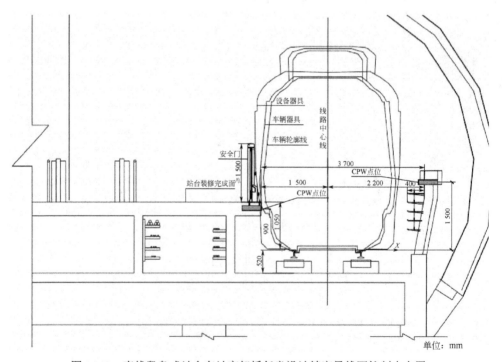

图 14.13　直线段岛式站台车站高架桥任意设站精密导线网控制点布置

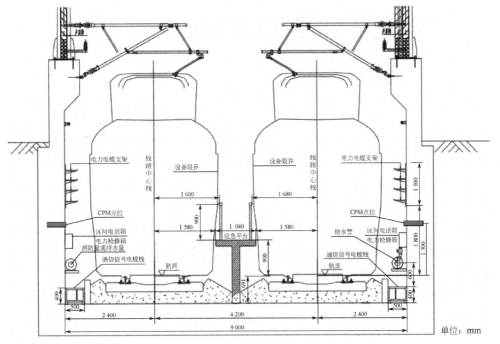

图 14.14 区间直线段双线敞开段任意设站精密导线网控制点布置

14.2.3 控制点的组件及埋设要求

测量标志必须采用精加工，材料不易生锈，易于长期保存和使用。测设时，测量标志应采用强制对中形式，制作精度误差不应大于 0.05mm。控制点的连接件应能够重复安装和互换安装，其精度应满足表 14.1 的要求，具体连接件可参考中铁工程设计咨询集团有限公司设计的"单轴三维测量标志组件"测量组件，如图 14.15～图 14.17 所示。

图 14.15 预埋件示意

图 14.16 平面测量杆示意

图 14.17　高程测量杆示意

表 14.1　控制点标志安装精度要求

控制点标志安装方向	重复性安装误差（mm）	互换性安装误差（mm）
X	0.4	0.4
Y	0.4	0.4
H	0.2	0.2

预埋件在任意设站精密导线网测量前进行埋设，用于连接平面测量杆或高程测量杆，进行后续平面或高程测量工作。

预埋件埋设时，首先在选定位置大致水平钻孔，采用 25mm 左右直径钻头，钻深 55mm。埋设时应注意清孔干净，预埋件应尽量水平，采用速凝水泥或锚固剂填充孔位，然后安放预埋件，使速凝水泥或锚固剂沿预埋件外壁四周被挤出。速凝水泥或锚固剂凝固后进行检查，预埋件须稳固，标志内及标志顶面须无任何异物，并检查保护盖是否正常。在车站段埋设预埋件时，其外边缘应与车站廊檐侧面齐平，以免影响限界，严禁侵入限界。预埋件埋设完成及不使用时，应加设保护盖，以防止异物进入预埋件内影响预埋件正常使用及安装精度。控制点埋设时应使用品质良好的锚固剂，锚固措施必须使得预埋件牢固，以确保长期稳固。

任意设站精密导线点的编号应统一和唯一，按照里程增加方向的顺序进行编号，左侧编号为奇数，右侧编号为偶数。编号应清晰明显并采用统一规格的字模、铭牌等，严禁使用手写标识。

任意设站精度导线网所使用的全站仪必须具有自动目标搜索、自动照准、自动观测、自动记录功能，其方向测量中误差不大于 $\pm1''$、$\pm(1mm+1\times10^{-6}\times D)$。在进行观测前，应对仪器进行检校，并需要对全站仪进行温度、气压等气象元素改正，温度读数精度至 0.2°，气压读数精度至 0.5hPa。

14.2.4　平面测量

1. 外业测量及技术要求

任意设站精密导线网进行外业观测时，每个任意设站的测站观测不宜少于 4 对控制点，且重复观测的控制点不宜少于 3 对点，任意设站的测站距最远控制点不宜超过 120m，每个控制点应有 3 个或以上任意测站的方向和距离观测值，具体观测路线如图 14.18 所示。

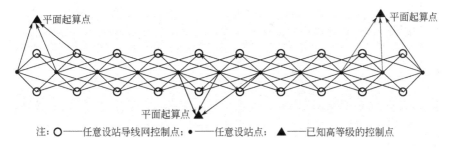

注：○——任意设站导线网控制点；●——任意设站点；▲——已知高等级的控制点

图 14.18　任意设站导线网联测示意

任意设站精密导线网的水平观测方向应采用边角交会全圆方向观测法进行观测，如果分组观测，应采用同一归零方向，并重复观测同一个方向。水平方向观测应满足表 14.2 中的相关规定。

表 14.2　任意设站精密导线网水平方向观测技术要求

控制网名称	仪器等级	测回数	半测回归零差	不同测回同一方向 2C 互差	同一方向归零后方向值较差	2C 较差
任意设站精密导线网	0.5″	2	6″	9″	12″	15″
	1″	3	6″	9″	12″	15″

任意设站精密导线网在进行距离观测时，应采用多测回距离观测法，且应满足表 14.3 中的相关规定。

表 14.3　任意设站精密导线网距离观测技术要求

控制网名称	测回数	半测回间距离较差	测回间距离较差
任意设站精密导线网	≥2	±1mm	±1mm

注：每一个距离测回是指全站仪盘左、盘右各测量距离一次的过程。

在任意设站精密导线网平面测量中，有条件时地上段应平均每隔 800m、地下段平均每隔 1km 联测一个高等级的控制点，如图 14.19 所示。当起算点密度和位置不满足要求时，应增设平面起算点。平面测量可根据工程实际情况进行分段测量，分段测量的区段长度不宜小于 2km，或不能少于一个区间的长度。相邻区段控制点重复观测不应少于 4 对点，区段衔接处不应位于道岔区。区段之间衔接时，

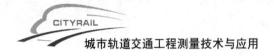

两区段独立平差后重叠点坐标差值应不大于 3mm。当满足条件后，应采用约束平差或余弦平滑方法进行区段接边处理。

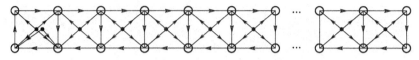

图 14.19　矩形环单程水准测量示意

现场数据采集方法全线应统一，使用仪器宜保持一致，这样有利于数据格式的统一。

2．数据处理

在进行任意设站精密导线网内业计算时，采用的数据处理软件需经过相关专业机构评定认可。在数据进行正式计算前，应采用数据处理软件对外业观测数据进行质量检查，检查合格后方可采用软件进行平差。

采用数据处理软件时，应首先采用独立自由网平差，其平差结果应满足表 14.4 中的相关要求，满足要求后，再采用合格的平面起算点和高等级的控制点作为约束点进行固定约束平差，其平差结果应满足表 14.5 中的相关要求，对于不符合相关要求的，要分析原因并进行返测或重测。

表 14.4　独立自由网平差后的主要技术要求

控制网名称	方向改正数	距离改正数
任意设站精密导线网	±3″	±2mm

表 14.5　固定约束平差后的主要技术要求

控制网名称	与起算点联测		任意设站导线网联测		方向观测中误差	距离观测中误差	点位中误差	相邻点相对点位中误差
	方向改正数	距离改正数	方向改正数	距离改正数				
任意设站精密导线网	±4.0″	±4mm	±3.0″	±2mm	±1.8″	±1mm	3mm	±1mm

进行任意设站精密导线网复测时，采用的网形和精度指标应与原测相同。控制点复测与原测成果的 X、Y 坐标较差应不大于 ±3mm，且相邻点的复测与原测坐标增量 ΔX、ΔY 较差应不大于 ±2mm。较差超限时，应分析超限原因，确认复测结果无误后，应对超限的控制点采用同精度内插方式更新成果。坐标增量较差按式（14.1）计算。

$$\left.\begin{array}{l} \Delta X_{ij} = (X_j - X_i)_{复} - (X_j - X_i)_{原} \\ \Delta Y_{ij} = (Y_j - Y_i)_{复} - (Y_j - Y_i)_{原} \end{array}\right\}　　（14.1）$$

14.2.5　高程测量

1．外业测量及技术要求

任意设站精密导线网控制点高程精度应符合《城市轨道交通工程测量规范（GB 50308—2008）》中的二等水准测量技术要求。在轨道交通工程中的高架段及敞开段，应采用二等水准测量技术要求按照图 14.19 所示的矩形环单程水准网进行观测，并构成如图 14.20 所示的矩形环单程水准测量闭合环，环闭合差应小于 1mm。在地下隧道段，可采用自由网测站三角高程测量方法，与平面测量同时进行。

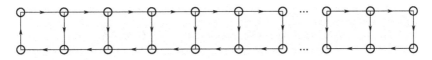

图 14.20　矩形环单程水准测量闭合环示意

高程测量起算点应为线路二等及以上水准控制点，水准路线附合长度不宜大于 2km，并应进行往返观测。

高架段水准测量中，当桥面与地面间高差大于 3m 时，可采用高程联系测量的方法进行高程传递，但应满足二等水准测量的相关技术要求。

高程测量可根据现场实际情况进行分段测量，区段长度不宜小于 2km，区段间重叠观测点不应少于 2 对控制点。在区段之间衔接时，前后区段独立平差的重叠点高程差值应不大于 3mm，满足该条件后，采用约束平差方法进行区段接边处理。

2．数据处理

进行高程测量数据处理时，应采用数据处理软件对外业观测数据进行质量检查，检查合格后进行闭合差计算，精度应满足表 14.6 的要求，当均满足要求后，可进行平差计算，对不符合精度要求的，要分析原因并进行返测。高程控制网平差后，高差中误差不应大于 ±2mm，相邻点高差中误差不应大于 ±1mm。

表 14.6　高程测量水准路线的精度要求

水准测量等级	每千米水准测量偶然中误差 M_Δ	每千米水准测量全中误差 M_w	检测已测段高差之差（mm）	往返测不符值（mm）	附合路线或环线闭合差（mm）	左右路线高差不符值（mm）
二等	≤2.0	≤4.0	$\pm8\sqrt{L}$	$\pm8\sqrt{L}$	$\pm8\sqrt{L}$	$\pm6\sqrt{L}$

注：表中 L 为往返测段、附合或环线的水准路线长度，单位为 km。

在进行平面测量过程中，同时施测高程的，应满足表 14.7 的相关要求，并同时满足下列要求：

（1）相邻点应由 3 个不同的任意测站点同时进行观测，取相邻点 3 个高差值，互差小于 3mm 时，取距离加权平均值作为最后的高差值。

（2）三角高程网应每 1km 左右与水准控制点进行高程联测。联测采用水准测量时，应按二等水准测量要求进行往返测；联测采用三角高程测量时，应在水准控制点上架设固定高度的棱镜，并不少于 2 个任意测站对其进行观测。

（3）任意设站三角高程网应进行环线或附合路线闭合差统计，并计算每千米偶然中误差和每千米高差全中误差，各项指标应符合表 14.7 中的要求。

（4）三角高程网应采用严密平差，平差后的各项精度指标应符合表 14.8 的相关要求。

表 14.7　任意设站三角高程外业观测技术要求

全站仪标称精度	测回数	测绘间距离较差	测回间竖盘指标差互差	测回间竖直角互差
$\leqslant 1''$，$\pm(1mm+1\times10^{-6}\times D)$	$\geqslant 3$	$\leqslant 1mm$	$\leqslant 10''$	$\leqslant 6''$

表 14.8　任意设站三角高程平差后精度要求

高差改正数	高差观测值的中误差	高程中误差	平差后相邻点高差中误差
$\leqslant 1mm$	$\leqslant 1mm$	$\leqslant 2mm$	$\pm 1mm$

高程测量复测时，采用的网形和精度指标应与原测相同，在控制点复测与原测成果的高程较差不大于 3mm，且相邻点的复测高差与原测高差较差不大于 ±2mm 时，采用原测结果。较差超限时应分析超限原因，确认复测结果无误后，应对超限的点采用同精度内插的方式更新成果。

14.3　轨道铺设施工测量

轨道铺设施工测量主要包含轨道铺设控制网的测设、轨道安装测量、道岔安装测量、轨道精调测量及轨道验收测量等相关内容。轨道铺设控制网的测设主要分为控制基标、加密基标测设和任意设站精密导线网的测设。上述三个内容在上述相关章节中已有了明确介绍，这里不再赘述。本节主要针对轨道安装、道岔安装及轨道精调等相关内容进行介绍。

建立满足精度的轨道铺设控制网，即铺轨控制基标、加密基标或任意设站精密导线网。在对上述铺轨控制网复测结果满足精度的要求后，依据铺轨控制

点进行轨道铺设和道岔安装。当轨道焊接、应力放散和轨温锁定后，进行轨道精调作业。

14.3.1 铺轨基标轨道施工测量

利用已经复测合格的控制基标和加密基标，使用经过鉴定合格的轨道尺和丁字尺架设轨道或轨排。轨道或轨排调整时，其测量点应设置在支撑架位置，且间距不宜大于 2m；轨道或轨排调整后，轨道的中心线偏差和轨顶面高程偏差及轨道的平顺度均应满足《地下铁道工程施工及验收规范》的相关要求。

根据道岔基标，确定并调整岔头、岔尾的位置，并保证岔头两股钢轨的方正，然后依据外直股外侧基标，用丁字尺从岔头到岔尾依次调整道岔外直股的方向和高程，使其达到要求为止；最后，在保持道岔外直股不动的前提下，通过调节钢轨支撑架上位于内直股处轨卡的水平螺栓及立柱，依次调整道岔内直股的轨距、水平，直至到达要求。

在进行曲下股轨距调整时，在保持曲上股位置不变的前提下，通过调节钢轨支撑架上位于曲下股处的轨卡水平螺栓，调整曲下股各点的轨距；道岔调整时，必须按照道岔铺设图、整体道床布置图及铺设基标对道岔各部的几何状态进行调整。施工过程中随时检查道岔和混凝土轨枕的位置，道岔各部的几何状态发现超标，应立即调整。

轨道精调时应采用道尺、丁字尺和 10m 长的弦线进行，道尺和丁字尺使用前应进行检校，利用控制基标对线路的绝对位置和高程进行测量，偏差不得超过 ± 10mm，并结合相对平顺性检测结果进行线路调整。对轨距和水平扣件逐个测量，轨道的扭曲、轨向和高低用 10m 弦线测量，对不符合规定的现场进行调整，直至满足要求为止。

14.3.2 自由设站网轨道施工测量

1. 轨道安装测量方法及步骤

铺轨施工测量前，应将平面、纵断面设计参数和曲线超高值等数据录入轨道几何状态测量仪，并应复核无误。然后使用具有自动目标搜索、自动照相、自动观测、自动记录功能，测角精度不低于 $1''$，测距精度不低于 $\pm (1 + 2 \times 10^{-6} \times D)$ 的全站仪，采用任意设站的方法进行施测。每一测站的距离不大于 80m，全站仪宜安置于线路中线附近，且位于控制点中间，测站观测的控制点不应少于 3 对。更换测站后，相邻测站重叠观测的铺轨控制点不应少于 1 对。测站观测精度应满足表 14.9 的相关要求。

表 14.9　测站观测精度要求

项目	X	Y	H	方向
中误差	≤1mm	≤1mm	≤1mm	≤2″

　　测站设置完成后，应先对周围控制点进行检核测量，检核控制点的坐标不符值应满足表 14.10 中的要求。当控制点坐标 X、Y、H 不符值大于上述表中的要求时，该点不应参与平差计算。每一测站参与平差计算的控制点不应少于 4 个，且应分布在安装轨道的范围内。

表 14.10　控制点坐标不符值限差要求

项目	X	Y	H
控制点坐标不符值限差	≤2mm	≤2mm	≤2mm

　　调整测量点设置位置以及轨排径调整后，轨道中心线和轨顶面高程允许偏差、轨道的平顺性均应符合相关规定。

2．道岔安装测量方法及步骤

　　道岔两端应预留不小于 100m 的长度作为道岔与区间衔接测量的调成距离，在道岔铺设前，应以任意设站精密导线网控制点为依据，设置测站，安置全站仪，进行道岔控制基标和加密基标测设。道岔控制基标横向允许偏差不应大于 1mm，相邻道岔控制基标间距和高差允许偏差应分别小于 2mm 和 1mm。

　　道岔调整应遵循"保证直股，兼顾曲股"的原则，先进行道岔主线测量，再进行道岔侧线测量。调整测量可采用任意设站全站仪配合轨道几何状态测量仪进行。道岔平面位置即高程调整偏差不应大于±5mm。

3．轨道精调测量方法及步骤

　　轨道精调前应对任意设站精密导线网进行复测，复测结果在限差范围以内是采用原测成果，超限时，应检查原因，确认原测结果有错时，可采用复测结果。

　　轨道精调采用全站仪任意设站方式配合轨道几何状态测量仪进行，每一测站最大测量距离不应大于 70m。轨道几何状态测量仪测量步长时，无砟轨道宜为 1 个扣件间距，无砟轨道不宜大于 2m，更换测站后，应重复测量上一测站测量的最后三个测点。测量的内容应包括线路中线位置、轨面高程、轨距、水平、扭曲、轨向、高低等。

　　测量完成后，应根据轨道静态平顺性指标，计算出测点扣件轨道调整量，供施工调整使用。

第15章 贯通测量

15.1 概述

在轨道交通工程隧道施工中，由于地面控制测量、联系测量及地下控制测量过程中，不可避免地存在测量误差，导致相向开挖（或单向开挖）的隧道在贯通面上不能完全准确地进行衔接，存在错开的现象，错开的现象称为贯通误差。而贯通误差在竖向、横向和纵向（竖向是指施工坐标系中的高程方向，纵向是沿设计隧道中线方向，横向是垂直于设计隧道轴线且与设计隧道轴线在同一个水平面上）三个方向上存在分量误差，在竖向上存在的衔接偏差称为竖向贯通误差；在横向上存在的衔接误差称为横向贯通误差；在纵向上存在的衔接误差称为纵向贯通误差，如图 15.1 所示。

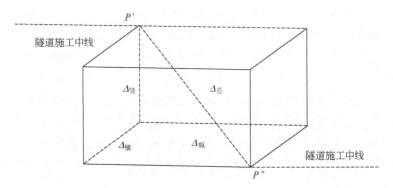

图 15.1　贯通误差及其分量示意

对于轨道交通工程来说，隧道的纵向贯通误差只影响到隧道长度，而对于隧道的质量影响极小，对于轨道铺设、机电安装等后续工序基本没有影响，因此，隧道的纵向贯通误差基本不予考虑；隧道竖向贯通误差直接关系到轨道的平顺程度，因而，竖向贯通误差不能过大，但因目前水准仪的精度较高，采用精密水准仪测量在不出现大的粗差情况下，基本能够满足《城市轨道交通工程测量规范（GB 50308—2008）》中关于竖向贯通中误差±25mm 的要求；隧道横线贯通误差对隧道的断面影响巨大，随着城市轨道交通工程的逐步发展，连接了城市与郊区、城市多个中心，会存在个别长大区间，加之气候条件、折光差、温度差异等多种因素影响，横向贯通中误差要满足《城市轨道交通工程测量规范（GB 50308—2008）》中要求的±50mm 相对较困难，故横向贯通误差是我们本章讨论的重点。

在隧道施工前，应针对工程的特点等因素制定详细、可靠的测量方案，对隧道贯通误差进行详细分析和预计，以选择合理、可靠、满足精度的测量仪器和恰当的贯通方案。

轨道交通工程的贯通限差为贯通中误差的两倍，即隧道贯通横向中误差为±50mm，则横向贯通限差为±100mm；隧道竖向中误差为±25mm，则竖向贯通限差为±50mm。如果贯通误差较大，致使隧道断面尺寸过小，无法满足铺轨等后续工作要求时，应部分拆除已做好的衬砌，以拓宽断面或采取其他措施（如调线或改变轨道及其他设备尺寸），这些都会造成不小的经济损失。因此，在施工过程中控制好贯通误差是我们贯通测量的主要任务。

15.2　贯通误差预计

贯通误差的预计是根据轨道交通工程的特点和轨道交通工程贯通中误差要求对所采用的测量方案和测量方法，应用误差传播定律，对贯通误差精度进行估算。这个估算值是预计隧道贯通时最大偏差的出现概率，而非实际贯通偏差的大小。因此，贯通误差预计有贯通中误差预计和贯通限差预计，其实两者意义一样，即贯通中误差的两倍是贯通限差值。贯通误差预计的意义在于根据贯通误差值的大小来优化测量方案或选择合适的测量方法和测量仪器，既不能为盲目增加贯通误差精度而增加工作量或选择精度极高的测量仪器，也不能因精度太低而造成工程上的损失。当然，在不增加成本或增加大量工作量的基础上，宜选择精度较高的测量仪器和测量方法。

15.2.1　贯通误差分配

轨道交通工程贯通误差一般影响因素有地面控制测量误差、联系测量误差和地下控制测量误差三部分，当然有个别工程一端或两端均在地面的，则只有地面控制测量误差和地下控制测量误差，本节只针对普遍性进行详述。隧道横向贯通误差主要受上述三项测量误差影响，假设各项测量误差对贯通的影响互相独立，则有

$$m_Q^2 = m_{q_1}^2 + m_{q_2}^2 + m_{q_3}^2 \tag{15.1}$$

式中，m_Q——城市轨道交通隧道横向贯通中误差（mm）；

　　　m_{q_1}——地面控制测量引起的横向中误差（mm）；

　　　m_{q_2}——联系测量引起的横向中误差（mm）；

　　　m_{q_3}——地下控制测量引起的横向中误差（mm）。

由于地面测量条件较地下好，在分配测量误差时，可在等影响原则的基础上做适当的调整，即对地面测量的精度适当提高一些，而地下控制测量的精度降低一些。按此原则分配方案如下：

$$m_{q_1} = \pm 25\text{mm}, \quad m_{q_2} = \pm 25\text{mm}, \quad m_{q_3} = \pm 35\text{mm}$$

代入式（15.1）中得，$m_Q = \sqrt{25^2 + 25^2 + 35^2} = 49.7\text{mm} < 50\text{mm}$

同理，高程测量误差的计算公式为

$$m_H^2 = m_{h_1}^2 + m_{h_2}^2 + m_{h_3}^2 \tag{15.2}$$

式中，m_H——城市轨道交通隧道高程贯通中误差（mm）；

　　　m_{h_1}——地面高程控制测量的中误差（mm）；

　　　m_{h_2}——向地下传递高程测量引起的中误差（mm）；

　　　m_{h_3}——地下高程控制测量的中误差　（mm）。

测量误差分配方案如下：

$$m_{h_1} = \pm 16\text{mm}, \quad m_{h_2} = \pm 12\text{mm}, \quad m_{h_3} = \pm 15\text{mm}$$

代入式（15.2）中得，$m_H = \sqrt{16^2 + 12^2 + 15^2} = 25\text{mm} \leqslant 25\text{mm}$

按上述分配得到城市轨道交通平面与高程贯通限差如表 15.1 所示。

表 15.1　平面与高程贯通限差

贯通误差项目	地面控制测量	联系测量	地下控制测量	总贯通中误差
横向贯通中误差	≤±25mm	≤±25mm	≤±35mm	≤±50mm
纵向贯通中误差	$L/40\ 000$	$L/40\ 000$	$L/40\ 000$	$L/12\ 000$
竖向贯通中误差	≤±16mm	≤±12mm	≤±15mm	≤±25mm

15.2.2　平面贯通误差预计

1. 地面控制测量误差预计

轨道交通工程中地面控制测量分为三等，即首级、次级分别为 GPS 控制网，三级为精密导线网，故在两个洞口之间采用的是附合在 GPS 点上的精密单导线，

因此地面控制测量误差引起的横向贯通中误差由两部分组成，一为 GPS 网控制测量误差引起的贯通横向中误差；二为精密导线测量引起的横向贯通中误差。则地面控制测量误差引起的横向贯通中误差 M_Q 为

$$M_Q = \pm\sqrt{m_g^2 + m_t^2} \tag{15.3}$$

式中，m_g——GPS 控制网测量误差引起的横向贯通中误差（mm）；

m_t——精密导线测量误差引起的横向贯通中误差（mm）。

精密导线测量误差引起的横向贯通误差 m_t 为

$$m_t = \pm\sqrt{m_{y\beta}^2 + m_{y1}^2} \tag{15.4}$$

式中，$m_{y\beta}$——导线测角误差引起的横向贯通中误差；

m_{y1}——导线测边误差引起的横向贯通中误差。

或者

$$m_t = \pm\sqrt{\left(\frac{m_\beta}{\rho}\right)^2 \cdot \sum R_x^2 + \left(\frac{m_1}{l}\right)^2 \sum d_y^2} \tag{15.5}$$

式中，m_β——导线测角中误差；

$\dfrac{m_1}{l}$——导线测边平均相对中误差；

$\sum R_x^2$——两洞口之间导线点至贯通面垂直距离的平方和；

$\sum d_y^2$——两洞口之间导线点在贯通面上投影长度的平方和。

因为精密导线是附合在 GPS 网上的，则精密导线的起始误差认为是所附合的 GPS 点的点位误差，同时，GPS 网不是测角网，其点位精度是均匀的，可用 GPS 网中相邻点的相对点位中误差作为精密导线的起始误差。因此，根据式（15.4）和式（15.5）就可以估算出地面控制网测量误差引起的横向贯通误差。

由于精密导线为附合导线，且是在实际过程中经过多次多测回的测角、测距后经过平差计算得到的结果，而式（15.5）是支导线的精度估算公式，因此，实际上精密导线的测量精度远高于支导线测量精度。

因式（15.5）同时考虑了测角误差和测边误差对横向贯通误差的影响，故考虑全面，即当轨道交通工程两个贯通面之间存在曲线时，则采用式（15.5）计算的精密导线测量误差对横向贯通误差进行估算。但由于轨道交通工程两个贯通面之间的隧道一般直线段较多（或近似直线段），也即精密导线的网形为直伸形式，这时测边误差对横向贯通精度不产生影响，精密导线测量误差影响的横向贯通中误差 m_t 可简化为

$$m_t = \pm \sqrt{\left(\frac{m_\beta}{\rho}\right)^2 \times (nl)^2 \times \left(\frac{n+1.5}{3}\right)} \qquad (15.6)$$

式中，n——洞内导线的边数；

　　　l——平均边长。

我们可以采用式（15.5）或式（15.6），根据实际工程的情况，估算出为满足轨道交通工程地面横向贯通精度，并根据横向贯通误差精度的需要，选择合适精度的测量仪器。

2．联系测量误差预计

联系测量误差引起的隧道横向贯通误差一般由两部分组成，一是联系测量的定向误差引起的横向贯通中误差；二是联系测量的投点误差引起的横向贯通中误差。故联系测量误差引起的横向贯通中误差 $M_{联}$ 为

$$M_{联} = \pm \sqrt{m_{定}{}^2 + m_{投}{}^2} \qquad (15.7)$$

式中，$m_{定}$——联系测量的定向误差引起的横向贯通中误差（mm）；

　　　$m_{投}$——联系测量的投点误差引起的横向贯通中误差（mm）。

轨道交通工程联系测量中，一般采用一井定向、两井定向等方法。采用一井定向时，其联系三角形定向边测角中误差 m_β 引起的横向贯通中误差 $m_{定}$ 为

$$m_{定} = \pm \frac{m_\beta}{\rho} L \qquad (15.8)$$

式中，m_β——联系三角形定向边测角中误差；

　　　L——两贯通面之间的距离。

若采用两井定向，可以认为其是直伸导线形式，则联系测量定向引起的横向贯通中误差 $m_{定}$ 为

$$m_{定} = \pm \sqrt{\left(\frac{m_\beta}{\rho}\right)^2 \times (nl)^2 \times \left(\frac{n+1.5}{3}\right)} \qquad (15.9)$$

式中，n——导线的边数；

　　　l——平均边长。

联系测量的投点误差一般根据仪器精度、竖井深度采用经验值。

若联系测量方法是导线直传法，则直接将其作为导线精度进行估算即可，这里不再进行详细介绍。

3．地下控制测量误差预计

地下控制测量在轨道交通工程隧道中一般布设为支导线形式，可利用式（15.5）

对横向贯通中误差进行估算，若隧道为直伸形式的，则采用式（15.6）对横向贯通中误差进行估算。

轨道交通隧道工程贯通误差一般是由始发井、吊出井联系测量及地面、井下控制测量引起的误差组成，故在进行贯通误差预计时，应考虑两次联系测量对贯通横向误差的影响。无论如何，对横向贯通误差的预计应根据具体工程进行详细考虑。

15.2.3　高程贯通测量误差预计

高程贯通测量误差引起的竖向贯通中误差也是由三部分组成，一是地面高程控制测量误差引起的竖向贯通中误差；二是高程联系测量误差引起的竖向贯通中误差；三是地下高程控制测量引起的竖向贯通中误差。

高程贯通测量误差引起的竖向贯通中误差 $M_{总}$ 为

$$M_{总} = \pm\sqrt{m_{上}^2 + m_{联}^2 + m_{下}^2} \tag{15.10}$$

式中，$m_{上}$——地面高程控制测量误差引起的竖向贯通中误差；

　　　$m_{联}$——高程联系测量误差引起的竖向贯通中误差；

　　　$m_{下}$——地下高程控制测量引起的竖向贯通中误差。

地面高程测量采用水准的往返测，因此，用往返不符值计算水准测量的高差偶然中误差作为衡量水准测量质量的好坏。每千米水准测量高差偶然中误差 M_{Δ} 为

$$M_{\Delta} = \pm\sqrt{\frac{1}{4n}\left(\frac{\Delta\Delta}{L}\right)} \tag{15.11}$$

式中，Δ——水准路线测段往返高差不符值（mm）；

　　　L——水准测量的测段长度；

　　　n——往返测的水准路线的测段数。

则地面高程控制测量误差引起的竖向贯通中误差 $m_{上}$ 为

$$m_{上} = M_{\Delta}L \tag{15.12}$$

高程联系测量误差一般采用轨道交通的经验值。因其是隧道贯通前经过多次高程联系测量之后的结果，故该高程联系测量的中误差一般较小。

地下高程控制测量一般为支水准路线，但都是经过多次重复测量后经过平差的水准测量结果，其每千米水准测量高差偶然中误差可参考式（15.11）执行。同理，地下高程控制测量误差引起的高程贯通误差与地面高程控制测量误差引起的高程贯通中误差一致。

15.2.4　小结

　　轨道交通工程中的隧道一般在入出线段、地下转地上段或地上转地下段，才存在一端采用联系测量、一端无须进行联系测量的情况，这时可参考本节中的相关误差分配进行贯通误差预计；一般轨道交通工程隧道两端均需进行联系测量，这样在进行贯通误差预计时，应考虑四个方面引起的贯通中误差，即地面控制测量误差、始发井联系测量误差、井下控制测量误差、接收井联系测量误差。

　　在有些书籍或论文中，将盾构机姿态误差归入了贯通误差的行列，作者认为不太合适。盾构机姿态误差引起的贯通误差在盾构机吊出前基本无法直接测量贯通误差，即使勉强测定，也包含了盾构机姿态引起的误差，当盾构机吊出后，影响贯通误差的因素只包含了地面控制测量误差、联系测量误差及地下控制测量误差。而盾构机姿态误差只导致了管片拼装产生的误差，故作者认为将盾构机姿态引起的误差归入施工误差较为合适。但在施工过程中，应尽量避免盾构机姿态产生粗差或较大误差。如若采用第 10 章中相关方法进行验证、复核，可以避免粗差的产生，同时可以提高盾构机姿态测量精度，其引起的误差基本可以忽略不计。

　　为保证隧道正确贯通，在隧道工程建设之前，需对整个工程进行深入考察和了解。测量人员应在工程施测之前，编制好贯通测量设计书，其主要任务就是选择合理的测量方案、测量方法，根据工程实际情况和贯通精度要求选择合理精度的测量仪器。

　　随着全国轨道交通工程建设的逐渐深入，在大城市中，轨道交通逐渐向郊区地方延伸，在中等城市中，根据人数密集程度设置轨道交通车站，这样长大区间的轨道交通隧道逐渐增多，导致采用常规的测量仪器和测量手段不一定能够满足贯通精度要求，这时就需要采用一些特别的测量仪器和测量方法。

　　测量人员首先根据设计部门提供的设计图纸进行认真分析，明确限差要求、贯通面具体位置，收集相关的测量资料，并根据地面控制网的形式，如 GPS 网、导线网还是其他测角网、测边网等，进行贯通误差预计，对贯通误差进行认真分析，确定采用的测量仪器、联系测量方法及地下控制网的布设形式以及是否需要增加陀螺边定向测量，如需要，则根据隧道长度等现场情况确定陀螺边的次数及具体位置等相关信息。

　　因此，在隧道工程施测前，进行贯通误差预计是必须也是必要的，这样可以有效利用人力、物力和合理精度的仪器进行贯通测量工作，而不必因精度过高而增加大量的人力、物力和不必要的仪器支出费用；也不会因采用精度较低的测量

仪器或不合适的测量方法，形成较大贯通误差，导致贯通隧道不满足要求，造成工程巨大损失。

15.3 贯通测量介绍

在隧道贯通后，应及时进行贯通测量，测量出实际的横向、竖向及纵向贯通误差。若贯通误差在允许的范围之内，则可以认为贯通工作达到了预期效果，不需要采取其他措施来满足隧道水平和竖向平顺度的要求。但若实际的贯通测量误差较大，超出预期允许的贯通误差，影响到轨道铺设或设备安装时，需要采用适当的方法将贯通误差进行调整，从而获得能够进行轨道铺设或设备安装而又不影响或降低运营标准的合适的隧道中线。

贯通测量包括平面贯通测量和高程贯通测量两项工作。平面贯通测量一般采用中线延伸法和导线坐标测设法；高程贯通测量一般采用水准法。

15.3.1 平面贯通误差测设

1. 中线延伸法

中线延伸法就是在隧道贯通后，由隧道贯通两侧的隧道中线各自延伸到隧道贯通面上的中线点，如图 15.2 所示，左侧隧道中线延伸到贯通面上的点为 A 点，右侧隧道中线延伸到贯通面上的点为 B 点，在 A、B 点上分别钉设临时桩，通过测量临时桩 A、B 在纵向上的距离和横向上的距离，就可得到隧道纵向贯通误差和横向贯通误差值。

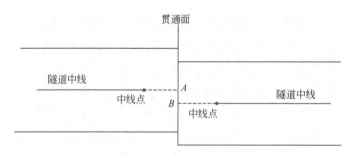

图 15.2 中线延伸法示意

2. 坐标测设法

坐标测设法是从贯通面两端的洞内导线点同时测量贯通面上任一点的平面坐标，通过比较两端导线点测的坐标在中线方向和垂直于中线方向上的差值，即得到隧道贯通误差的纵向贯通误差和横向贯通误差值。

如图 15.3 所示，在贯通面上钉设一邻水桩点 A（此点在贯通面上，不一定位于中线上），利用贯通面左侧导线点直接测量 A 点的坐标为 $(X_左，Y_左)$，利用右侧的导线点测量 A 点的坐标为 $(X_右，Y_右)$，计算出 $(X_左，Y_左)$ 值在设计隧道中线上的里程值为 $CH_左$，同理，右侧坐标 $(X_右，Y_右)$ 值在设计隧道中线上的里程为 $CH_右$，则隧道纵向贯通误差 $\Delta_纵$ 为

$$\Delta_纵 = CH_左 - CH_右 \tag{15.13}$$

利用测得的左侧和右侧的坐标 $(X_左，Y_左)$ 和 $(X_右，Y_右)$ 计算出垂直于设计隧道中线方向上的两点间距离，即为隧道横向贯通误差值。

注意，利用的隧道内导线点均为未经过联测的导线值，即是隧道贯通前的左右侧的导线坐标。

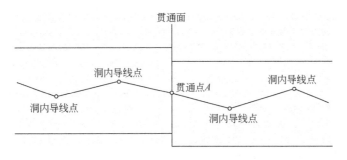

图 15.3　坐标测设法示意

15.3.2　高程贯通误差测设

高程贯通误差的测量一般在贯通面上钉设一临时桩，利用左侧、右侧的水准点分别测量贯通面上临时桩的高程，左、右侧测得的临时桩的两个高程之差即为高程贯通误差值。

高程贯通误差的测设，一般采用水准测量法，可以采用水准仪的水准测量方法，也可以采用全站仪的三角高测量法直接测定高程贯通误差值。这些方法相对简单，不再过多赘述。

15.3.3　贯通误差测设实例

以东莞市城市快速轨道交通 2 号线为例，2 号线全长 37.8km，有 18 个贯通面，最大区间单向贯通长度为 2.8km。2 号线平面贯通测量主要采用坐标法进行测量，高程贯通测量采用水准法，各贯通面贯通误差如表 15.2 所示。

表 15.2　东莞市城市快速轨道交通 2 号线区间贯通误差统计

序号	区间名称	贯通误差		
		横向（mm）	纵向（mm）	高程（mm）
1	东莞火车站—茶山站右线	6.9	0.1	0.7
	东莞火车站—茶山站左线	22.5	−7.2	0.5
2	茶山站—中间风机房右线	14.5	5.4	10.5
	茶山站—中间风机房左线	−45.4	−22.0	−8.9
3	中间风机房—吊出井右线	−55.5	−18.6	6.3
	中间风机房—吊出井左线	60.6	0.4	4.9
4	临时竖井—吊出井右线	−44.1	−32.8	−6.4
	临时竖井—吊出井左线	53.4	−15.8	−4.9
5	临时竖井—榴花公园站右线	52.5	21.8	6.4
	临时竖井—榴花公园站左线	−10.1	−8.4	4.9
6	榴花公园站—下桥站右线	16.5	17.5	2.5
	榴花公园站—下桥站左线	38.7	18.5	2.0
7	下桥站—天宝站右线	−32.9	−13.3	0.5
	下桥站—天宝站左线	−30.9	20.3	0.5
8	天宝站—东城站右线	−2.5	−17.2	0.3
	天宝站—东城站左线	−14.1	−10.5	−1.8
9	东城站—旗峰公园站右线	25.3	0.5	−0.5
	东城站—旗峰公园站左线	31.0	1.1	−0.9
10	旗峰公园站—鸿福路站右线	−5.9	−4.7	−2.8
	旗峰公园站—鸿福路站左线	−4.9	−0.2	3.0
11	鸿福路站—西平站右线	12.2	−2.1	1.5
	鸿福路站—西平站左线	25.3	13.1	1.5
12	西平站—蛤地站右线	−16.5	1.9	0.4
	西平站—蛤地站左线	11.3	8.4	0.0
13	中间风机房—出段线吊出井	7.2	30.5	12.4
	茶山站—入段线吊出井	19.6	37.2	−3.0

续表

序号	区间名称	贯通误差		
		横向（mm）	纵向（mm）	高程（mm）
14	哈地—变电所区间右线	29.6	19.5	−0.5
	哈地—变电所区间左线	2.0	6.0	3.9
15	变电所站—陈寮站区间右线	19.8	71.6	1.3
	变电所站—陈寮站区间左线	33.0	64.0	4.4
16	陈寮站—珊美站区间右线	−24.0	−31.0	4.1
	陈寮站—珊美站区间左线	−37.0	−46.0	2.7
17	珊美站—展览中心区间右线	15.0	4.0	13.4
	珊美站—展览中心区间左线	−41.0	−64.0	−2.9
18	展览中心站—明挖段区间右线	13.0	7.0	-0.7
	展览中心站—明挖段区间左线	8.3	12.0	1.1

第16章 竣工测量

16.1 概述

在工程完成后，一般由施工单位对其完成的工程进行竣工测量，并提供工程的竣工测量成果，作为编绘竣工图的依据。其目的是使设计、施工和生产管理人员掌握工程内部现有全部建（构）筑物的平面及高程位置关系、设计要素的现状以及场地地形地物的情况，形成详细的竣工现状图和有关数据资料。它不但要表示出新建（构）筑物的相对关系，而且还要表示出地下和地上（包括架空）的各种建（构）筑物的相关位置。其既是工程的技术档案资料，又是将来改建、扩建以及投产后进行生产管理的重要依据。

轨道交通工程的竣工测量是在工程竣工后，对建筑物主体及竣工线路、轨道、机电设备等进行施测，以检核这些建（构）筑物等是否满足规范设计要求。其主要包含了下列相关建（构）筑物的竣工测量：车站竣工测量、高架段桥梁竣工测量、隧道竣工测量、轨道竣工测量、机电设备竣工测量、地下管线等竣工测量工作。

由于断面测量在第三篇中有详细介绍，本章将不再赘述，本章主要对轨道交通工程中较为重要的建（构）筑物（车站、隧道、高架段桥梁及轨道）的竣工测量进行叙述。

16.2 车站竣工测量

车站竣工测量主要分为两种形式，一种是在施工过程中，在对隐蔽工程的施工过程中，边施工边做竣工测量；另一种是在车站竣工后，对车站的中线、墩柱、出入口等结构进行竣工测量。

收集车站的控制点（含平面点及高程点）、施工总平面图、各种施工图纸、变更文件、施工检测资料及隐蔽工程中的竣工资料等相关资料，利用收集到的资料现场进行实地对照，对于与现场不符的，应实测其位置、高程及相关尺寸，对于

变化不超过 1/3 的，可以直接在原图上进行编绘。

对于车站的地面部分，如风亭、出入口，对其实际位置及形状进行实测。对于车站地下部分，应根据回填前的实际坐标和高程记录进行编绘。

16.3　桥梁竣工测量

轨道交通高架桥竣工后，须进行竣工测量。通过竣工测量，一方面可以检查施工是否满足设计要求，起到检查施工质量的作用；另一方面在桥梁投入运营后，为保证桥梁的行车安全和使用寿命，需要定期进行变形监测，由于变形观测的资料是通过与竣工资料的对比来分析变形的，因此，对变形观测而言，竣工资料是必不可少的。

16.3.1　墩、台的竣工测量

墩、台竣工测量的主要内容有：测定各墩、台间的跨度；丈量墩、台各细部尺寸；测定支撑垫石顶面高程。

由于桥梁竣工后，各墩、台上已有工作线交点、墩中心点灯标志，所以各墩、台间的跨度可以根据墩中心点或工作线的交点测定。如果跨距较小，可以用钢尺直接丈量；当跨距较大不便直接丈量时，可以用全站仪或三角测量的方法施测。在测出各跨的距离后，可以计算出桥长，与设计桥长比较以估算其精度。

墩、台各细部尺寸的检查内容主要是墩顶的尺寸、支撑垫石的尺寸和位置等。这些检查均可以墩顶标有的纵、横方向线或工作线为依据进行。

墩、台定面高程的测定可自桥梁一端的一个水准点开始，逐墩测量，最后闭合于另一端的一个水准点上，测量时应考虑前、后视距大致相等。

16.3.2　桥梁架设竣工测量

桥梁架设竣工测量的主要内容是：测定主梁弦线杆的直线性、梁的拱度。立柱的竖直性以及各个墩上梁的支点与墩、台中心的相对位置关系。

主梁弦线杆的直线性测量方法主要是将全站仪架设在墩、台中心点上，瞄准相邻的墩、台中心点，并将水平制动螺旋固定，然后上下转动望远镜，观测横梁中心点上的额标志是否在同一条视线上。

对桥梁拱度进行测定时，可在桥梁墩、台上安置水准仪，而在各个节点处竖立水准尺，测出各节点处的高程，从而得到桥梁的拱度。

立柱的垂直性的测定可采用两种方法，一种是在无风的情况下悬吊锤球；另一种是采用全站仪直接测定立柱的垂直度。

全站仪直接测定立柱垂直度的方法如图 16.1 所示。

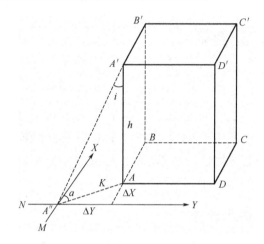

图 16.1　全站仪直接测定立柱垂直度方法示意

全站仪器投点法采用测角精度为 1″的全站仪器，在两个基本垂直的方向上进行投点作业，分别测出两个方向上的偏移量，然后用矢量相加的方法即可得到立柱的垂直度。

如图 16.1 所示，$ABCD$ 为一立柱底部，$A'B'C'D'$ 为其顶部，为了观测 AA' 的倾斜，在 A' 处设置明显标志，并测定其高度 h，分别在 BA、DA 的延长线上距 A 点$(1.5\sim2)h$ 的地方设置测站 M、N。同时在测站 M、N 安置全站仪，用正倒镜取中法将 A' 投影到地面得 A''，量取倾斜量 K，并在两个互为垂直的方向上分别量取 ΔX，ΔY。于是倾斜方向

$$\alpha = \tan^{-1}\left(\frac{\Delta Y}{\Delta X}\right) \tag{16.1}$$

$$i = \frac{K}{h} \tag{16.2}$$

进行测量前应检校全站仪，尤其是对照准部水准管的检验与校正。观测时全站仪器要在固定的测站上仔细对中，并严格整平，对中，整平之后，应检查竖轴的垂直情况。其方法是：旋转照准部，使长水准管与任意两个脚螺旋的连线平行，此时水准气泡应精确居中，然后将照准部旋转 180°，此时的水准气泡偏移量不得大于 0.5 格。

16.4　隧道竣工测量

隧道竣工后，为了检查主要结构物及线路位置是否符合设计要求并提供竣工资料，为将来运营中的检修工程和设备安装、轨道铺设提供测量控制点，必须进行竣工测量。竣工测量一般包括中线测量、高程测量和断面测量。

轨道交通工程隧道的中线测量、高程测量均在隧道断面测量中有所体现，其具体测量方法和点位布设形式请参考第三篇中的相关内容。

16.5　轨道竣工测量

轨道交通工程轨道铺设完成后，需要对轨道进行竣工测量。一般以控制基标（或任意设站精密导线网点）作为起始数据。施测前应对控制基标（或任意设站精密导线网）进行检测，检测合格后方可作为竣工测量的测量依据，若发现有控制基标点位（或任意设站精密导线网点位）发生变动的，应选用其他稳定可靠的控制基标（或任意设站精密导线网点）作为起算依据。

轨道竣工测量应在道床铺设完成后进行，主要检测控制基标（或任意设站精密导线网点）间的夹角、距离及高程，要求使用的全站仪精度不低于Ⅱ级、水准仪精度为 DS1 级。具体施测的方法与控制基标（或任意设站精密导线网）的测量方法一致，并提交控制基标（或任意设站精密导线网）竣工测量成果。

16.5.1　利用铺轨基标进行竣工测量

轨道竣工测量应在线路锁定后，利用轨道尺对轨道与铺轨基标组成的几何关系、轨距进行量测。对于直线段，测量右股钢轨至铺轨基标间的距离和高程以及两股钢轨之间的轨距和水平，而对于曲线段，还应加测轨距加宽量和外轨的超高量。测量水平（超高）时使用内置倾角仪测倾角，然后进行基准长度换算。轨道平面位置和高程使用全站仪实测，并得到轨检小车上棱镜的三维坐标，然后结合规定的轨检小车几何参数与定向参数、水平传感器所测横向倾角及实测轨距，即可换算出对应里程处的实测平面位置和柜面高程，然后与该里程处的设计平面位置和柜面高程进行比较，对比得到的偏差值用于指导轨道的调整。轨道距铺轨基标或线路中心线的允许偏差为±2mm，轨道高程允许偏差为±1mm，轨距允许偏差范围为-1～2mm，左、右轨的水平允许偏差为±1mm，测量中误差是允许偏差

的 1/2。

道岔区的线路轨道竣工测量以道岔铺轨基标作为参考依据，分别测量基标与对应道岔轨道的位置、距离、高程及轨距。道岔岔心里程位置允许偏差为±15mm，轨顶全长范围内高低差应小于 2mm，道岔轨道的高程、水平轨距以及距铺轨基标距离的允许偏差应满足以上要求。

16.5.2 利用任意设站精密导线网进行竣工测量

在进行轨道竣工测量作业前，将设计数据（平曲线、竖曲线、超高）输入到测量控制软件中，将检测控制网数据输入到全站仪中。在测控软件中进行正确的测量设置，高程以内轨为基准，平面位置以外轨为基准等。

检查轨道几何状态测量仪（能够自动检测线路中线坐标、轨顶高程和轨距、水平、高低和方向等轨道静态参数，并自动进行记录整理的轻型轨道检测设备）等仪器设备是否工作正常，检查检测控制网点是否受到破坏。对轨道几何状态测量仪进行重复性和结构性测试。重复性测试为同一个测量系统相同测量方向两次测量结果的比较，结构性测试为同一个测量系统不同测量方向（调转 180°，即正方向和负方向比较）两次测量结果的比较。

将全站仪在靠近线路中心位置处设站，后视轨道控制点，由机载软件解算出测站三维坐标。全站仪自由设站时，平差后东坐标、北坐标和高程的中误差应在 1mm 以内，方向的中误差应在 2″以内，否则应重新设站。

全站仪自由设站时，剔除不合格控制点时要慎重，优先剔除背离轨道几何状态测量仪所在一侧的控制点，最后要确保选用的控制点覆盖本测站的测量范围。高程不能只使用近处的 4 个控制点来控制，这容易造成目标距离较远点的高程数据不可靠。

每个测量区间全站仪自由设站时需要 8 个控制点，下一区间设站时要包括 6 个（困难地区不少于 4 个）上一区间用到的控制点，以保证轨道线形的检测精度。

设站完成后，轨道几何状态测量仪由人推着在轨道上缓慢移动，由远及近地靠向全站仪。轨道几何状态测量仪和全站仪的距离应控制在 70m 以内。

全站仪搬站后前后两个测站需至少搭接 3 个检测点，搭接点限差2mm。

轨道测量数据采集完毕后，使用与轨道几何状态测量仪配套的软件系统，计算各轨道点的三维坐标，输出轨道位置、轨面高程、轨距、水平、轨向（长波和短波）、高低（长波和短波）等几何参数。

以线路设计文件为分析基准，计算每个检测点处实测值与设计值较差，输出轨道精密验收检测成果表。

　　根据轨道精密验收检测成果表，按照《地下铁道工程施工及验收规范（GB 50299）》中轨道竣工验收测量的限差要求，统计各项目的优秀、良好及合格率，输出轨道精密验收检测综合评价表。

　　依据轨道竣工测量数据进行统计，对检测区段轨道几何形位状态进行综合评价，分析轨道的平顺性。

第17章 城市轨道交通工程测量数据处理系统简介

17.1 发展与现状

城市轨道交通已成为大城市现代化交通工具,世界各大城市和我国主要城市正在积极规划和筹建城市地铁。城市轨道交通是一个综合体,建设一条高质量的城市轨道交通,需由多学科综合技术构成,除了高标准的设计、先进的施工设备、工艺、材料外,主要还取决于施工的精度,所以有效合理的测量措施是实现高标准设计和施工精度的保障。盾构施工以其独特的施工工艺特点和较高的技术经济优越性,在隧道施工中得到广泛采用。盾构法与传统地铁隧道施工方法相比较,具有地面作业少、对周围环境影响小、自动化程度高、施工速度快等优点。随着长距离、大直径、大埋深、复杂断面盾构施工技术的发展、成熟,盾构施工方法越来越受到重视和青睐,逐步成为城市轨道交通隧道施工的主要施工方法,与其相对应的就是城市轨道交通工程测量。城市轨道交通工程测量应满足其工程建设中的设计、施工、运营阶段对测量工作的需要。其主要内容包括地面测量、联系测量、地下测量三方面的工作。现在广泛采用的盾构法和矿山法的隧道施工工艺,从开始施工到竣工测量,存在大量测量方法的选取以及批量的数据处理,目前国内各家土建单位由于人员水平参差不齐,数据处理工具也五花八门,尤其在盾构隧道掘进过程中的导向系统姿态数据处理、洞门中心拟合以及管片姿态计算等方面还存在一定的不确定性,没有一套系统处理软件,因此有一套成熟稳定的工程测量数据处理系统显得尤为重要。

目前各单位的相关计算程序,均为在 MATLAB 或者 Excel 等软件基础上的二次开发,编写宏命令或者直接调用相关程序,操作烦琐,需要输入数据众多,界面零散,使用者不易掌握且易出错。国内的盾构施工测量系统只是针对部分功能进行的开发，且多为各大盾构机厂商随机自带的程序，不具有普通适用性和系统性，各种测量系统过于零散，功能单一。

城市轨道交通工程测量数据处理系统首次将轨道交通工程盾构施工过程中相关的测量计算进行了系统的集成开发，根据盾构施工的实际特点，从盾构始发前的隧道中线数据计算，盾构始发的姿态检查计算，洞门中心定位安装，到掘进过程中的管片姿态偏差计算；从盾构始发井施工放样期间的坐标正反算、施工坐标系与局域坐标系的转换到盾构后期竣工的断面净空测量，涵盖了当下盾构施工期间所有的相关步骤，已经较为完善地组合成了盾构施工测量计算系统，具有较强的系统性和普遍适用性。

盾构施工测量系统里最核心的盾构机人工姿态计算程序，计算方法灵活，适用性强，确保了盾构机导向系统在出现故障的情况下，能够人工快速准确地判断出盾构机实际姿态。该模块针对当下主流的盾构机、主动铰接和被动铰接不同的盾构机形式以及盾构机刚体上有无厂商提供的参考点数据，均提供了系统多样的计算模块，并且自动进行改正计算，方便了测量工作者剔除外业中错误的点位数据，确保盾构施工的测量安全。

17.2　系统关键技术

17.2.1　系统技术路线

本系统在项目实施前，充分对国内城市轨道交通工程建设施工现状进行了了解和分析，在做好系统需求分析以后，确立了城市轨道交通工程测量的不同阶段所对应的不同测量数据处理，确立了几个关键数据处理技术，然后综合整个数据处理系统的不同功能，进行了模块设计，然后开始进入系统代码编写阶段。采用软件工程的概念，将不同模块集成后，组成系统进行用户软件测试以及 Bug 修复工作，根据测试以及用户的反馈进行修改完善，最终完成整个系统的集成，并将其推广到国内主要城市轨道交通工程中进行应用。其具体研究技术路线如图 17.1 所示。

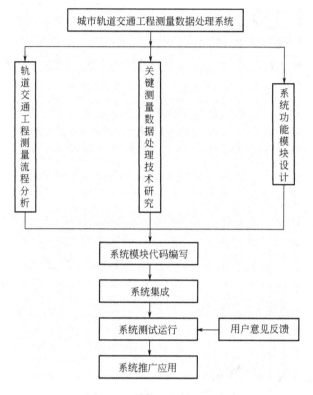

图 17.1　系统研究技术路线

17.2.2　系统开发语言

Microsoft Visual C++是 Microsoft 公司推出的开发 Win32 环境程序、面向对象的可视化集成编程系统。它不但具有程序框架自动生成、灵活方便的类管理、代码编写和界面设计集成交互操作、可开发多种程序等优点，而且通过简单的设置就可使其生成的程序框架支持数据库接口、OLE2、WinSock 网络、3D 控制界面。它以拥有"语法高亮"、IntelliSense（自动完成功能）以及高级除错功能而著称。比如，它允许用户进行远程调试、单步执行等。还允许用户在调试期间重新编译被修改的代码，而不必重新启动正在调试的程序。其编译及建置系统以预编译头文件、最小重建功能及累加连接著称。这些特征明显缩短程式编辑、编译及连接花费的时间，在大型软件计划上尤其显著。Microsoft Visual C++是强大的面向对象的可视化集成系统，并且可以在代码编写过程中大量地调用类，方便快捷，为测量数据处理系统的模块设计提供了巨大的便利，也大大提高了海量数据的处理速率。

17.3　系统功能

城市轨道交通工程测量数据处理系统对轨道交通工程盾构法施工中管片姿态计算涉及的数据处理理论进行了认真分析,并采用 VC++程序语言实现了数据处理的软件化,对于众多、烦琐的数据采用一键化的程序处理。其主要功能及内容(见图 17.2)如下。

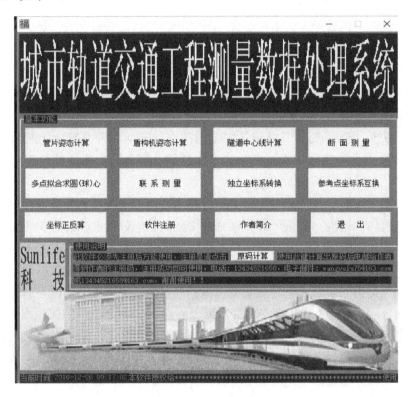

图 17.2　系统主界面示意

(1)认真研究了盾构机姿态人工测量的数据处理中局域范围内两个空间三维直角坐标系转换的技术瓶颈,对于布尔沙模型进行了研究和改动,实现了在坐标轴任意旋转角(欧拉角)情况下的两三维空间直角坐标系的 13 个参数(一个尺度参数、九个旋转参数和三个平移参数)转换模型,消除了采用布尔沙模型的模型误差,利用该模型实现了盾构机人工测量姿态数据处理的程序化,并采用不同方法对该数据计算进行互相验证,保证了数据处理的准确性和精确性,能够及时验证盾构机导向系统的正确性，确保了在导向系统软、硬件出现故障时盾构隧道的正常掘进，避免了盾构隧道出现掘偏或不能在规定范围正确贯通的测量事故发生。

（2）研究了轨道交通工程中线各类线型的计算方法及数据处理理论，实现了线路中心线按照设定的间隔计算出一系列中心点的三维坐标，包含了线路中心线和隧道中心线；同时实现了中心线坐标的图形化，方便了与原设计图（电子版）进行比较，确保了计算结果的准确，保证了各类轨道交通工程按照准确的设计轴线施工。

（3）对轨道交通各类工程（包含车站、盾构隧道、矿山法隧道、高架段、U形槽等）的断面测量的海量数据实现了数字化，节省了大量的人工处理时间，促进轨道交通工程建设进程。

（4）利用最小二乘法原理，实现了轨道交通工程中洞门钢环中心坐标拟合处理，能够方便地计算出洞门钢环中心点坐标的最或是值，确保盾构机在始发或到达时，准确对准洞门钢环中心。

（5）实现了轨道交通工程测量中常用的一井定向、两井定向等联系测量方法，让测量人员脱离了烦琐、复杂的手工计算，避免因手工计算错误造成不必要的损失。

（6）实现了在轨道交通工程交叉处坐标系之间的互相转换及验证，保证了坐标系之间的转换精度，确保了各换乘站或交叉线路的位置准确，避免各交叉线路在建设过程中因转换问题出现位置冲突。

（7）实现了盾构坐标系和施工坐标系之间的互换功能，可以根据现场条件及盾构机内部结构布置形式随时对盾构机适当位置布设参考点，为现场能够方便、准确地测设盾构机姿态提供了必要的数据支持。

总之，城市轨道交通工程测量数据处理系统基本涵盖了轨道交通工程建设期间所需要的各种测量工作的数据处理，使测量人员脱离了复杂、烦琐的数据计算过程，保证了测量数据的处理精度，确保了数据处理的准确性和及时性。

第三篇　管理制度及技术文件

第18章 轨道交通工程测量管理细则

18.1 施工测量质量管理目标和质量指标

第一条 施工测量质量管理目标是确保全线建（构）筑物、设备、管线安装按设计准确就位，在线路上不会因施工测量超差而引起线路设计修改，从而降低行车运营标准。

第二条 质量指标

（一）在任何贯通面上，暗、明挖隧道和高架横向贯通中误差为±50mm，高程贯通中误差为±25mm。

（二）隧道衬砌不侵入建筑限界，设备不侵入设备限界。

（三）建（构）筑物、装修和设备、管线的竣工形（体）位（置）误差满足《城市轨道交通工程测量规范（GB 50308—2008）》《地下铁道工程施工及验收规范（2003年版）（GB 50299—1999）》及×××市轨道交通工程验收标准规定。

18.2 主要使用的测量规范

第三条 轨道交通施工测量主要参照以下规范执行（如下列规范发布新版本的，则采用最新版本执行）：

（一）《城市轨道交通工程测量规范（GB 50308—2008）》。

（二）《全球定位系统（GPS）测量规范（GB／T 18314—2009）》。

（三）《国家一、二等水准测量规范（GB／T 12897—2006）》。

（四）《城市测量规范（CJJ 8—2011）》。

（五）《工程测量规范（GB 50026—2007）》。

（六）《铁路工程测量规范（TB 10101—2009）》。

（七）《建筑变形测量规范（JGJ 8—2007）》。

（八）国家其他测量规范、强制性标准。

18.3　轨道交通施工测量的主要内容

第四条　轨道交通施工测量按服务性质可以分为施工控制测量、细部放样、竣工测量和其他测量等作业。

（一）施工控制测量。

1．地面控制测量：维护施工期间地面的平面、高程主控制网完整，维持其可靠、可用；为施工方便加密地面控制点并维持其可靠、可用。

2．联系测量：明挖工程投点、定向，暗挖工程竖井投点、定向，向地下传递高程以及高架工程向上传递高程。

3．地下控制测量：明、暗挖工程地下主导线控制测量、主水准网控制测量，分段贯通测量，贯通后联测平差，确定地下主控制网的坐标、高程，确保各段工程间的平顺衔接。

（二）细部放样。

1．高架部分桩基、墩、柱位的放样，预制梁的拼装架设（砼梁浇注）及其相关的测量作业。

2．建（构）筑物的结构和装修工程放样，设备、管网安装工程放样，包括暗挖法中为施工导向、盾构机定位、纠偏和管片衬砌拼装等要求而进行的测量作业。

3．精确铺轨要求的测量作业。重点是控制铺轨基标测设（或采用任意设站方式的精密导线网）来保证轨道的设计位置和线路参数，同时要保证行车隧道的限界要求。

（三）竣工测量主要包括与线路相关的线路结构竣工测量、线路轨道竣工测量、沿线设备竣工测量以及地下管线竣工测量等。

（四）其他测量作业是指为工程前期、后期工作，为工程措施服务的测量作业和控制施工影响的地上、地下及周围建（构）筑物的变形监测等测量作业。

18.4　测量复核制

第五条　测量工作必须坚持复核制。参与轨道交通工程建设的各承包商、监理单位、测量监理（由业主委托对土建承包单位的测量作业进行检测的专业测量队伍，下同）及其他有关单位，都必须遵循、遵守复核制的规定，并认真执行。

第六条　利用已知点进行加密、引测和工程放样前，必须坚持先检测后利用的原则，即已知点检测无误且合格后，才能使用。导线、水准应布设成附合导线、附合水准，当采用支导线、支水准放线时，必须利用第三个已知点检查其几何关系，以确定其可靠性。

施工放样结束后，须对放样的点位进行实测，实测结果和设计坐标之较差满足要求后方可进入下道工序施工。每月对盾构机导向系统的准确性人工复核不少于一次。

阶段的放样测量记录、单位工程测量放样记录、盾构机姿态人工检测可分别按业主下发的相关记录表记录。

第七条 用于测量的图纸资料应认真研究核对，必要时应做现场核对，确认无误无疑后，方可使用。抄录资料，亦须核对。计算及核对的相关资料必须由相关方（或人员）盖章和签名，相关资料必须备案。

第八条 测量的原始记录必须在现场同步作出，严禁事后补记补绘，原始资料不允许涂改；不合格时，应补测或重测。

第九条 严格执行交接桩制度

（一）业主应向有关承包商和驻地监理单位提供首级控制点（GPS 点、精密导线点、水准点）点位和资料。

（二）交接桩由业主主持，测量监理、驻地监理及承包商参加，各方签署交接桩记录。

（三）承包商接桩后，必须对首级控制网进行复测和对桩点进行保护。复测情况及处理措施报告须经监理工程师审核批准，于接桩后 15 天内上报给业主审定，逾期视作没有异议，所产生的一切后果由接桩单位及相关监理负责。

（四）工程完工后，必须按业主要求移交足够数量的控制点，经测量监理检测合格后，才能进行验收。

第十条 承包商在本工点开工前，须根据工程特点编制本工程的施工测量总方案，并经由驻地监理组织相关方和专家进行评审，承包商按评审意见修改完善后报驻地监理审查，同意后报业主批准执行。方案必须包含但不限于以下内容：

（一）技术部分要求合理，有针对性、可操作性，土建施工测量方案的重点应放在保证工程的空间位置正确、与相邻工程的正确衔接等方面。有隧道工程的，必须包含隧道贯通误差预计部分，并根据预计结果采用合适精度的仪器和采取合理精度的测量方法，以满足隧道工程需求。

（二）明确人员组织架构及架构内主要人员职称证书的复印件。

（三）须明确自身的质保措施、多级复核制度的建立情况。

（四）附上拟投入使用的测量仪器的检定证书的复印件。

第十一条 承包商必须有行之有效的多级复核制度，所承包工程的控制测量均须经多级复核（由驻地测量监理工程师监控）。

（一）承包商必须建立健全自己内部的、行之有效的多级复核制度，以保证测量成果的准确。

（二）承包商在进行测量放样时，应注意与相邻工程的衔接；后施工的工点必须与其相邻先行施工的工程进行联测，以保证相对位置的准确衔接。

第十二条 承包商在本工程中的所有测量作业，起算点必须使用经测量监理检测合格的点位（由驻地测量监理工程师监控）。

第十三条 承包商在本工程中的所有测量作业，驻地测量监理都必须按监理合同相关要求进行复核。

第十四条 经测量监理检测后的测量控制点点位不得擅自破坏，如确实因施工等原因必须破坏，须书面报业主，并及时引测，经测量监理检测后，才能废除原有点位；如未经业主同意，破坏了现场经测量监理检测过的测量控制点，由此引起的额外测量费用及其他后果由责任单位负责。

第十五条 采用盾构法施工的，盾构机姿态人工复核测量须采用参考点法。如采用其他方法的，需报监理和业主审核后方可实施。

在盾构始发前，土建监理应组织测量监理对土建承包商布设的参考点进行验收，且均应采用参考点法对盾构机姿态进行测量。

在盾构掘进过程中，承包商每月至少对盾构机姿态进行人工复核一次，并将相关结果（纸质和电子文档）报送给业主代表（含负责测量的业主）、土建监理、测量监理。

第十六条 采用盾构法施工的，土建承包商应在每掘进 30 环后，须将此 30 环的环片姿态人工测量成果（纸质和电子文档）报送给业主代表（含负责测量的业主）、土建监理和测量监理，横向或竖向偏差超过 50mm 须立即上报驻地监理、业主、设计、测量监理，由设计总体确定是否需测量监理检测，相应检测费用由土建承包商支付，环片姿态报表、断面测量报表按业主下发的相关表格执行。

第十七条 土建施工测量复核规定

（一）土建施工测量中，相关的测量作业流程：

1. 交接桩。

2. 接桩后的复测。

3. 开工前的施工测量方案申报，待业主批复同意后方可进入下道工序施工。

4. 承包商可根据现场实际情况，选择是否对业主移交地面控制点进行加密，如进行了加密，则必须经测量监理检测合格后才能进行下一步施工。

5．施工期间的各项报检，检测合格后方可进入下道工序施工。

6．与相邻工点的贯通测量。

7．与相邻工点的控制点联测，待业主批复合格后方可进入下道工序施工。

8．用联测后的控制点成果进行断面测量。

9．工程验收前移交联测后的控制点给业主。

（二）土建施工中，下述部分须经测量监理检测合格后，才能进行下一步的施工：

1．矿山法区间。

（1）地面加密控制网。

（2）在隧道掘进（含联络通道）至 50～70m 处时包括联系测量在内的地下导线及水准，并由测量监理抽测 50～70m 范围内任意一断面（初支或二衬断面根据工程实际情况选择）及掌子面后 30m 范围内任意一断面。

（3）在隧道掘进（含联络通道）至 100～150m 处时包括联系测量在内的地下导线及水准。

（4）在隧道掘进至距离贯通面 150～200m 处时包括联系测量在内的地下导线及水准，并由测量监理抽测掌子面后 30m 范围内任意一断面。

（5）若单向开挖长度超过 1km 时，掘进至 150m 后每 600m 须增加一次包括联系测量在内的地下导线、水准和掌子面后 30m 范围内任意一断面检测，并加测陀螺定向以校核坐标方位。

（6）隧道贯通测量。

（7）初支完工后的地下控制点联测，隧道进行二衬施工放样时须使用联测后的控制点成果。

（8）在二衬施工阶段，须及时报检恢复的底板控制点成果。

（9）二衬完工后的地下控制点联测。

（10）断面测量。

（11）工程验收前移交联测后的控制点给业主。

说明：在进行（2）、（3）、（4）、（5）四项报检时须增加开挖面处距掌子面最近处已成形的 10m 范围内的初支断面测量，每 2m 测一个断面（按照业主下发的《初支断面测量记录表》执行）。

2．盾构法区间。

（1）地面加密控制网。

（2）始发井或吊出井（含中间风井）洞门环中心。

（3）始发前包括联系测量在内的基线及地下水准，盾构在车站始发的，始发基线边必须及时与车站底板测量控制点进行联测。

（4）在隧道掘进至 150m 处时包括联系测量在内的地下导线及水准。

（5）在隧道掘进至 300～400m 处时包括联系测量在内的地下导线及水准。

（6）在隧道掘进至距离贯通面 150～200m 处时包括联系测量在内的地下导线及水准。

（7）若单向掘进长度超过 1 500m 时，掘进至 600m 后每 500m 须增加一次包括联系测量在内的地下导线及水准检测，并加测陀螺定向以校核坐标方位。

（8）如果盾构区间有中间风井，在与中间风井贯通后，且中间风井处管片有拆除的，必须在始发井与中间风井之间进行"两井定向"，以修正地下控制点坐标成果及导线方位，后续掘进按本款（9）执行。

（9）盾构掘进如果经过底板已经施工完成的车站，过站后掘进按二次始发处理，贯通前必须根据车站施工进度，及时引测二次始发边，并与车站底板点联测；贯通后始发边之间形成附合导线、附合水准，指导后续掘进。如果所经过车站不具备引测二次始发边的条件，按本款（10）执行。

（10）如因施工等原因，需要对车站底板进行回填的，在砼浇注前，须书面报业主，并及时引测，经测量监理检测后，才能废除原有点位；在条件许可时，应及时将控制点引测至底板，并报测量监理检测；如未经业主同意，破坏了现场经测量监理检测过的测量控制点，由此引起的额外测量费用及其他后果由责任单位负责。

（11）隧道贯通测量。

（12）地下控制点联测。

（13）断面测量。

（14）工程验收前移交联测后的控制点给业主。

说明：①对于盾构施工，须配备标称精度不低于 1″ 的全站仪用于竖井联系测量及主控导线测量。②在进行（4）、（5）、（6）、（7）四项报检时须增加盾尾后 20 环环片姿态（或断面）测量及盾构机人工姿态测量。

3．明挖车站。

（1）地面加密控制网。

（2）维护结构第一根桩设计中心或第一幅连续墙设计中心线两端点以及整个车站围护结构两端的设计中心的四个角点。

（3）在施工完第一块底板后的地下导线及水准。

（4）施工至整个车站长度的 1/2 处时的地下导线及水准。

（5）车站底板结构完工时的地下导线及水准。

（6）如有盾构洞门环，须在浇灌砼前检测洞门环中心。

（7）与相邻工点的贯通测量。

（8）断面测量。

（9）工程验收前移交联测后的控制点给业主。

说明：在进行后一组底板点测量时需与前一组点进行联测。

4．暗挖车站。

（1）地面加密控制网。

（2）在掘进施工完第一块初支底板后的地下导线及水准。

（3）掘进施工至整个车站长度的 1/2 处时的地下导线及水准。

（4）车站初支底板结构完工时的地下导线及水准。

（5）车站底板二衬施工完成后三组点的恢复报检。

（6）如有盾构洞门环，须在浇灌砼前检测洞门环中心。

（7）与相邻工点的贯通测量。

（8）断面测量。

（9）工程验收前移交联测后的控制点给业主。

说明：①在进行（2）、（3）、（4）三项测量报检时，该六个点可根据施工进度分别报检，且随控制测量检测频率增加离掌子面最近的已成形的 10m 内的初支断面，每 2m 测一个断面；报表按业主下发的相关表格执行。②在二衬后恢复底板控制点测量时应对车站内的三组点（含左右线间）进行联测。

5．明挖区间。

（1）地面加密控制网。

（2）维护结构的第一根桩设计中心或第一幅连续墙设计中心线两端点。

（3）维护结构的曲线要素的直缓点、缓直点对应的围护结构桩设计中心或连续墙设计中心线。

（4）施工完第一块底板后的地下导线及水准。

（5）底板施工至整个区间长度的 1/4 时的地下导线及水准。

（6）底板施工至整个区间长度的 1/2 时的地下导线及水准。

（7）底板施工至整个区间长度的 3/4 时的地下导线及水准。

（8）最后施工的一块底板的地下导线及水准。

（9）与相邻工点的贯通测量。

（10）与相邻工点的联测。

（11）断面测量。

（12）工程验收前移交联测后的控制点给业主。

6．地面线、地面车站。

（1）地面加密控制网。

（2）线路中心线端点。

（3）线路中心线的曲线要素的直缓点、缓直点。

（4）工程验收前移交联测后的控制点给业主。

7．高架桥梁。

（1）地面加密控制网测量。

（2）施工中的第一根桩设计中心。

（3）其余地段（含缓和曲线段）承台（含桥台）中心按 20%比例进行报检。

（4）完工后的左右线线路中线。

（5）贯通测量。

（6）与相邻工点的联测。

（7）断面测量。

（8）工程验收前移交联测后的控制点给业主。

说明：区间与车站或区间与区间（在始发井或吊出井处）贯通后，需报贯通测量误差，贯通测量误差须投影到贯通面的线路中线上；测量监理在合同标段内所有工点均贯通后，须提交本合同标段内全部贯通面的贯通误差。

1~7注：①如所交现场地面控制点能满足施工要求，可不进行加密；②洞门环中心报检，须在洞门环安装焊接牢固后且浇灌砼前，同时须有可保留的明显的固定点位标记；③用于拼管片（含不贯通，仅用于拼管片）的矿山法区间参照本细则的本条（一）执行，且洞门环中心须报检。

8．承包商的控制测量报告应包含以下内容：

（1）工程概况、起止里程、施工工艺。

（2）目前施工状况。

（3）测量仪器及标称精度、测量的时间及环境情况。

（4）原始点位及对其的检测情况。

（5）测量方案及过程的详细叙述。

（6）桩点的里程及埋设情况［点位埋设规格应符合本条（二）款 11 目（1）的要求］。

（7）测设的简略图形说明。

（8）测量的自我精度评定。

（9）承包商内部三级以上的复核情况。

9．竖井联系测量。

（1）一井定向。

采用联系三角形方法进行一井定向时，除满足《城市轨道交通工程测量规范（GB 50026—2008）》外，井上、井下连接三角形图形还须满足以下条件：

两钢丝间距离应尽可能长，不得小于 5m。

（2）两井定向。

采用两井定向的方法进行联系测量时，两钢丝间距离应大于 60m，特殊情况不得小于 30m。

（3）在进行联系测量中用钢丝代替投点时，所用钢丝、重锤必须满足规范要求，且需根据现场实际情况综合考虑竖井深度等因素，钢丝应尽可能细，重锤应尽可能重，并须将重锤浸没在阻尼液中。

10．各项检测的限差如下：

（1）地上导线点的坐标互差不大于±12mm。

（2）地下导线点的坐标互差：在近井点附近不大于±16mm、在贯通面附近不大于±25mm；矿山法区间隧道单向掘进超过 1km 时，过 600m 后不大于±20mm，盾构法区间隧道单向掘进超过 1.5km 时，过 1 000m 后不大于±20mm。

（3）高架墩、柱点的坐标互差不大于±25mm。

（4）高架墩、柱点的高程互差不大于±10mm。

（5）地上高程点高程的互差不大于±3mm。

（6）明挖车站、明挖区间、矿山法竖井、盾构始发井：地下高程点高程的互差不大于±5mm。

（7）区间隧道较长时，各地下高程点的高程较差：矿山法区间隧道单向掘进超过 1km 时，过 600m 后不大于±10mm，盾构法区间隧道单向掘进超过 1.5km 时，过 1 000m 后不大于±10mm；贯通前，高程较差不大于±10mm。

（8）地下导线起始边（基线边）方位角的互差不大于±12″。

（9）相邻高程点高差的互差不大于±3mm。

（10）导线边的边长互差不大于±8mm。

（11）经竖井或高架墩（柱）悬吊钢尺传递高程的互差不大于±3mm。

（12）围护结构中心、曲线要素直缓点、缓直点坐标较差不大于±10mm。

11．工程完工后，必须按以下要求保证移交足够数量的合格控制点给后续工序使用：

（1）导线点（中线点）须为砼标石，内有 100mm×100mm×10mm 大小的钢板，镶直径 2mm、深为 6mm 的铜丝标志；水准点可与导线点重合，但须保证稳固及有最高位置。

（2）车站：左右线各设立 2 个以上水准点及 2～3 个导线点。

（3）区间：曲线要素点、直线每 150m、曲线通视情况不小于 60m 须设立一个导线点，水准点每 120m 须设立一个。

第十八条　铺轨工程、车辆段及其他工程施工测量复核规定

（一）铺轨工程施工测量中，相关的测量作业流程：

1．交接桩。

2．接桩后的复测。

3．开工前的施工测量方案申报，待业主批复同意后方可进入下道工序施工。

4．施工期间的各项报检，检测合格后方可进入下道工序施工。

5．工程验收前移交控制点给业主。

（二）铺轨工程施工测量复核规定：

1．各铺轨控制基标报检前须有套筒保护，且经检测的铺轨控制基标须永久保留，以满足后续工序施工使用。

2．采用任意设站精密导线网进行轨道铺设的，导线点需埋设在稳定、不宜被破坏的隧道侧壁或上轨道两侧，且经检测的任意设站精密导线点须永久保留，以满足后续工序施工使用。

3．铺轨施工期间各测量作业工序如下：

（1）进场后交接桩，交接桩后，各方应签署交接桩记录表，以备资料归档用。

（2）接桩后复测并将复测结果申报业主，在复测报告中须明确指出所交桩点复测结果情况是否能满足施工需要。

（3）开工前的施工测量方案申报，待业主批复同意后方可进入下道工序施工。

（4）利用复测后稳定可靠的控制点进行控制基标定位，即粗放样。

（5）再精确放样，然后利用控制点对控制基标进行联测，即穿线。

（6）实测的边角关系与设计的几何关系对比，对不满足规范要求的进行调整。

（7）对调整后的控制基标再穿线联测，直至满足规范要求为止。

（8）将满足要求的控制基标整理成书面报告，以承包商申报表形式报业主检测，经检测合格后方可进行下道工序施工。

（9）工程验收前移交控制基标或任意设站的精密导线网给业主。

4．铺轨控制基标检测的限差须满足《城市轨道交通工程测量规范（GB 50308—2008）》中铺轨基标测量中规定的要求。

5．任意设站的精密导线网的限差须满足以下要求：

（1）测站的 X、Y、Z 方向上的中误差均不大于 1mm，方向中误差不大于 2″。

（2）导线点坐标不符值限差的 X、Y、Z 均不超过 2mm。

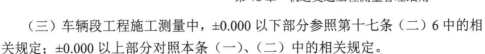

（三）车辆段工程施工测量中，±0.000 以下部分参照第十七条（二）6 中的相关规定；±0.000 以上部分对照本条（一）、（二）中的相关规定。

（四）其他工程施工测量中，测量作业流程参照本条（一）、（二）中的相关规定。

第十九条　为了确保隧道正确贯通和满足设计的净空限界、轨道的平顺连接，施工中各项测量、检测作业必须有严格的检查和检测制度。凡承包商的施工控制测量方案及成果，必须满足《城市轨道交通工程测量规范（GB 50308—2008）》的要求，经自检和驻地监理审批，向业主提出检测申请（报承包商申报表与测量资料）。由业主派测量监理检测。

第二十条　测量监理的检测作业精度必须按不低于承包商作业精度的要求进行，及时地提出检测成果报告；检测结果若超过限差要求或发现粗差，承包商应会同监理工程师进行重测，重测结果与检测结果相比若仍然超限，测量监理须重新检测；若测量监理重新检测后仍不能判断承包商的测量成果合格，业主将采取专项检测来处理，如果是承包商方面原因引起的专项检测，施测费用从承包商进度款中扣除。

18.5　测量分工负责制

第二十一条　责任分工

（一）轨道交通施工测量分测量监理、驻地监理、承包商三个层次进行管理，各个管理层次的人员和仪器必须有绝对的保证和相对的稳定。各管理层次分工合作，各司其职。

（二）承包商对所承包的工程项目测量质量负全责，完成所承包工程项目需要的一切施工控制测量性质和细部放样性质的测绘工作。它是单体工程施工测量的主体，按测量监理提供的部分地面主控制网点或导线控制点和驻地监理工程师提供的本工程设计图纸组织完成本段工程的全部施工测量作业。

（三）驻地监理工程师必须按有关规范及本细则的要求，督促承包商认真执行；对承包商的测量成果进行验收，重要部位应复测。既检查控制测量性质的测量结果，也检查细部放样性质的测量结果。

（四）测量监理负责统一全线测量作业标准，维护首级控制网（GPS 网、精密导线网、水准网）的完好和稳定；代表甲方进行交接桩；按本细则第十五条、第十六条的要求及时对承包商的控制测量进行检测，对承包商申报的测量成果做出评定；对全线各分段工程的衔接进行检测；控制全线地下主导线、主水准网在统一体系下平顺贯通、衔接。

（五）按照工程施工承包合同，测量监理和驻地监理是否复测和检测均不能减轻或免除承包商对工程测量质量的责任。

（六）测量监理阶段性地对地下主控制网复核，目的在于控制全线分段工程的准确衔接和考核全线测量控制网的完整性，也不分担承包商施工测量的责任。

（七）各单位工程高架、地上、地下控制测量与给定首级控制网不一致，未按设计坐标完成细部放样，特别是未能保证行车桥面或隧道的轨道位置和限界要求，即工程的具体测量责任在承包商。

（八）承包商出现重大施工测量问题，反映出驻地监理对工程形位质量控制不力，对业主委托监管的项目管理失职的，驻地监理应负失控的责任。

（九）若测量监理不能及时对首级控制网进行检测，或虽进行了检测但向承包商提供了错误的首级网成果致使工程发生测量质量问题，责任在测量监理；若测量监理对承包商的控制测量进行检测未能排除存在的错误，应负检测不力的责任。

第二十二条　主要任务及要求

（一）测量监理的主要任务。

1. 测量监理是业主委托的专业测量队伍，负责相应合同范围内的测量内容及技术管理，协助业主对承包商及驻地监理在测量专业上的管理。

2. 测量监理应由富有轨道交通工程测量经验的高级工程师和工程师数人主持工作；应当有富有观测经验的测量技师、技工数人，并有精通仪器校验的技师从事操作；以上人员应相对稳定，调换工程技术负责人须经业主同意。

3. 及时掌握全线高架、地面、地下控制测量现状和需求情况。在各工点施工期间须每月进行巡检和配合业主进行例检，并及时动态掌握各工点的施工进度，合理安排好施工测量检测工作计划。

4. 定期复测首级控制网（GPS网、精密导线网、水准网）；若在施工期间承包商反映首级网发生变化，应立即进行检测并保证其在施工期间的完整性、正确性。各工点开工前报各标段（工点）的施工测量检测方案报业主批准后实施，主体结构的沉降位移监测工作开工前须报监测方案，业主批准后再办理相关手续，且方案须有针对性。

5. 按本细则第十七条及第十八条的要求及时对承包商的控制测量进行检测并保证检测作业及检测成果满足规范要求。

6. 检测全线铺轨控制基标。

7. 检测全线限界断面。

8．对承包商测量队的测量资料及成果提出审核意见。

9．总结推广轨道交通工程测量经验，分析解决测量工作中的偶发问题。

10．完成与××市轨道交通有关的测量任务（需业主指令）。

（二）驻地监理的主要任务。

1．应由有工程测量经验的高级工程师或工程师出任测量专业监理工程师，测量专业监理工程师应有两三位助手，包括熟悉观测的技术人员或技师，并报业主备案。

2．监理的复核方法有仪器检测，旁站监督，指令承包商复测校核，对测量方案、测量计算资料和成果的复核等。重要的对象，如地上、地下中桩，应以独立检测为主。驻地监理的独立检测应尽量使用自己的仪器，必要时也可征用承包商的仪器，但对仪器是否已经调校准确，事先应予以确认。驻地监理可以征用承包商的测工。

3．编写所监理工程的施工测量监理细则，并于开工前10天报业主审批。

4．指令承包商在开工前做出完整的施工测量设计，审定批准施工测量设计，报业主审定及备案。

5．对承包商按设计实施测量作业进行日常监督，控制其投入的技术力量及所用的测量仪器满足要求。

6．建立可行的批准程序，把测量放样作业作为必经工序加以核准。

7．作为信息管理的一个重要部分，指令承包商结合计量支付或实地测绘实际完成的工程（工序）形位尺寸，填绘值班竣工图或形象进度图表。特别是对隐蔽工程形位关系加以控制。

8．建立测量报表、测量日志及测量报告制度，指令承包商执行，检查督促承包商建立完整的施工测量档案。

9．按《城市轨道交通工程测量规范（GB 50308—2008）》及本细则第十五条和第十六条的要求，督促承包商按时进行控制测量作业，并积极协助测量监理进行检测。

10．对相邻工点承包商的测量衔接问题进行协调。

11．工程完工时督促承包商进行线路断面测量及车站结构净空测量；组织承包商向业主移交施工控制点。

（三）承包商主要任务及要求。

1．承包商的测量队应由测量专业工程师或高级测量工程师主理，应有辅助的技术人员若干人，由助理工程师、观测技师、技工数人及若干测工组成。

2．由于单位工程的长短、项目的复杂程度和性质不同，承包商测量队的技术力量和技工人数是否满足工程需要，须经驻地监理批准，并应按其指令加强某一方面的测量力量和仪器设备。

3．承包商应按驻地监理的指令编制本工程的测量设计，并经驻地监理审查后报业主批准执行。按批准的测量设计进行操作，并切实保护好现场测量标志。

4．承包商必须有行之有效的测量多级复核制，不少于二级，一般为三级。具体包括对外业手簿资料的复核，内业计算资料的复核及对算，摘抄数据的复核，上报的成果资料的复核及审核、审定；现场放样时对既有控制点的边角或高差等几何关系的检查复核；关键工序总公司精测队对项目部测量成果的全面复核等。

5．承包商应独立复核由业主交给的首级控制点（GPS 点、精密导线点和水准点）。并在此基础上安排自己的控制或细部放样测量作业及规定尺寸的标桩埋设。为保证工程顺利进展，承包商应适当加密或改善地面控制，务求以后能有较多的"多余观测条件"，保证施工测量精度。

6．承包商应独立完成联系测量，投点、定向、高程传递，并在施工过程中按测量设计把联系测量完成数次，不得依赖测量监理的检查代替施工测量。独立完成贯通后的地下主控制网的联测、平差。

7．施工测量放样工作应特别关注保证行车隧道（无论车站、区间）的空间位置，以确保不修改线路设计，并确保限界净空需要。

（1）承包商在进行施工放样时，应注意与相邻工程的衔接，后施工的工点必须与其相邻先行施工的工程进行联测。

（2）承包商测量队应对结构形式（装配的、现浇的、多层的等）和施工误差的积累等进行分析，根据本单位施工管理和施工控制的实际情况对结构尺寸提出误差裕量，以求最后结构不侵限。

（3）其他地面建（构）筑物、出入口应满足城市规划部门报建放线的规定和要求，设备、管线安装等的放样应满足工程验收规范的要求。

8．承包商在工程进度达到第十五条及第十六条规定的阶段时应进行控制测量；控制测量应首先对首级网进行检测；控制测量的方法及成果应满足《城市轨道交通工程测量规范（GB 50308—2008）》的要求，并经驻地监理审批后报业主，由测量监理进行检测。

9．轨道工程的铺轨基标测量应严格按《城市轨道交通工程测量规范（GB 50308—2008）》的要求进行，承包商应做测量方案，经监理审定同意并报业主批准后执行。

10．承包商测量队应与自己的结构、建筑、设备安装主管工程师结合，做好积累竣工资料、随时填图。对刚建成的隧道结构段做竣工形位测量及沉降变形的监测工作。

11．在隧道贯通后，与相邻工点联测，必要时，调整隧道中线，并以此为基础进行隧道净空断面测量。

12．按驻地监理工程师规定报告测量结果。测量作业作为工程实施的一个工序，须经监理工程师核准后，方允许后面工序的操作。

13．接受和配合驻地监理工程师的检验、核准。

14．接受和配合测量监理对地上、地下施工控制测量项目的阶段性复核和检查。

第19章　轨道交通测量及监测管理办法

19.1　总则

第一条　为了加强轨道交通工程的测量及监测管理，规范各参建单位的职责，加强测量及监测过程中的监控，保证测量及监测准确、无误，特制定本办法。

第二条　本办法适用于×××市轨道交通有限公司对承包商、监理、测量监理及第三方监测单位在测量及监测方面的考核管理。

第三条　编制依据（下列办法有更新的，则采用最新版本执行）

1.《×××市轨道交通施工测量管理细则》；

2.《×××市轨道交通工程监测管理细则》；

3.《×××市城市快速轨道交通项目管理咨询管理及考核办法（试行）》；

4. 各种合同及招标文件。

19.2　测量及监测各方关系

第四条　业主（×××市轨道交通有限公司，以下简称"业主"）根据合同对承包商、监理、咨询单位、测量监理及第三方监测单位的管理架构如图 19.1 所示。

第五条　业主代表负责管理承包商、监理在施工测量及监测方面的工作（含承包商、监理在施工测量及监测方面的整改落实情况）；如有测量监理或第三方监测单位，则由负责管理测量监理、第三方监测单位的业主管理人员负责管理测量监理、第三方监测单位在测量及监测方面的工作（含测量监理、第三方监测单位在测量、监测方面的整改落实情况）。

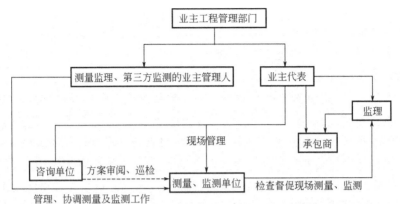

说明：业主工程管理部门是指所负责的相关工程的管理部门，如业主工程管理部门没有咨询单位、测量监理或第三方监测单位，则相应管理职责归口于驻地监理和业主工程管理部门的业主代表。

图 19.1　各方的管理架构

第六条　考核组织

（一）对承包商及监理的月度考核，由业主工程管理部门（如有项目管理咨询、测量监理、第三方监测单位的，则上述单位相关人员参加）组成考核小组，每季度的前两个月对承包商及监理在测量及监测方面进行考核。

对承包商及监理的季度考核，由公司质量安全部门牵头相关部门参加的公司联合考核小组在每季度的最后一个月进行。

如工程刚开始或进入收尾阶段，则只由公司联合考核小组在每季度最后一个月进行考核，不再进行前两个月的考核。

（二）对测量监理、第三方监测单位的考核，由相应的业主工程管理部门在每季度的任选一个月进行。

第七条　考核内容主要针对人员、仪器、方案、资料、埋点、原始记录等（参照表 19.4 相关内容）。

19.3　承包商施工测量及监测考核管理办法

第八条　承包商应根据合同文件组建相应的施工测量队和施工监测队，明确施工测量队和施工监测队的负责人，配备与工程规模相适应的技术人员、作业人员及仪器设备。

承包商测量队负责人须由有相关工程测量经验的测量专业工程师或高级工程师担任，测量技师和技工不少于三人，且随着施工进度相应调整匹配的测量技师

及测量工人的人数。

有深基坑施工的，须由有监测经验的工程师（测量或岩土专业）主理监测工作且常驻现场，不得由测量队的测量负责人兼任。

测量及监测人员须相对稳定，且常驻现场。

第九条 承包商根据工程的大小、项目的复杂程度和性质不同配备满足工程需要的测量及监测仪器。非隧道施工的，须至少配备精度不低于 2″ 的全站仪一台；盾构法或矿山法隧道施工的，须至少配备精度不低于 1″ 的全站仪一台。

承包商须对使用的测量及监测仪器定期鉴定和检查，除应满足国家相关规范要求的鉴定时效外，同时必须每月对仪器至少进行一次自检，且在每次重大测量项目之前亦须对所使用的仪器进行自检，并填写相关的仪器自检记录（承包商可以根据使用仪器特点编写自己的仪器自检记录表）。

第十条 承包商根据承接工程的大小、规模、地质情况、拟使用的施工方法等特点编写本工程的施工测量及监测方案，并经监理审查同意报业主审批后执行。

总体测量方案主要内容包含但不限于以下内容：

（1）工程概况、起止里程、施工工艺。

（2）水文地质及工程地质条件及周边环境状况。

（3）编制依据。

（4）测量仪器及标称精度和鉴定情况（复印件）。

（5）承包商自身的质量、技术保证体系及多级复核制度的建立情况。

（6）人员组织架构及架构内主要人员职称证书的复印件。

（7）地面控制测量情况。

（8）施工放样及相关机械设备的控制情况（重点应放在保证工程的空间位置正确）。

（9）与相邻标段的测量接口情况。

（10）联系测量。

如果含有隧道工程的，还应包含下列内容：

（11）地下控制测量方法。

（12）隧道贯通误差预计（隧道中间有竖井，有条件两井定向测量的，须增加两井定向后贯通误差预计；盾构法隧道超过 1.5km 的或矿山法隧道长度超过 1km 的，须加入陀螺定向后的贯通误差预计）。

（13）盾构姿态测量、管片姿态测量等相关内容（有盾构法隧道施工项目的，应加入此项）。

第十一条 承包商必须建立自己内部的、行之有效的多级复核制度，以保证测量成果的准确。

　　内部多级复核制不少于二级，一般为三级。具体内容包括但不限于以下内容：外业手簿资料的复核，内业计算资料的复核及对算，摘抄数据的复核，上报成果资料的复核，现场测量时对既有控制点的边角或高差的几何关系的检查复核，现场放样时对已放样点的复核，线路中心线或隧道中心线三维坐标的复核，关键工序承包商上一级对项目部测量成果的全面复核。

　　第十二条　依据规范及相关技术文件的要求，测量外业原始记录应当规范、齐全，记录清晰、准确，保存完整。

　　应对有关设计图纸的测量定位依据、线路资料、交桩资料等进行核算，确保测量计算的依据正确（依据资料需有关人员签字）。

　　测量记录、计算成果和图表必须符合相关规范的要求，记录清楚，符号、数据准确，并均有复核和核算。

　　所有施工放样的测量数据资料，必须事先在专用的测量本上计算、复核完毕，并画出放样的示意图，标注尺寸、标高和拟采用的控制桩的位置、里程、坐标等必要的全部数据（计算者、复核者必须签字确认）。

　　承包商测量人员必须正确记录测量日志，详细记录当天测量事件的过程、测量依据和基准、计算公式、计算结果及相关草图。

　　第十三条　承包商埋设的控制点必须稳定、标示单一、容易寻找，点间距设置合理。

　　第十四条　需要测量监理复核的关键节点，应根据工程进度，及时将相关的测量资料上报业主，由业主指派测量监理进行检测。

　　第十五条　对发现的测量及监测问题必须及时向驻地监理汇报，并与设计单位取得联系，避免测量及监测事故的发生。同时，对各种存在的测量及监测问题及时整改和落实。

　　第十六条　接受和配合测量监理对地上、地下施工控制测量项目，地上、地下联系测量等项目的阶段性复核和检查，并提前做好相应的前期准备工作。

　　第十七条　接受和配合考核管理小组的月度及季度考核工作，并及时对考核中存在的问题进行整改落实。

　　第十八条　承包商每月对本标段的测量及监测工作进行自评，自评表参照表19.1。

19.4　监理的测量考核管理办法

　　第十九条　根据监理合同文件及相关文件要求，监理单位必须由备有工程测量经验的高级工程师或测量专业工程师出任测量专业监理工程师，并报业主备案。

第二十条 监理使用的测量仪器必须在有效鉴定期内,且所用的测量设备可靠可用。

监理必须对使用的测量仪器定期鉴定和检查,除应满足国家相关规范要求的鉴定时效外,同时必须每月至少一次对仪器进行自检,并填写相关的仪器自检记录（可根据使用仪器特点编写自己的仪器自检记录表格）。

第二十一条 编写所监理工程的施工测量和监测监理细则,并于开工前10天报业主审批。

第二十二条 监理应对承包商实施的测量及监测作业进行日常监督,保证其投入的技术力量及所用的测量及监测设备满足要求。

第二十三条 监理应对承包商外业、内业的测量数据进行复核、审查。

监理的复核方法有仪器检测,旁站监督,指令承包商复测校核,对测量方案、测量计算资料和成果的复核等。重要的对象,如地上、地下中桩及控制测量、联系测量等关键工序,应以独立检测为主。监理的独立检测应尽量使用自己的仪器,必要时也可征用承包商的仪器,但对仪器是否已经调校准确,事先应予以确认。监理可以征用承包商的测工。

测量专业监理应独立计算线路中心线或隧道中心线三维坐标（如线路有改变的,按照最新线路图纸进行计算）,并与承包商计算数据进行比较,将相关结果报送业主备案（含电子文件一份、纸质资料三份）。相关资料包含但不限于下列内容：

（1）每隔 1m 的线路中心线或隧道中心线的里程、Y 坐标、X 坐标和高程 Z 的数值及相关较差。

（2）线路或隧道中心线上的各曲线要素点的里程、Y 坐标、X 坐标和高程 Z 的数值及相关较差。

（3）如果采用软件计算的,请说明软件的名称及使用、认证情况。

建立可行的批准程序,把测量放样作业作为必经工序加以核准,重点部位的放样应以独立检测为主。上述计算和复核的相关资料必须有计算和复核人（或计算方和复核方）签字、盖章确认,相关资料须备案。

第二十四条 指令承包商在开工前做出完整的施工测量及监测总方案,并组织相关方和相关专家对测量方案和监测方案进行评审,承包商根据评审意见修改完善后报送驻地监理审阅,由驻地监理报送业主审批。

第二十五条 监理必须正确记录测量及监测日志,详细记录当天测量及监测事件的过程、依据和基准、计算公式、计算结果及相关草图。

第二十六条 监理发现承包商在施工测量及监测过程中存在问题,应要求承包商立即整改。情况严重的,要求承包商停止施工,并及时报告业主。

第二十七条 监理应及时编写测量及监测月报,详细记录本月发生的测量及监测事件及下月的测量及监测计划。

第二十八条 监理每月对本标段的测量及监测监理工作进行自评,自评表参照表 19.2 相关内容。

19.5 测量监理的考核管理办法

第二十九条 测量监理单位应由富有轨道交通工程测量经验的高级工程师和工程师主持工作,并由富有观测经验的测量技师或技工从事外业检测工作。

第三十条 测量监理单位必须保证使用的测量设备可靠、可用。使用的测量设备须在有关规范的鉴定有效期内,同时每月至少一次对使用的测量设备进行自检,认真填写相关的测量设备自检记录(可根据测量设备的特性自行编写仪器设备自检表)。

第三十一条 测量监理单位应当编写测量监理细则或测量监理规划,主要包含两方面内容:①技术部分:技术部分合理、针对性强、可操作性强。②检测管理部分:主要针对检测的相关内容进行管理细化。

第三十二条 配合业主审阅各种测量方案及重要计算数据,并在三天内(节假日顺延)提交审核意见,审核意见必须准确、恰当、全面。

第三十三条 协助业主对承包商及监理单位在测量方面的月度巡检工作,并在三日内将巡检结果上报业主,报告中应包含承包商及监理在测量方面的不足,并提出整改意见。

第三十四条 及时完成地上、地下的控制网的复测及检测和各项检测工作,在收到业主指令后三天内(含节假日)完成小型项目的检测工作,两天内(节假日顺延)提交相应的检测报告,对于特殊或紧急项目应立即进行外业检测,并在外业结束后 48 小时内上报相关资料。

第三十五条 总结推广轨道交通工程测量经验,分析解决测量工作中的偶发问题。

第三十六条 每月对本标段的测量监理工作进行自评,自评表参照表 19.3 的相关内容。

19.6 第三方监测单位的考核管理办法

第三十七条 第三方监测单位应由富有工程监测经验的高级工程师和工程师

主持工作，并由富有观测经验的技师或技工从事外业监测工作。

第三十八条　第三方监测单位必须保证使用的监测设备可靠、可用。使用的监测设备须在有关规范的鉴定有效期内，同时每月对使用的监测设备至少进行一次自检，认真填写相关的监测设备自检记录（可根据监测设备的特性自行编写仪器设备自检表，但应体现重点项目的自检工作）。

第三十九条　第三方监测单位应结合招标文件技术要求、第三方监测招标图纸、施工图纸、现场实际情况、承包商的施工监测方案编写第三方监测方案。

第三方监测方案的布点数量原则不得低于第三方监测招标图纸的要求，如有第三方监测施工图纸的，不低于第三方监测施工图纸的要求；且应根据国家及地方的相关要求对第三方监测方案进行审查。

第四十条　监督并验收承包商埋设的第三方监测点；埋设合同范围内的监测点并按照要求对合同范围内的监测点及监测频率（抢险或报警阶段依据各会议规定的监测频率）实施独立监测；帮助业主分析承包商监测工作中存在的问题并提出书面意见。

第四十一条　配合业主审阅各种监测方案及重要计算数据，并在三天内提交审核意见，审核意见必须准确、恰当、全面。

第四十二条　协助业主对承包商及监理单位在监测方面的月度巡检工作，并在三日内将巡检结果上报业主，报告中应包含承包商及监理在监测方面的不足，并提出整改意见。

第四十三条　第三方监测单位在完成每次监测后 6 小时内将监测成果的电子文档上报给各工点监理处；周报、月报采用书面形式上报到各工点监理处。

监测数据达到或超过报警值时，应在 1 小时内电话通知各工点业主代表、监理及第三方监测合同管理人员，并及时将电子数据发送给各方。

《施工安全监控及风险管理系统》中的第三方监测的数据更新原则上不超过 12 小时。

第四十四条　每月对本标段的第三方监测工作进行自评，自评表参照表 19.4 中的相关内容。

19.7　考核结果处理

第四十五条　测量及监测专项考核占业主综合考核的 10%。每季度前两个月的月度检查评分分别占业主综合考核 10%中 25%的权重，均印发考核通报。

每季度最后一个月为业主综合检查，季末检查评分占业主综合考核 10%中 50%

的权重。

第四十六条　业主将每次检查情况通报各承包商、监理和测量监理、第三方监测单位，各单位认真对存在的问题进行整改。

第四十七条　对连续两次考核得分低于 80 分的承包商、监理，由业主向承包商、监理单位的投标单位发文，要求整改；对连续两次考核得分低于 80 分的测量监理、第三方监测单位，由业主合同管理人员向测量监理、第三方监测单位的投标单位发文，要求整改。

19.8　检查记录表

表 19.1　承包商施工测量及监测月度自检表

测量监理单位：　　　　　　　　　　　　　　　　　　　施工标段：

序号	检查内容	检查方法	标准要求	检查情况及存在问题	考核评分
1	人员（10 分）	参照投标、合同文件及相关办法要求	1. **人数**：①根据施工进度配备合理的测量人数，但不得低于以下标准，车站施工阶段，测量人员不少于 3 人，隧道施工阶段不少于 8 人。②在基坑开挖阶段监测人员不得少于 3 人。扣分值=（缺少人数/满足人数）×2 倍的本项分数，扣完为止。（2 分） 2. **主要人员资质**：测量负责人和监测负责人资质不满足要求的。（4 分） 3. **人员考勤**：①测量负责人不在岗，扣 2 分；②在基坑施工阶段，监测负责人不在岗的，扣 2 分；③测量负责人连续两次不在岗的或在基坑施工阶段监测负责人连续两次不在岗的，扣 4 分。（4 分）		
2	仪器及方案（13 分）	检查方案及落实情况；检查仪器精度、检定证明、定期检查记录	1. **仪器**：①根据施工进度配备合理的仪器数量，但不低于要求的全站仪和水准仪各一套，每缺少一台，扣 1 分；②隧道施工阶段全站仪测角精度不低于 1″，车站施工阶段全站仪测角精度不低于 2″，每发现一处不满足要求的，扣 1 分；③水准仪每公里往返测量中误差不低于 1mm，不满足的，扣 1 分；④仪器必须在鉴定有效期内，每发现一处不满足扣 1 分；⑤每月至少一次对仪器进行自检。每发现一处不满足扣 1 分；缺少重点项目的，每一项扣 0.5 分。 2. **方案及落实情况**：①参照《××市轨道交通工程监测管理细则》第七条或根据第十条的内容，方案缺少一项扣 0.5 分；②方案一处针对性不强，扣 0.5 分；③方案申报不及时，扣 1 分；④未按照方案或相关规范、技术文件落实的，每处扣 1 分。（4 分） **以上每项可累积扣分，扣完本大项分数为止。**		

续表

序号	检查内容	检查方法	标准要求	检查情况及存在问题	考核评分
3	多级复核制度（17分）	复核制度运行情况	1. **项目内部复核**：①测量及监测资料均应经两人对算及复核；②使用依据（含使用的已知点、图纸及所放样点位等）应复核。每发现一处不满足扣1分。 2. **项目部上一级复核**：重大测量项目（含地面控制网复测、联系测量、联系测量时导线复测、盾构始发、隧道始发洞门中心、隧道贯通前洞内导线、隧道中线数据计算、结构重点部位的放样等）需项目部上一级的测量部门复核。每发现一处不满足扣1分。 3. **监理及测量监理复核**：重大测量项目（除隧道中线数据须经测量专业监理工程师复核外，其他如上述2所述）需经测量专业监理工程师和测量监理测量队复核后方可实施下一步工作。每发现一处不满足扣1分。 以上每项可累积扣分，扣完本大项分数为止。		
4	测量资料及原始记录（20分）	检查测量资料、上报情况及数据准确	1. **测量资料**：①资料（含月报、总结、方案、报告及监测巡视资料等）齐全，缺少一项扣1分；②上报不及时，每一项扣1分；③成果不准确或未标注中误差、容许误差等项及签名不齐全，每一项扣1分。 2. **原始记录**：①记录不规范、有涂改或不齐全的，每一处扣0.5分；②一处缺少签名的，扣1分；③未对结果进行合格或不合格确认，一次扣1分。④数据造假，发现一处扣30分，本项可以累积扣分，扣完100分为止。 以上每项（第2条第④项除外）可累积扣分，扣完本大项分数为止。		
5	控制点及监测点的埋设、保护、测量方法、精度及频率（20分）	检查点位埋设、测量方法、精度及频率等	1. **点位埋设**：①点位稳定、标示单一、清晰易找；②点距设置合理、正确，通视条件较好；③监测点按照图纸要求埋设；④点位遭到破坏需及时补救。每发现一处不符合要求的，扣1分。 2. **方法恰当、精度符合要求**：①导线测量中 1″仪器不能低于四个测回，2″仪器不低于6个测回；②水准测量（含沉降监测）中精度不低于二等水准测量精度，且沉降监测应采用闭合或附合水准路线形式；③其他应遵循规范及技术文件要求。每发现一处不符合要求的，扣1分。 3. **频率符合相关办法要求**：监测频率、导线复测频率、水准复测频率、联系测量、管片姿态测量及盾构机姿态测量应符合相关规范及技术文件要求。每发现一处不符合扣1分。 以上每项可累积扣分，扣完本大项分数为止。		

续表

序号	检查内容	检查方法	标准要求	检查情况及存在问题	考核评分
6	相关问题汇报情况（8分）	检查汇报相关记录	1. **监测超限上报**：每发现 1 次上报不及时或未上报的，扣 2 分。 2. **测量问题上报**：每发现 1 次上报不及时或未上报的，扣 2 分。 以上每项可累积扣分，扣完本大项分数为止。		
7	整改情况（5分）	检查整改情况	每发现一处整改不及时或落实不到位的，扣 2 分，扣完为止。		
8	其他（7分）		1. 发生测量监测事故本项考核 0 分，其他情况根据情况酌情扣分。（7分） 2. 发生严重测量事故，并造成工程实体损失的，扣 30 分，本次考核为不合格。		
总得分					
自检人签字：					
				检查时间： 年 月 日	

表 19.2 监理测量及监测工作月度自检表

监理单位： 监理标段：

序号	检查内容	检查方法	标准要求	检查情况及存在问题	考核评分
1	测量专监（15分）	参照投标、合同文件及相关办法要求	1. **资质**：专业测量监理工程师资质不满足要求的，扣 5 分。 2. **考勤**：专业测量监理工程师不在岗，扣 5 分。连续两次不在岗的，扣 10 分。 3. **职责**：专业测量监理工程师只能负责合同范围内的测量和监测监理工作，不能兼任其他工作。发现有上述情况的扣 5 分。连续发现两次的，扣 10 分。		
2	仪器设备（9分）	检查设备精度、检定证明、定期检查记录（至少 1 次/月）	1. **仪器配备齐全**：监理单位至少应配备 1 台全站仪和 1 台水准仪，缺少 1 项扣 1.5 分。（3分） 2. **检定证明**：所使用设备必须在鉴定有效期内，发现 1 项扣 1.5 分，扣完为止。（3分） 3. **仪器自检**：每月对仪器进行自检，并留存相关自检记录，缺少一项扣 1.5 分，缺少重点检查项目的，扣 0.5 分。（3分） 缺少相关测量设备的，则扣除相应的鉴定和自检项目分数。本大项扣完为止。		

续表

序号	检查内容	检查方法	标准要求	检查情况及存在问题	考核评分
3	测量监测监理实施细则及对施工测量监测方案审查实施（10分）	检查监理细则及相关测量和监测资料审查情况	1. **内容齐全**：监测细则或施工方案中缺少一项的扣0.5分。 2. **有针对性**：监测细则或施工方案中针对性不强的，每发现一项扣0.5分。 3. **审批的及时性**：施工方案上报后超出三天审批的，每发现一项扣1分。 4. **签字齐全**：方案中应包含测量专监、总监的签字及盖章，缺少一项扣1分，扣完为止。（4分） **以上每项可累积扣分，扣完本大项分数为止。**		
4	测量监理原始记录及旁站记录（20分）	检查原始记录、监理旁站记录、测量及监测日志等	1. **记录完善**：旁站记录和监理记录不完善的，每发现一处扣2分。 2. **监理日志**：监理日志齐全，内容完善，每发现一处不满足要求的，扣1分。 3. **记录真实**：发现一处记录不真实的，扣20分，本项不足扣的，可在总分中扣除，扣完100分为止。 **以上每项（第3条除外）可累积扣分，扣完本大项分数为止。**		
5	对施工测量监测成果核查（25分）	检查测量监测资料、监理现场复核和签字情况	1. **成果签字齐全**：施工测量监测成果中，缺少测量专监签字的，每发现一处，扣1分。 2. **复核的及时性**：施工单位上报的测量及监测资料审核超3天的，每发现一处扣3分。 3. **重点项目独立复测**：地面控制网、地下控制导线、联系测量、盾构机姿态测量、重点部位的施工放样等均需测量监理独立现场测量至少一组数据。每发现一处未能现场测量的，扣3分。 4. **重要数据的独立计算**：地面控制网、地下控制导线、联系测量、盾构机姿态测量、重点部位的施工放样、隧道中心线（或线路中心线）坐标等数据需测量监理独立计算和复核。每发现一项不满足要求的扣5分。 **以上每项可累积扣分，扣完本大项分数为止。**		
6	整改情况（5分）	检查整改情况	每发现一处整改不及时或落实不到位的扣2分，扣完为止。		
7	汇报情况（8分）	检查相关记录	1. **监测超限上报**：1次上报不及时或未上报的扣4分。 2. **测量问题上报**：1次上报不及时或未上报的扣4分。 **以上每项可累积扣分，本大项不足扣的，可在总分中扣除，扣完100分为止。**		

续表

序号	检查内容	检查方法	标准要求	检查情况及存在问题	考核评分
8	其他（8分）	存在问题及事故汇报	1. 发生 1 次测量监测事故扣本项考核 8 分，本项可累积扣分，不足扣的，可在总分中扣除，扣完 100 分为止； 2. 发生严重测量事故，并造成工程实体损失的，扣 30 分，本次考核为不合格。		
总得分					
自检人签字： 　　　　　　　　　　　　　　　　　　　检查时间：　　　年　　月　　日					

注：对于表中未涉及的项目，填写"\"，不计入考核分数，T（得分）=[B(本月涉及项目得分之和)/T'(本月涉及项目分数之和)]×100。

表 19.3　监理测量及监测工作月度检查表

施工单位：　　　　　　　　　　　　　　　　　　　　　　　施工标段：

序号	检查内容	检查方法	标准要求	检查情况及存在问题	考核评分
1	测量人员（10分）	参照投标、合同文件及相关办法要求	1. **人数**：根据施工进度配备相应的人员，工程前期和后期，平面检测不能少于 1 组，高程检测不少于 1 组；工程中期，平面检测不少于 2 组，高程检测不少于 1 组，每组不少于 4 人。扣分值=（缺少人数/满足人数）×2。（2 分） 2. **主要人员资质**：技术负责人资质不满足的，扣 2 分，其他人员不满足扣 1 分。（3 分） 3. **测量监理考勤**：技术负责人不在岗的，扣 3 分；技术负责人资质不满足要求且不在岗的扣 5 分，技术负责人连续两次不在岗的，扣 5 分。（5 分）		
2	测量设备精度及定期检校（10分）	检查设备精度、检定证明、定期检查记录（至少 1 次/月）	1. **仪器**：①根据施工进度配备合理的仪器数量，但全站仪和水准仪至少各一套，每发现一处不符合，扣 1 分；②全站仪测角精度不低于 1″，水准仪精度不低于每千米往返测量中误差 0.5mm。每发现一处不符合扣 1 分；③仪器必须在鉴定有效期内，每发现一处不符合扣 1 分；④每月至少一次对仪器进行自检。每发现一处不符合扣 1 分；缺少重点项目的，每一项扣 0.5 分。 2. **方案及落实情况**：①根据第十条的内容，方案缺少一项扣 0.5 分；②方案一处针对性不强，扣 0.5 分；③方案申报不及时，扣 1 分；④未按照方案或相关规范、技术文件落实的，每处扣 1 分。 以上每项可累积扣分，扣完本大项分数为止。		

序号	检查内容	检查方法	标准要求	检查情况及存在问题	考核评分
3	测量监理实施细则及对施工测量方案审查实施（10分）	检查监理细则及相关测量及监测资料审查情况	1. **内容齐全**：细则或施工方案中缺少一项扣0.5分。 2. **有针对性**：细则或方案中针对性不强的，每发现一项扣0.5分。 3. **及时性**：在收到施工单位上报需检测的报告后，超出10天或在实施检测外业完成后，超出3天未能出具相关成果报告的，每发现一项扣1分。 4. **签字齐全**：方案或报告中应包含编写人、技术负责人的签字及盖章，缺少一项扣1分。 以上每项可累积扣分，扣完本大项分数为止。		
4	对施工测量成果检测（30分）	检查测量资料	1. **成果签字齐全**：检测报告等成果中，缺少技术负责人签字的，每发现一处，扣1分。 2. **复核的及时性**：施工单位上报需测量检测超7天的，每发现一处扣1分，发现两处扣3分，超出3处的本项扣完，检测成果超限的，未在3天内检测完成的，每发现一处扣1分。 3. **重点项目复核**：地面控制网、地下控制导线、联系测量、盾构机姿态测量、重点部位的施工放样等均需独立检测。每发现一处未能现场检测的，扣3分。 4. **重要数据的计算**：地面控制网、地下控制导线、联系测量、盾构机姿态测量、重点部位的施工放样等数据需独立检测和计算。每发现一项不满足要求的扣3分。 以上每项可累积扣分，扣完本大项分数为止。		
5	测量监理原始记录（20分）	检查原始记录	1. **记录完善**：原始记录不完善的，每发现一处扣2分。 2. **测量日志**：日志齐全，内容完善，每发现一处不满足要求的，扣1分。 3. **记录真实**：发现一处记录不真实的，扣20分。 以上每项可累积扣分，扣完本大项分数为止。		
6	整改情况（5分）	检查整改情况	每发现一处整改不及时或落实不到位的扣2分，本项扣完为止。		
7	汇报情况（5分）	检查汇报记录	测量问题上报：1次上报不及时或未上报的扣2分。本项可累积扣分，不足5分的，从总分中扣除。		
8	其他（10分）	存在问题及事故汇报	1. 发生测量事故本项考核0分，其他情况根据情况酌情扣分。 2. 发生严重测量事故，并造成工程实体损失的，扣30分，本次考核为不合格。		
总得分					

检查人签字：

检查时间：　　年　　月　　日

表 19.4　项目工程师测量及监测检查表

施工单位：　　　　　　　　　　　　　　　　　　　　　　施工标段：

序号	检查内容	检查方法	标准要求	检查情况及存在问题	考核评分
1	监测人员（10 分）	参照投标、合同文件及相关办法要求	1. **人数**：根据施工进度配备相应的人员，工程前期和后期，监测不能少于 1 组，工程中期，不少于 2 组，每组不少于 4 人。扣分值=（缺少人数/满足人数）×2。（2 分） 2. **主要人员资质**：技术负责人资质不满足的，扣 2 分，其他人员不满足扣 1 分。（3 分） 3. **人员考勤**：技术负责人不在岗的，扣 3 分；技术负责人资质不满足要求且不在岗的扣 5 分，技术负责人连续两次不在岗的，扣 5 分。（5 分）		
2	监测设备精度及定期检校（10 分）	检查设备精度、检定证明、定期检查记录（至少 1 次/月）	1. **仪器**：①根据施工进度配备合理的仪器数量，但全站仪和水准仪至少各一套，每发现一处不符合，扣 1 分；②全站仪测角精度不低于 1″，水准仪精度不低于每千米往返测量中误差 0.5mm。每发现一处不符合扣 1 分；③仪器必须在鉴定有效期内，每发现一处不符合扣 1 分；④每月至少一次对仪器进行自检。每发现一处不符合扣 1 分；缺少重点项目的，每一项扣 0.5 分。 2. **方案及落实情况**：①根据《××市轨道交通工程监测管理细则》中第七条的内容，方案缺少一项扣 0.5 分；②方案一处针对性不强，扣 0.5 分；③方案申报不及时，扣 1 分；④未按照方案或相关规范、技术文件落实的，每处扣 1 分。 **以上每项可累积扣分，扣完本大项分数为止。**		
3	监测资料（20 分）	检查监测资料	1. **监测资料**：①资料（含月报、总结、报告及监测巡视资料等）齐全，缺少一项扣 1 分；②上报不及时，每一项扣 1 分；③初始值测取时间滞后；④成果不准确。每发现一项扣 1 分。 2. **原始记录**：①记录不规范、有涂改或不齐全的，每一处扣 0.5 分；②一处缺少签名的，扣 1 分；③未对结果进行合格或不合格确认，一次扣 1 分。④数据造假的，发现一处扣 30 分，本项可以累积扣分，扣完 100 分为止。 **以上每项（第 2 条第④项除外）可累积扣分，扣完本大项分数为止。**		

续表

序号	检查内容	检查方法	标准要求	检查情况及存在问题	考核评分
4	监测实施细则及对施工监测方案审查实施（10分）	检查监理细则及相关监测资料审查情况及监测上报资料	1. **内容齐全**：细则、监测方案或监测总结中缺少一项扣0.5分。 2. **有针对性**：细则、方案或总结中针对性不强的，每发现一项扣0.5分。 3. **及时性**：①未按照合同或现场会议决定的监测频率进行监测的，每发现一项扣1分。②监测结果或报警记录未在第二天发出的或监测书面记录未能在48小时上报的，每发现一处扣1分。③超出设计控制值的，未在3小时内电话或通过其他形式告知业主代表、监理的，每发现一处扣1分。④监测信息系统的数据更新，每发现1天数据需及时上传的，扣0.5分。 4. **签字齐全**：方案或报告中应包含编写人、技术负责人的签字及盖章，缺少一项扣1分。 **以上每项可累积扣分，扣完本大项分数为止。**		
5	控制点及监测点的埋设、保护、监测方法、精度及频率（20分）	检查点位埋设、测量方法、精度及频率等	1. **点位埋设**：①点位稳定、标示单一、清晰易找；②点距设置合理、正确，通视条件较好；③监测点按照图纸要求埋设；④点位遭到破坏需及时补救。每发现一处不符合要求的，扣1分。 2. **方法恰当、精度符合要求**：①沉降监测精度不低于二等水准测量精度，且沉降监测应采用闭合或附合水准路线形式；②其他应遵循规范及技术文件要求。每发现一处不符合要求的，扣1分。 3. **频率符合相关办法要求**：①监测初始值必须满足3次；②监测频率应符合相关规范及技术文件要求。每发现一处不符合扣1分。 **以上每项可累积扣分，扣完本大项分数为止。**		
6	整改情况（5分）	检查整改情况	每发现一处整改不及时或落实不到位的扣2分，本项扣完为止。		
7	汇报情况（5分）	检查汇报记录	测量问题上报：1次上报不及时或未上报的扣2分。本项可累积扣分，不足5分的，从总分中扣除。		
8	其他（10分）	存在问题及事故汇报	1. 发生测量事故本项考核0分，其他情况根据情况酌情扣分。 2. 发生严重监测事故，并造成工程实体损失的，扣30分，本次考核为不合格。		
	总得分				

检查人签字：

检查时间：　年　　月　　日

第20章 轨道交通工程断面测量技术要求

20.1 断面布置密度

1. 盾构隧道

沿里程增大方向，根据盾构管片的不同，直线地段每隔 4 环（6m），曲线地段（含曲线外的 20m 直线）每隔 3 环（4.5m）测量一处横断面，测点为管片接缝处的突出点。

2. 明挖法、矿山法施工隧道、U 形槽段、高架段

直线地段（含明挖区间和车站）每隔 6m、曲线地段（含曲线以外的 20m 直线）每隔 5m 测量一处横断面。

3. 特征位置

（1）曲线起点、终点、缓圆点、圆缓点、联络通道、联络线、防淹门门框两端、车站屏蔽门两端点、人防门、折返线（含渡线）范围内的中隔墙和立柱等断面突变处须加测断面。

（2）道岔处，在 9 号道岔，以设计岔心为原点，岔前后各 24m 范围内共 48m，沿设计线路每隔 4m 测一个断面，每根立柱处加测一个断面；在 12 号道岔，以设计岔心为原点，岔前后各 27m 范围内共 54m，沿设计线路每隔 4m 测一个断面，每根立柱处加测一个断面。

（3）转撤机处，在 9 号道岔，以设计岔心为原点，岔前 6.509m 及 10.759m 测一个断面；12 号道岔，以设计岔心为原点，岔前 8.137m 及 13.537m 处各测一个断面。

4. 侵限段

在出现较严重侵限地段，根据调坡调线需要加密测点。

20.2　纵断面布置要求

1．测量基准线、测点、横距、高程

（1）以施工图设计的线路中心线为测量基准线。

（2）测点距基准线的横距是指轨顶设计高程以上规定高度位置由基准线至隧道内壁的距离。

（3）顶部测点是设计线路中心线在隧道顶部内壁的投影点，底部测点是设计线路中心线在隧道底部内壁的投影点，均以高程表示。

（4）此要求所称的方向，是指沿设计线路由小里程至大里程的方向，资料整理时，均应按小里程至大里程的顺序排列。

2．测量精度

测量断面点的里程允许误差应在±50mm 之内，断面测量精度允许误差为±10 mm，结构横断面各测点高程测量中允许误差应在 20mm 之内，结构横断面底点、顶点高程测量中允许误差应在 10mm 之内。

3．横断面测点分布

1）矩形隧道测点位置

矩形隧道须测量以下测点（共 10 点，见图 20.1）：

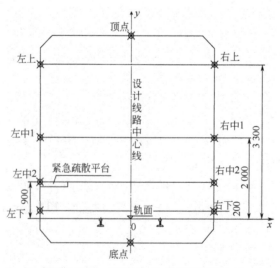

注：尺寸标注单位以mm计。图中"⊠"为断面测点，共10点。

图 20.1　区间矩形隧道断面测点分布

（1）设计线路中心线处的顶部测点、底部测点。

（2）分别位于轨顶设计高程以上 3 800mm、2 000mm、900mm、200mm 的左横距及其高程、右横距及其高程，测点编号分别为左上、右上、左中 1、右中 1、左中 2、右中 2、左下、右下。

（3）单线 U 形槽地段测点要求，除顶点外，其余测点按照矩形隧道要求布置。

2）圆形隧道测点位置

圆形隧道须测量以下测点（共 10 点，见图 20.2、图 20.3）：

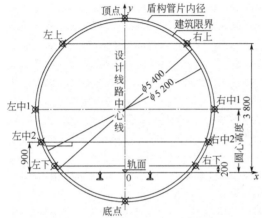

注：尺寸标注单位以mm计。图中"⊠"为断面测点，共10点。

图 20.2　区间圆形隧道断面测点分布（管片内径ϕ5 400）

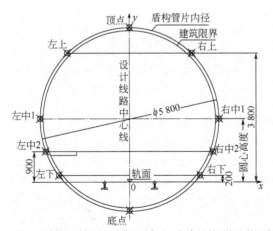

注：尺寸标注单位以mm计。图中"⊠"为断面测点，共10点。

图 20.3　区间圆形隧道断面测点分布（管片内径ϕ6 000）

（1）设计线路中心线处的顶部测点、底部测点。

（2）位于轨顶设计高程以上 3 800mm 的左横距及其高程、右横距及其高程，测点编号分别为左上、右上。

（3）位于圆心（在设计线路中心线上）的左横距及其高程、右横距及其高程，测点编号分别为左中 1、右中 1。

（4）分别位于轨顶设计高程以上 900mm、200mm 的左横距及其高程、右横距及其高程，测点编号分别为左中 2、右中 2、左下、右下。

3）马蹄形隧道测点位置

马蹄形隧道须测量以下测点（共 10 点，见图 20.4 和图 20.5）：

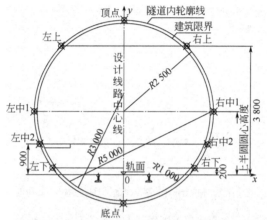

注：尺寸标注单位以mm计。图中"▨"为断面测点，共10点。

图 20.4　区间马蹄形隧道断面测点分布（标准断面）

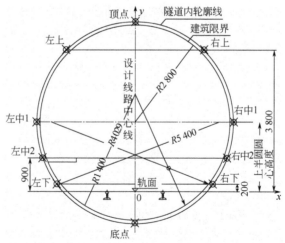

注：尺寸标注单位以mm计。图中"▨"为断面测点，共10点。

图 20.5　区间马蹄形隧道断面测点分布（大断面）

（1）设计线路中心线处的顶部测点、底部测点。

（2）分别位于轨顶设计高程以上 3 800mm、上半圆圆心处、900mm、200mm 的左横距及其高程、右横距及其高程，测点编号分别为左上、右上、左中 1、右中 1、左中 2、右中 2、左下、右下。

4）车站矩形隧道测点位置

车站矩形隧道须测量以下测点（共 12 点，见图 20.6）：

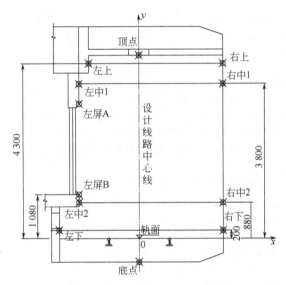

注：尺寸标注单位以mm计。图中"⊠"为断面测点，共12点。

图 20.6　车站矩形隧道断面测点分布

（1）设计线路中心线处的顶部测点、底部测点。

（2）分别位于轨顶设计高程以上 4 300mm、3 800mm、880mm、200mm 的左横距及其高程、右横距及其高程，测点编号分别为左上、右上、左中 1、右中 1、左中 2、右中 2、左下、右下。

（3）在安装屏蔽门的车站，须增加屏蔽门测点（在顶梁和预埋件处），沿里程增大方向，线路左侧的屏蔽门顶梁、编号为左屏 A、左屏 B 的预埋件测点，线路右侧的屏蔽门顶梁、编号为右屏 A、右屏 B 的预埋件测点。

（4）若断面测量时，结构风管业已竣工，则顶部测点改为结构风管底部。

5）高架桥断面测点位置

高架桥断面须测量以下测点（双线桥共 10 点，见图 20.7）：

（1）设计线路中心线处的底部测点。

（2）挡板、电缆槽上的测点。

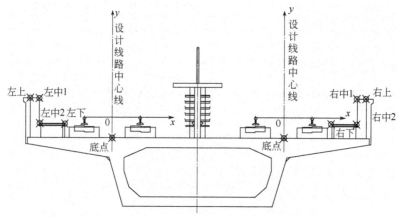

注：尺寸标注单位以mm计。图中"▨"为断面测点，共10点。

图 20.7　区间高架双线断面测点分布

6）区间双线 U 形槽断面测点位置

双线 U 形槽断面须测量以下测点（共 9 点，见图 20.8）：

（1）设计线路中心线处的底部测点。

（2）侧墙、电缆槽上的测点。

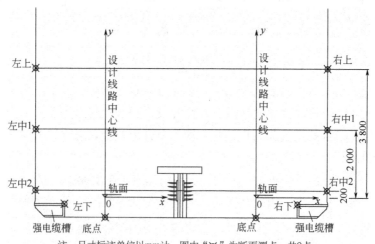

注：尺寸标注单位以mm计。图中"▨"为断面测点，共9点。

图 20.8　区间双线 U 形槽断面测点分布

7）道岔和转撤机测点位置

道岔和转撤机处隧道可能为矩形隧道、圆形隧道、马蹄形隧道，要求在道岔和转撤机处分别增加测量断面，其测点位置按 1）、2）、3）中相应隧道测点要求布置。

转撤机处断面还须增加以下测点（共 4 点）：

（1）位于轨顶设计高程以上 800mm 的左横距及其高程、右横距及其高程，测点编号分别为左撤 A、右撤 A。

（2）位于轨顶设计高程以下 400mm 的左横距及其高程、右横距及其高程，测点编号分别为左撤 B、右撤 B。

8）双线隧道测点位置

（1）双线隧道的要求与 1）、2）、3）中相同。

（2）如果双线隧道内两条线路之间有柱子等突出物，须按隧道类型测量设计线路中心线至突出物内壁的横距点。

9）测点位置的定位要求

为应对施工误差较大时对左、右测点的影响，本次调线调坡测量中左、右测点的定位（测点高度）均以该断面的设计标高为基准推算确定。

10）测点位置的允许偏差

为控制限界及方便施测，实际左、右测点位置与图中所示位置可有上下 50mm 的偏差。

20.3　断面测量精度及方法

1. 横断面测量精度

断面的方向与线路方向（曲线地段为线路的切线方向）垂直，垂直偏差应在 10′ 以内。

横断面上各测点与线路中心线的距离应测两次，其较差在 3mm 以内时取平均值，否则应重测。

2. 测量方法

测量时以施工图的设计线路中线为测量基准线。对于调线地段，如有必要应以调整的线路中线点为测量基准线，进行隧道结构净空断面和敞开段、高架线路结构横断面测量。

3. 其他

（1）未尽事宜通过技术交底解决。

（2）在实施中发现问题，应及时通过测量监理经业主反馈至设计总体组。

（3）测量实施单位在至少两座车站和一个区间具备测量条件后对其进行测量，并对其成果资料（书面资料、电子文件）负责。承担调线调坡的设计单位在接收至少两座车站和一个区间断面测量资料后方可确定区间线路的调线调坡方案。

20.4 断面成果资料

1．导线测量成果资料

（1）附合导线闭合差情况。

（2）内业计算资料、平差后精度情况及成果表。

2．水准测量成果资料

（1）附合水准闭合差情况。

（2）内业计算资料、平差后精度情况及成果表。

3．线路中线定线、高程测量成果资料

（1）区间中线测量说明。

（2）区间中线测量计算资料、平差后精度情况。

（3）区间中线测量（平面）成果表。

（4）区间中线测量（高程）成果表。

4．线路横断面测量成果资料

（1）编制、提交《××××号线轨道区断面测量报告（×××××工点××××××里程）》，内容包括测量方法、使用仪器、工作时间、工点里程、成果精度等，并按要求的参考表"×××市×号线工程轨道区断面测量记录表"编制最终测量结果。

（2）提交每个相应里程上断面测点偏距设计值。

（3）以上全部成果均数字化，文字为 Win-Word2000 或以上版本，表格为 Win-Excel2000 或以上版本，图件为 AutoCAD R14 以上版本。

（4）根据工程进度和工程需要，向承担调线调坡的设计单位提供分段轨道区断面测量报告（含断面测量成果）两套和电子文件一套。

参 考 文 献

[1] 王玉福. 人工测量盾构机姿态的模型研究 [J]. 城市建设, 2011（2）.

[2] 王玉福. 东莞市轨道交通有限公司轨道交通工程测量管理细则 [Z]. 2016.

[3] 王玉福. 东莞市轨道交通有限公司轨道交通监测考核管理办法 [Z]. 2012.

[4] 王玉福. 东莞市轨道交通有限公司轨道交通工程测量及监测考核管理办法 [Z]. 2016.

[5] 秦长利, 等. GB 50308—2008 城市轨道交通工程测量规范 [S]. 北京：中国建筑工业出版社, 2008.

[6] 孙现申, 赵泽平. 应用测量学 [M]. 北京：解放军出版社, 2004.

[7] 宋力杰. 测量平差程序设计 [M]. 北京：国防工业出版社, 2009.

[8] 秦长利, 等. 城市轨道交通工程测量 [M]. 北京：中国建筑工业出版社, 2008.

[9] 张先锋, 等. 地铁工程测量技术指南 [M]. 北京：人民交通出版社, 2013.

[10] 赵吉先, 吴良才, 周世健, 等. 地下工程测量 [M]. 北京：测绘出版社, 2005.

[11] 隋立芬, 宋立杰, 柴洪州. 误差理论与测量平差基础 [M]. 北京：测绘出版社, 2010.

[12] 孔祥元, 郭际明. 控制测量学 [M]（第三版）（上册）. 武汉：武汉大学出版社, 2009.

[13] 孔祥元, 郭际明. 控制测量学 [M]（第三版）（下册）. 武汉：武汉大学出版社, 2009.

[14] 张正禄, 等. 工程测量学 [M]. 武汉：武汉大学出版社, 2005.

[15] 马全明. 伊朗德黑兰地铁一、二号线工程断面测量的技术方法. 中国测绘学会工程测量分会《现代工程测量技术发展与应用研讨交流会论文集》[C]. 2005.

[16] 王志坚, 杨友元, 李明领, 刘彬. 武广铁路客运专线无砟轨道精密工程测量 [M]. 北京：中国铁道出版社, 2012.

[17] 聂让, 付涛. 公路施工测量手册 [M]. 北京：人民交通出版社, 2008.

[18] 岳建平, 魏叶青, 张永超. 船舶建造工业测量系统 [M]. 北京：科学出版社, 2011.

[19] 田亚林, 岳建平, 梅红. 工程控制测量 [M]. 武汉：武汉大学出版社, 2011.

[20] 李朝奎, 李爱国. 工程测量学 [M]. 长沙：中南大学出版社, 2009.

[21] 武汉大学测绘学院测量平差学科组. 误差理论与测量平差基础 [M]. 武汉：武汉大学出版社, 2009.

[22] 郑文华, 等. 地下工程测量 [M]. 北京：煤炭工业出版社, 2011.

[23] 周建东, 谯生有. 高速铁路施工测量 [M]. 西安：西安交通大学出版社, 2011.

[24] 李广云, 等. 工业测量系统进展 [M]. 北京：解放军出版社, 2000.

[25] 胡武生, 潘庆林, 黄腾. 土木工程施工测量手册 [M]. 北京：人民交通出版社, 2011.

[26] 孔祥元，等．测绘工程监理学［M］．武汉：武汉大学出版社，2010．

[27] 马海志，等．城市轨道交通勘测技术研究与应用［C］．北京：中国建筑工业出版社，2014．

[28] 李宗春，李广云．天线几何量测量理论及其应用［M］．北京：测绘出版社，2009．

[29] 王侬，过静珺．现代普通测量学［M］．北京：清华大学出版社，2010．

[30] 中国有色金属工业协会．GB/T 50026—2007 工程测量规范［S］．北京：中国计划出版社，2008．

[31] 北京测绘设计研究院．CJJ/T 8—2011 城市测量规范［S］．北京：中国建筑工业出版社，2011．

[32] 北京市测绘研究院．GB/T 18314—2009 全球定位系统 GPS 测量规范［S］．北京：中国标准出版社，2009．

[33] 李征航，黄劲松．GPS 测量与数据处理［M］．武汉：武汉大学出版社，2005．

[34] 许其凤．GPS 卫星导航与精密定位［M］．北京：解放军出版社，1989．

[35] 北京测绘设计研究院．CJJ/T73—2010 卫星定位城市测量技术规范［S］．北京：中国建筑工业出版社，2010．

反侵权盗版声明

电子工业出版社依法对本作品享有专有出版权。任何未经权利人书面许可，复制、销售或通过信息网络传播本作品的行为，歪曲、篡改、剽窃本作品的行为，均违反《中华人民共和国著作权法》，其行为人应承担相应的民事责任和行政责任，构成犯罪的，将被依法追究刑事责任。

为了维护市场秩序，保护权利人的合法权益，我社将依法查处和打击侵权盗版的单位和个人。欢迎社会各界人士积极举报侵权盗版行为，本社将奖励举报有功人员，并保证举报人的信息不被泄露。

举报电话：（010）88254396；（010）88258888

传　　真：（010）88254397

E-mail：　dbqq@phei.com.cn

通信地址：北京市万寿路 173 信箱

　　　　　电子工业出版社总编办公室

邮　　编：100036